[英] 约翰·朱利叶斯·诺威奇——著

李 强——译

The Normans

西西里的诺曼王朝 I

by

John Julius Norwich

1016

征服

1130

in the South, 1016–1130

中国友谊出版公司

献给安妮

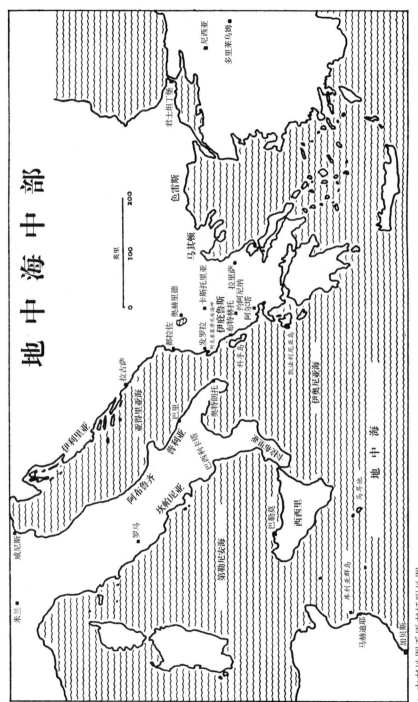

地中海中部

威尼斯

米兰

伊利里亚

拉古萨

亚得里亚海

阿布鲁齐

坎帕尼亚

罗马

萨勒诺

巴里

萨勒诺

巴西利卡塔

奥特朗托

领勒尼安海

巴勒莫

西西里

马耳他

科孚岛

卡拉布里亚

布林迪西

伊庇鲁斯

约阿尼纳

阿特拉

拉里萨

凯法利尼亚岛

扎金索斯

伊奥尼亚海

地中海

马赫迪耶

加利亚群岛

马其顿

色雷斯

君士坦丁堡

发罗拉

卡斯托里亚

奥赫里德

都拉佐

英里

0   100   200

尼西亚

多里莱乌姆

* 本书地图系原书插附地图。

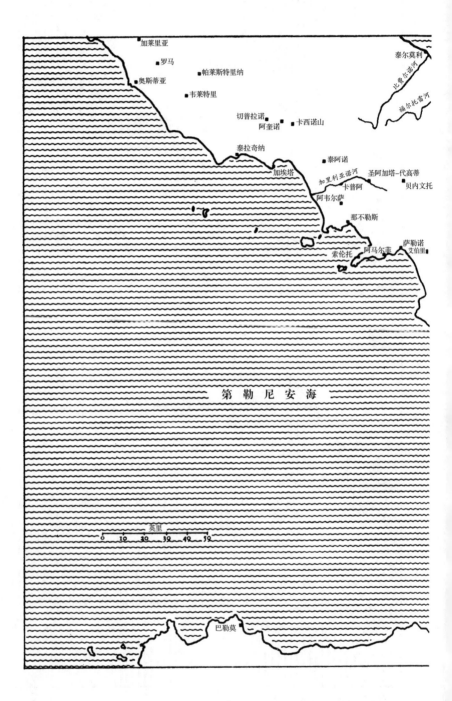

加莱里亚

罗马

帕莱斯特里纳

奥斯蒂亚

韦莱特里

切普拉诺

阿奎诺　卡西诺山

泰拉奇纳

加埃塔

泰阿诺

圣阿加塔-代高蒂

加里利亚诺河

卡普阿　　贝内文托

阿韦尔萨

那不勒斯

萨勒诺

索伦托　　阿马尔菲　艾伯里

泰尔莫利

泰尔莫利河

比鲁尔诺河

福尔托雷河

第　勒　尼　安　海

英里

0　10　20　30　40　50

巴勒莫

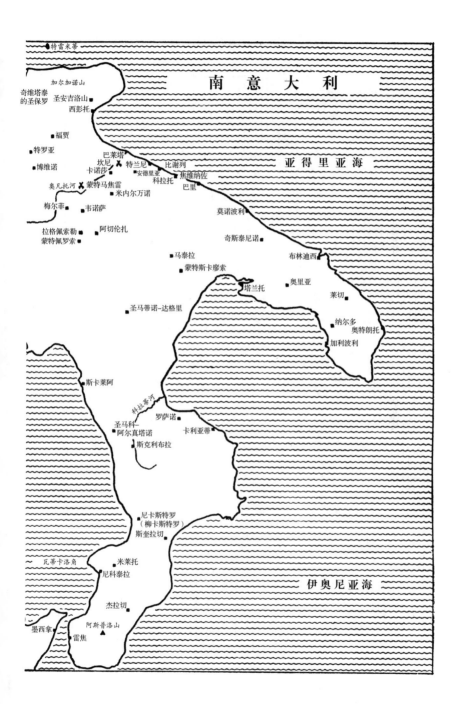

特雷米蒂

加尔加诺山
奇维塔泰
的圣保罗
圣安吉洛山
西彭托

南 意 大 利

福贾

特罗亚

博维诺

巴莱塔
坎尼
卡诺莎
奥凡托河
蒙特马焦雷
米内尔万诺
梅尔菲
韦诺萨
拉格佩索勒
蒙特佩罗索
阿切伦扎

特兰尼
安德里亚
科拉托
比谢列
焦维纳佐
巴里

亚 得 里 亚 海

莫诺波利

奇斯泰尼诺

布林迪西

马泰拉
蒙特斯卡廖索

塔兰托

奥里亚

莱切

圣马蒂诺-达格里

纳尔多
奥特朗托
加利波利

斯卡莱阿

科拉蒂蒂河
圣马科-
阿尔真塔诺
斯克利布拉

罗萨诺

卡利亚蒂

尼卡斯特罗
（柳卡斯特罗）
斯奎拉切

瓦蒂卡诺角

米莱托

尼科泰拉

伊 奥 尼 亚 海

杰拉切

墨西拿

雷焦

阿斯普洛山

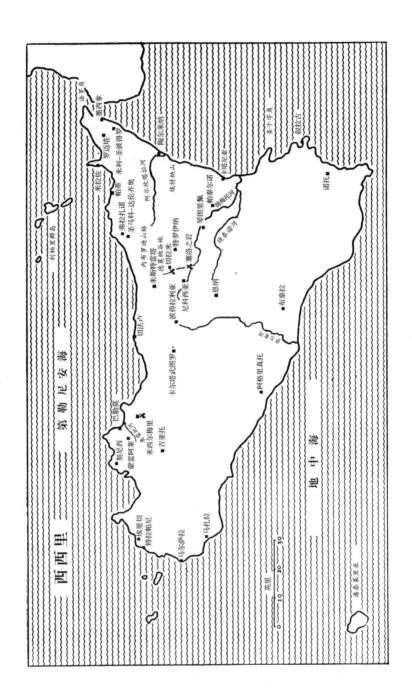

西西里

第勒尼安海

利帕里群岛

法罗角
墨西拿
罗迈塔
米拉佐
帕蒂 米利·圣彼得罗
弗拉扎诺 阿尔库迪纳
圣马科—达伦齐奥 陶尔米纳
内布罗迪山脉 埃特纳山
米斯特雷塔 卡特尼亚
德美纳谷地 特罗伊纳 琴图里佩
切拉米 塞洛之岩 帕泰尔诺
彼得拉利亚 伦蒂尼
尼科西亚 帕泰尔诺
切法卢 恩纳 布泰拉
卡尔塔武图罗

巴勒莫 阿格里真托
蒙雷阿莱
米西尔梅里
吉亚托

埃里切 诺托
特拉帕尼 叙拉古
马尔萨拉
马扎拉

地 中 海

英里
0   10   20   30

潘泰莱里亚

阿韦尔萨和卡普阿的诺曼王朝

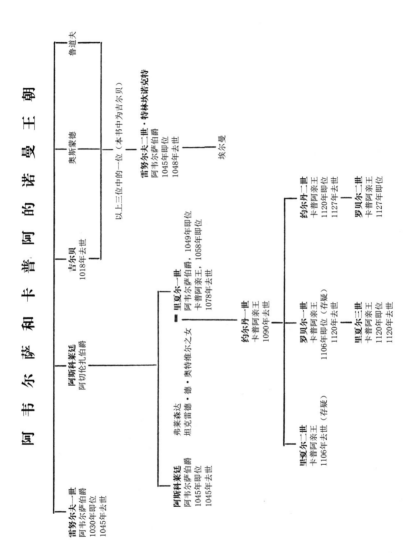

雷努尔夫一世
阿韦尔萨伯爵
1030年即位
1045年去世

阿斯科莱廷
阿切伦扎伯爵

吉尔贝
1018年去世

奥斯蒙德

鲁道夫

以上三位中的一位（本书中为吉尔贝）

雷努尔夫二世·特林坎诺兹特
阿韦尔萨伯爵
1045年即位
1048年去世

埃尔曼

阿斯科莱廷
阿韦尔萨伯爵
1045年即位
1045年去世

弗莱森达
坦克雷德·德·奥特维尔之女

里夏尔一世
阿韦尔萨伯爵，1049年即位
卡普阿来王，1058年即位
1078年去世

约尔丹一世
卡普阿来王
1090年去世

里夏尔二世
卡普阿来王
1106年即位
1106年去世（存疑）

罗贝尔一世
卡普阿来王
1106年即位
1120年去世

里夏尔三世
卡普阿来王
1120年即位
1120年去世

约尔丹二世
卡普阿来王
1120年即位
1127年去世

罗贝尔二世
卡普阿来王
1127年去世

奥 特 维 尔 家 族

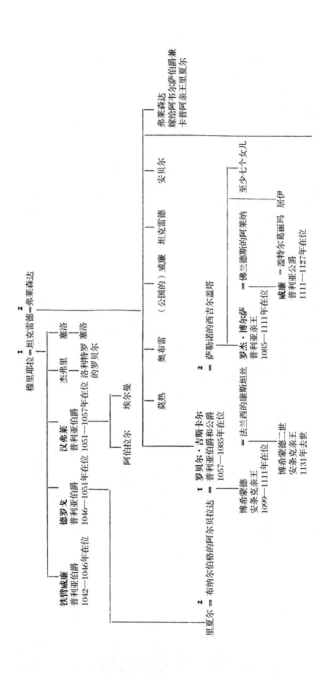

穆里耶拉 = 坦克雷德 = 弗莱森达

铁臂威廉
普利亚伯爵
1042—1046年在位

德罗戈
普利亚伯爵
1046—1051年在位

汉弗莱
普利亚伯爵
1051—1057年在位

杰弗里

塞洛
洛利特罗贝尔
的罗贝尔

罗贝尔·吉斯卡尔
普利亚伯爵和公爵
1057—1085年在位

里夏尔 = 布纳尔伯格的阿尔贝拉达

阿伯拉尔

埃尔曼

莫热 = 法兰西的康斯坦丝

罗杰·博尔萨
普利亚亲王
1085—1111年在位

奥布雷 (公国的) 威廉 坦克雷德 安贝尔 弗莱森达
嫁给阿韦尔萨伯爵兼
卡普阿亲王里夏尔

= 萨勒诺的西吉尔盖塔

博希蒙德
安条克亲王
1099—1111年在位

博希蒙德二世
安条克亲王
1131年去世

威廉 = 佛兰德斯的阿莱纳

至少七个女儿

威廉 = 蒙特尔葛丽玛

居伊

普利亚公爵
1111—1127年在位

罗杰一世
西西里大伯爵

= 1.格兰特梅思尼尔的未迪丝，莫尔坦的威廉之女
2.艾莱波东加，
3.阿德莱德、萨沃纳的曼弗雷德之女

约尔丹（私生子）
1091年去世

（1）
玛蒂尔达
嫁给图卢兹伯爵

（1）
两个女儿

（1或2）
杰弗里

（1或2）
莫热

（1或2）
康斯坦丝
嫁给亨利四世
之子康拉德

（1或2）
布西拉
嫁给匈牙利
国王科洛曼

（1或2）
其他几
个女儿

（2）
玛蒂尔达
嫁给阿里菲
的雷沃纳夫

（3）
西蒙
生于1093年
阿德莱德摄政
时期任西西里伯爵，
1101—1105年在位

（3）
罗杰二世
生于1095年12月22日
西西里伯爵，1105—1128年在位
普利亚公爵，1128—1130年在位
西西里国王，1130—1154年在位

托 斯 卡 纳 和 洛 林 的 家 族

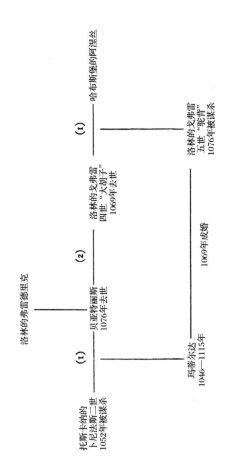

洛林的弗雷德里克

托斯卡纳的
卜尼法斯二世
1052年被谋杀

(1) 贝亚特丽斯
1076年去世

(2) 洛林的戈弗雷
四世"大胡子"
1069年去世

玛蒂尔达
1046—1115年

1069年成婚

哈布斯堡的阿温丝

(1) 洛林的戈弗雷
五世"驼背"
1076年被谋杀

目　录

第一部　征　服

第二部 王国的建立

没有任何历史篇章比记载奥特维尔家族突然的兴起和短暂的辉煌的历史更浪漫了。坦克雷德的儿子们在一代人的时间里，从科唐坦诺曼山谷的扈从成为南部海上最富庶岛屿的国王。斯堪的纳维亚的冒险者成了一座东方都城的苏丹。海上强盗获得了阿拉伯宫廷的文化，麾下军队烧毁罗马的抢劫者从教皇手中接过作为教会管辖权象征的主教冠和长袍。

——约翰·阿丁顿·西蒙兹，《意大利和希腊概略》

引 言

1961 年 10 月，我和妻子去西西里度假。我依稀意识到，诺曼人曾在中世纪的一段时间里统治这里，不过我知道的东西也仅限于此。我对自己将要发现的历史毫无准备。这里的主教座堂、教堂和宫殿似乎很轻松地就结合了当时的三个主要文明——北欧、拜占庭和撒拉逊——的艺术和建筑中最迷人的部分。这里是地中海绝对的中心，是连接北方和南方、东方和西方、拉丁和条顿、基督徒和穆斯林的桥梁。作为卓越而无可争议的证据，这些建筑可以证明存在过一个宽容和富有启迪的时代，它的辉煌程度不为中世纪欧洲所知。即便在接下来的数个世纪里，欧洲也无法与其媲美。我激动得忘乎所以，急于得到更多知识，所以等到假期结束，我就采取了唯一明智的方式——径直前往伦敦图书馆。

我到图书馆后，又悲伤又诧异，这里只有寥寥几部 19 世纪学者的作品，而且大部分都是法文或德文的，它们被搁在高高的书架上，读起来也枯燥乏味。对只想找到关于诺曼西西里的概览性作品的普通英国读者而言，可以说是一无所获。我一度怀疑，这是不是说明所有英国机构中最无价、最值得信赖的地方最后竟辜负了我的信任。但是我又非常清楚，没有这种可能性，如果伦敦图书馆没有我需要的书，只可能是因为这样的书根本就不存在。这就是我开始的时候面临的问题，它在 5 年后仍旧困扰着我：为什么这部尤利乌斯·恺撒到拿破仑的时代之间欧洲历史中最独特、最有趣的史诗，却这么不为人知呢？即便是在法国，关于该主题的参考文献也是空空如也；英格兰差不多在同一时间遭受了相似的——远非令人兴奋的——诺曼征服，后来还为西西里提供了数位大臣和一位王后，但英国也缺少相关文献，这更让人困惑。M. 费迪南·夏朗东（M. Ferdinand Chalandon）的作品是该主题的作品中最好的，他超过 600 个条目的、里程碑式的参考文献中只提到了一位英文作者——吉本（Gibbon）。英国在 60 年的动荡时间里产生了大量的学者，领衔者是开辟出一条道路，在森林的黑暗角落插下旗帜的伊夫琳·贾米森（Evelyn Jamison）小姐。但是直到今天，我只知道两部出自非专业作者，讲述了故事中部分细节的英文作品。第一部是 E. 柯蒂斯（E. Curtis）以一丝不苟但有些重手笔的写法写作于一战前不久的《西西里的罗杰》（*Roger of Sicily*）。第二部是《最伟大的诺曼征服》（*The Greatest Norman Conquest*），看书名就知道作者的取向，其作者是 J. 范·怀克·奥斯本（J. Van Wyck Osborne）先生，他的想象力侵蚀了思想深厚的学识。这两本书都出版于纽约，但目前均已卖完，而且两书都没有覆盖整个时期。

没办法，如果我想为一般读者提供一部完整的、英文的诺曼西西里历史，就必须自己动手写了。这就是您手里拿到的两卷故事中的第一卷，作者是缺乏自信而又战战兢兢的我。两卷故事的内容始于 1016 年一个诺曼朝圣团体在加尔加诺山（Monte Gargano）大天使米迦勒神殿（Shrine of the Archangel Michael）

中被搭讪的第一天，终于 178 年后的最后一天，也就是地中海最明亮的王冠被交到最黑暗的那位德意志皇帝手中的那一天。第一卷涵盖最初的 114 年，一直写到 1130 年的圣诞节，西西里在这一天最终成为王国，首任国王是罗杰二世。这段岁月像史诗，也充满了努力和征服，这段时间里的统治者是奥特维尔（Hauteville）家族的坦克雷德（Tancred）的儿孙们。开始大部分时间里的统治者是罗贝尔·吉斯卡尔（Robert Guiscard），他属于历史上少数几位有天赋的军事冒险家，白手起家，直到去世也从未被打败。在他之后，诺曼人的性情也发生了改变，北方的坚毅在阳光下软化，尖锐的冲突逐渐消亡，让位于树荫下、天井里泉水的低吟和被撩拨的琴弦发出的颤动。第二卷将讲述诺曼西西里的黄金时代：切法卢（Cefalù）时期，蒙雷阿莱（Monreale）主教座堂和巴勒莫（Palermo）的王宫福音堂（Palatine Chapel）的时期。随后是让人心酸的衰落和崩溃的时期。诺曼西西里的精神在腓特烈二世（Frederick Ⅱ，绰号"世间奇才"［Stupor Mundi］，他是文艺复兴时代之前的 200 年里的诸王公中最伟大的一位）以及他的儿子曼弗雷德（Manfred）那里又延续了半个多世纪。腓特烈的母亲来自奥特维尔家族，他也由这个家族养育长大，但是他同时属于霍恩施陶芬（Hohenstaufen）家族，也是神圣罗马帝国的皇帝。他的故事有荣耀，也有伤悲，却不是我们要讲的故事。

我无意标榜本书为原创的学术著作。首先，我不是学者，尽管我接受过 8 年仍旧乐观地号称古典的教育，最近还艰难地复习了课程，我的拉丁语还是很差，希腊语更差。我虽然一直努力地去查阅原始史料，却还是心怀感激地参考了可兹利用的译作，并且适时地在参考文献中标出它们。我尽管试图尽可能地广泛阅读与本主题相关的书籍以将该故事纳入欧洲的大背景中，但是我没有试图去挖掘新的材料或者推进任何原创性的结论。对田野工作来说也是一样。我认为，我拜访了本书中提及的每个重要的地点（其中很多地方，我是在无法形容的恶劣天气中造访的），但是我在当地图书馆和档案馆的研究很短暂（除了在梵蒂冈），在很大程度上，收获并不丰厚。没有关系，我的想法很简单，我前面说过，就是为普通读者提供一本我希望在我第一次去西西里旅行时便可以拥有的书，以解释诺曼人最初怎样抵达那里，又建立了一个怎样的国家，怎样努力利用一种美丽却奇特的文化去浸染它。现在请停下来休息片刻。我只愿自己的笔调是公正的。

致　谢

　　在就本书的写作对我有所帮助以及提供建议的许多意大利朋友中，我必须特别感谢弥尔顿·根德尔博士夫妇的热心以及他们丰富的历史经验。乔治亚娜·马森小姐对中世纪意大利的深厚知识和许多参考文献的建议是无价的。公爵夫人兰特·德拉洛维雷提供了大量有益的研究。还需要感谢萨莱诺的拉卡瓦修道院圣本笃修会档案管理员多姆·阿耶罗·米夫苏德、意大利国家旅游部出版社社长伯爵西格蒙德·法格·戈尔法雷利博士。还有居伊·费拉里神父，他最近突然离世，这对梵蒂冈图书馆以及那里的工作人员来说都是一个悲伤的打击。

　　在英国，我要特别感谢乔纳森·瑞利–史密斯博士，他的热心和博学使我避免许多可恶的纰漏。斯蒂文·朗西曼爵士和桑切维利尔·西特韦尔先生，以及他们的出版商克拉林敦出版社和梅斯·杰拉尔德·达科沃斯出版有限公司很友好地允许我引用他们的作品。我要感谢梅斯·罗特勒支和基根·保罗有限公司，还要感谢梅斯·托马斯·尼尔森父子有限公司允许我使用 E. 道斯小姐的《阿莱克修斯传》的译文以及 R. W. 萨瑟恩教授的《爱德玛的安瑟勒姆传》的译文。伦敦大学的南希·兰布顿教授不辞劳苦翻译了第 13 章的题词——伊克巴尔的诗歌。乌尔都语的翻译要特别感谢她已故的同事 G. D. 高尔先生，他自发地为一个不相识的询问者答疑释惑，我没有在他有生之年表示应有的感谢而觉得问心有愧。我还要感谢沃博格研究所的 C. R. 里格塔先生，以及匿名的巴黎国家图书馆的馆员们。

但是最需要深切感谢的是我的表亲鲁博特·哈特—达维斯，没有人比他更了解一本书该如何撰写，没有人能比他更慷慨地提供个人时间、经验和智慧。我欠他很多——比我的读者看得到的要多，如果本书读起来是流畅的，那在很大程度上就是他的功劳。这份恩情可以承认，却无以报答。

事实上，接下来的每个单词都是在伦敦图书馆所写就的。我还要把我之前千千万万名作者说过的话再说一遍：没有图书馆里丰富的资源，没有每一位馆员的耐心、支持和幽默，我就不会看到自己作品的出版。

约翰·朱利叶斯·诺威奇

伦敦，1966 年

第一部

征　服

1

伊　始

> 他脱去星光闪闪的头盔,
>
> 显示出青春已过的盛年男子汉:
>
> 腰佩撒旦那样阴惨可怕的剑, 好像
>
> 在黄道带中发出光辉, 手拿长枪。
>
> ——弥尔顿《失乐园》, 第 11 卷 [1]

　　若旅行者从福贾 (Foggia) 坐船向东驶向大海, 就会看见加尔加诺山细长的灰白色暗影赫然耸立在平原之上, 像是一朵雷云。这个黑色的石灰岩堆像一个多出来的奇怪东西, 它从普利亚 (Apulia) 的田野和平缓的海岸线上突兀地隆起, 向亚得里亚海延伸了约 40 英里 [2], 令人好奇, 又令人吃惊。数个世纪以来, 它一直被当成意大利这只 "靴子" 的一根 "马刺", 不过从形状来说这个名字是不恰当的, 因为这里的位置更靠近靴子的上端, 而且似乎被固定得比较偏后。它更像是一块老茧, 突兀而不招人喜欢。即

1　这里采用了朱维之先生的译文。——译者注

2　1 英里约合 1.61 千米。——译者注

便是它那繁茂的山毛榉森林地貌，也更像德意志而不是意大利；这里气候阴冷，饱受风的蹂躏；这里的人忧郁，身裹黑衣，容颜衰老（与普利亚其他地区相比，这里城市居民的平均年龄单从男性的外观来看似乎在 70 岁左右），显示出一种陌生的异域气息。加尔加诺山对造访者和当地人而言都很特别。它和周围格格不入。

这种感觉长期萦绕在普利亚人心头，他们反应的方式也相当一致。在遥远的古代，神圣的光环就已经笼罩了加尔加诺山。古典时期，山上就已经有了至少两座重要的神殿。一座属于珀达莱里乌斯（Podaleirius），他是一位小有成就但很少引起人们兴趣的古代战神。另一座属于老卡尔克斯（Calchas），也就是《伊利亚特》中的预言者，斯特拉波曾提到"寻求神谕的人们向他的幽灵献祭一只黑色的山羊，然后于兽皮上入眠"。基督教出现之后，这些宗教活动还在进行，并在根据时代进行了一些必要的微小调整之后，还在频繁地进行着。因此到 5 世纪的时候，这类活动已持续了千余年，神迹在加尔加诺山出现的时机成熟了。493 年 5 月 5 日，一位当地牧牛人寻找丢失的一头健壮公牛，并在山腰深处的一个漆黑洞穴里找到了。他数次引诱公牛出来，却尽数失败，最后他绝望地向公牛的方向射出了一支箭。令他惊讶的是，箭停在半空中，并迅速调转方向，射中他的大腿，让他受了轻伤。他尽全力往家的方向逃去，随后将此事报告给了附近西彭托（Siponto）的主教劳伦蒂乌斯（Laurentius）。主教要求整个教区斋戒三天。第三天时，劳伦蒂乌斯亲自前往奇迹发生之地。他刚刚到达，全副武装的大天使米迦勒就出现了。大天使宣布，这个洞穴自此以后将成为他和其他天使的神殿，然后消失了，并留下了他的大型铁马刺作为标志。几天之后，劳伦蒂乌斯带着众人再到这里来，却发现在自己离开的时候，天使们一直在忙着布置这里。岩洞已经被改建成一座礼拜堂，墙壁被装饰成紫色，一切都沐浴在柔软而和煦的光线中。念诵完赞美之辞以后，主教下令在入口处上方的岩石上修筑一座教堂，在 4 个月后的 9 月 29 日，他将这座教堂敬献给大天使。[1]

在圣安吉洛山（Monte Sant'Angelo）的小镇上，劳伦蒂乌斯的教堂早就消失了，但是大天使米迦勒没有被遗忘。洞穴的入口处现在有一座 13 世纪的八角形钟楼，还有一个修建于 100 年前的厚重的罗马式门廊。一级级台阶往洞穴内延伸，一直通到岩石内部，两侧墙壁上挂满了还愿的装饰物：拐杖、支架和假肢；用锡片打制的粗糙的眼睛、鼻子、腿和乳房；由虔诚的农民挂上的简单照片，照片上是高速公路上的事故、逃跑的马、打翻的炖锅，还有其他令人不悦的事故，事故的受害者将自己的幸免于难归于大天使那奇迹般的护佑；最打动人心的是，这里还有供小孩子穿着取乐的有趣服饰（也是为了感激他的护佑），包括小木剑、锡纸做的翅膀、饼干罐做的护胸甲，偶尔还有穿着这些服饰的小孩的照片。所有这些现在都在又黑又潮的石头上渐渐腐烂。一对宏伟的拜占庭式铜门（这是一位富有的阿马尔菲人在 1076 年赠送的礼物）把守着洞穴的底部，这里基本上还和劳伦蒂乌斯所留下来的一个样。洞穴的空气中依然回响着喃喃的祈祷声，弥漫着 1500 年来的熏香气味，弥漫着潮气，凝结的水滴从金光闪闪的岩石顶部一滴滴落下，被人接住，再被迅速地用小塑料杯分发给信徒们。

1　这个故事来自《罗马每日颂祷书》(Roman Breviary)，其专用弥撒（Proper）仪式的时间是 5 月 8 日。

闪耀着光芒的主祭坛占据着一角，上面立着状似面筋、柔弱无力的大天使雕像，它不可能像号称的那样出自桑索维诺之手。其余的地方则留给破碎的石柱，留给幽深的壁龛之中废弃已久的祭坛，留给黑暗，留给时间。

圣安吉洛山位列欧洲最重要的朝圣地的时间并不久远。有圣人拜访过这里，如6世纪末的圣大格里高利（St Gregory the Great），以及13世纪中期的圣方济各（St Francis），方济各为虔诚者做了一个糟糕的示范：他在靠近入口处的祭坛上刻了自己姓名的首字母。也有君王拜访过这里，如萨克森的奥托二世（Otto Ⅱ），他与自己年轻可爱的拜占庭妻子塞奥法诺（Theophano）于981年来过这里。或许还有他们神秘且狂妄自大的儿子奥托三世（Otto Ⅲ），他的信仰过于热忱，因此从罗马一路跣足走来。又或许在地位较为低下的层次上包括一群诺曼朝圣者，他们在1016年拜访了这里，他们在这个洞穴里与一位穿着奇特的陌生人的谈话改变了历史的进程，奠定了中世纪最强大、最宏伟的王国之一的基础。

至11世纪初，在仅仅100年的时间里，诺曼人事实上就已经完成了从一群几乎是文盲的异教蛮族人向文明的（即使在道德上有所欠缺）、半独立的基督教民族转变的进程。即便这个族群充满活力、天资非凡，这件成就也很惊人。对于一些尚在人世的诺曼人来说，他们的父辈还记得罗洛（Rollo）的事迹。罗洛是金发的维京人，他曾率领维京长船沿着塞纳河而上，法兰克国王查理三世（Charles Ⅲ，即糊涂查理）在911年将今天诺曼底东部的大部分地区授予罗洛作为采邑。可以确信的是，罗洛并不是最早的诺曼入侵者。第一波侵袭浪潮来自半个世纪之前的森林和峡湾，从那时起就已经有速度较为平稳的人口迁徙了。但是，正是罗洛集中了同胞的力量和渴求，并且带他们走上与新的家园融合并建立认同的道路。912 年，罗洛本人带领他们中的大部分接受了基督教的洗礼。的确如吉本所言，有些人接受"10 次或者 12 次洗礼，只是为了获得在该仪式上发放的白色衣服"；在罗洛的葬礼上，维京人"不仅为了让他能安息而向修道院提供了礼物，还为他献祭了 100 名俘虏"，这说明改宗在早期有一定政治权宜性，其动机并不会弱于灵魂的启迪，托尔和奥丁在圣灵那温柔的攻击下而让位之前还是有过抵抗的。但是经过一两代人的时间，如吉本所承认的，"民族已经发生了纯粹而全面的变化"。他们的语言也是如此。到 940 年，古诺斯语（Norse）在巴约（Bayeux）和海岸地区仍有人使用（可能是新来的移民保持了语言的鲜活），但是在鲁昂（Rouen）已经被遗忘了。在 10 世纪结束之前，该语言已经彻底消失了，几乎没有留下什么可以追溯的痕迹。在诺曼人成为法国人之前，还有一项伟大的制度要被他们接受，该制度在未来的时间里将会对他们及其后代产生永久的吸引力，并很快会成为世界上最有效率的国家的基石。那就是快速发展的法国法律体系，他们张开双臂接受了它。

　　注重法律是绝大多数西方中世纪社会的特点。但是这依然是诺曼历史上的一个矛盾。这个以缺乏法律而臭名昭著的族群立足在欧洲，保持着强烈的存在感。从海盗行为、背信弃义，到抢劫、强奸、绑架和谋杀，诺曼国王、公爵和贵族在个人到整个民族的不同层级上都在愉快地、不断地犯下这些罪行，这时进一步降低文明世界的道德标准的十字军东征还没发生。原因就是，诺曼人首先是实用主义者。他们简单地把法律看作国家可以建立于其上的一个巨大而坚实的地基，可以用它在任何事业中巩固他们的地位，因此法律不是他们的主人，而是奴隶，他们采用法律只是因为这个奴隶比原来的更强壮而已。无论在南方还是北方，这一观点都在所有的诺曼统治者之中流行，这解释了为什么最不遵守道德的诺曼统治者也总是设法把他所做的事情巧妙地加以合法化，也解释了为什么诺曼国家中最伟大的建设者英格兰国王亨利二世（Henry Ⅱ）和西西里国王罗杰首先要在他们的统治区域内集中建立一套大规模的法律体系。他们都不会把自己所创立的法律当成抽象的理想，更不会把它与正义混为一谈。

这种实用主义的方式和对外在形式的关注，在诺曼人对待宗教的态度上也非常明显。他们和中世纪的每个人一样，在表面上确实对神心怀敬畏，而且和绝大部分人一样，他们也怀有一种简单而自私的中世纪信念，即宗教的首要目标是让人在去世后可以逃过地狱之火，尽可能快速且便捷地升入天堂。人们一般认为，教会制定的明确方法可以保障这段路程的平稳，这些方法包括定期参加弥撒，至少进行最低限度的斋戒，在必要时进行忏悔，偶尔去朝圣，以及在可能的情况下向宗教团体给予慷慨的捐赠。只要照办这些手续，外部世界的日常生活就主要是个人的事务，不会受到严厉的评判。同样，在世俗事务上也无须特别服从教会的指示。我们还会看到，吉斯卡尔或者罗杰虽有虔诚的宗教情感，却与他们全力抵制他们眼中教皇那毫无道理的侵犯之举并不相悖，正如英国的亨利二世并未因为宗教情感就不与托马斯·贝克特（Thomas Becket）相争一样。绝罚（excommunication）这项惩罚手段确实很严厉，后果也很严重，但是就诺曼人而言，对他们实行的数次绝罚并没有对他们的政策产生重要的影响。一般在绝罚被下达后不久，他们就能让该惩罚被取消。

早期的诺曼冒险者注重物质利益，反应机敏，适应性强，能灵活变通，有维京祖先那不知疲倦的精力，又拥有极强的自信，他们为即将登上的舞台做好了令人艳羡的准备。他们在这些品质之外还有两项优点，虽然这对他们自身而言可能没什么值得称赞的，但是如果没有这些优点，他们伟大的南方王国是不会诞生的。首先，他们具有极强的生育能力，这意味着人口会不断增长。正是人口增长而不是其他原因让第一批斯堪的纳维亚移民得以出现。200 年后，也是人口增长让一群群渴望获得土地的儿郎去南方寻找生存空间（Lebensraum）。其次，他们是天生的漂泊者，这不仅是生存所迫，也是性情所致。如一位早期的编年史家记载，他们对口口声声说的任何"自己的国家"，都不会怀有多少忠诚之心。无畏的、自由自在的年轻人想找个机遇更好的地方之时，北方的堡垒、诺曼底的山丘、英格兰的辽阔草原、西西里的柑橘林、叙利亚的荒漠，都被他们逐次抛弃了。

若要找个借口去做一番这样的探索，找个理由去起事，又有哪个比得上一次朝圣活动呢？因此在第二个千年的黎明时分，当世界并没有像预言那样终结的时候，一波解脱和感恩的浪潮席卷了欧洲，当时挤满朝圣道路的成千上万的人群中，诺曼人占了很大比例，这毫不奇怪。朝圣的目的地各不相同，其中有四个特殊的地方，其神圣性不一般，可以让前来造访的朝圣者洗清所有罪愆，它们是罗马、孔波斯特拉（Compostela）、加尔加诺山，以及最神圣的圣地——耶路撒冷。当时耶路撒冷城已经被穆斯林统治了 400 年之久，不过该城还是对基督徒朝圣者开放，朝圣者居住的旅舍中有一座由查理曼（Charlemagne）建立。只要朝圣者有充足的时间和精力，朝圣之路上就没有不可逾越的障碍。年轻的诺曼人把朝圣之旅视为冒险和挑战，毫无疑问乐在其中，对他们来说，排在最后一位的益处才是持续的，甚至是永恒的益处——对灵魂的益处。朝圣之旅对他们还有一股特殊的吸引力。他们从耶路撒冷返程的途中可以在布林迪西（Brindisi）或巴里（Bari）上岸，再沿着海岸前往大天使神殿，大天使不仅是所有航海者的保护者（因此他们对他心怀感恩），也在他们心目中占据了特殊的位置，因为他是他们自己的圣米歇尔山修道院（Abbey of Mont-Saint-Michel）的主保圣人。

这似乎就是40多名诺曼朝圣者在1016年虔诚地造访圣安吉洛山的过程——至少普利亚的威廉（Willian of Apulia）是如此记载的。威廉应教皇乌尔班二世（Urban Ⅱ）的要求，在11世纪结束之前创作了《西西里、普利亚和卡拉布里亚的诺曼人诸事之史诗》（*Historical Poem Concerning the Deeds of the Normans in Sicily, Apulia and Calabria*）。诗篇以优雅的六步格拉丁语写就，开篇讲述了朝圣者被一位陌生人领进洞穴，此人身着"希腊式"的飘逸长袍，头戴软帽。他们发现这个人并不招人喜欢，衣服也充满了女性气息，但他们还是听了他的故事。他说自己叫梅卢斯（Melus），是一位来自巴里的伦巴第贵族，曾领导了一支起义军对抗控制着当时南意大利大部分地区的拜占庭帝国，起义失败后，他在外流亡。他把一生都献给了伦巴第人的独立事业，他认为这不难实现。他非常需要像他们一样坚定的年轻诺曼人来帮助他，如果伦巴第人和诺曼人联手，希腊人将毫无胜算。而且伦巴第人永远不会忘记他们的盟友。

当朝圣者走到阳光下，凝视着脚下吸引着他们的普利亚的广阔平原时，很难说此时宗教虔诚是他们心中的主要情感。此时的他们无法预见将要迎来的史诗有多么波澜壮阔，也无法预见它的影响会有多大，但是他们意识到了梅卢斯话里所蕴含的可能性。这就是他们一直在等待的机遇，这块富饶的土地邀请并几乎恳求他们进入，这块土地为他们提供了无限的机遇，能让他们证明自己的价值，能让他们创造财富。不仅如此，这样做在法律和宗教基础上都有足够的正当性，其目的是将臣服的人民从外国的统治下解放出来，是驱逐君士坦丁堡那可鄙的繁文缛节，恢复罗马教会在南意大利的地位。此时，这些荣光的前景还很模糊，它在很多年后才成为清晰的征服野心，实现这些野心则需要更长的时间。同时，在这个国家里开辟一个坚固的立足点相当重要。因此这条伦巴第独立的战争标语有助于实现上述目标。

　　所以他们告诉梅卢斯，他们愿意提供他需要的帮助。此刻他们的人数还不够多，他们无论如何都是以朝圣者的身份到普利亚来的，难以马上披挂上阵，投入战斗。他们必须先回到诺曼底，做好必要的准备，招募携带装备的同伴。他们将在次年与伦巴第的新朋友会合，开始伟大的事业。

　　梅卢斯的爱国精神很容易理解，因为此时伦巴第人已经在意大利拥有一段悠久而独特的历史，他们足以因这段历史而自豪。他们起初只是一支来自北德意志的、半蛮族的入侵者，自6世纪中期开始便定居在至今仍被称为"伦巴第"的地区，并建立了以帕维亚（Pavia）为首都的繁荣王国。与此同时，他们的其他同胞继续向南挺进，在斯波莱托（Spoleto）和贝内文托（Benevento）分别建立了公爵领。这些国家在200年的时间里一直很稳定，然而在774年，查理曼突袭意大利，占领了帕维亚，伦巴第王国灭亡。伦巴第文明的中心因此转移到了公爵领，尤其是贝内文托，它不久就成为一个公国，虽然在理论上被查理曼当作赠礼交由教皇，由教皇担任它的宗主，但是它一直原封不动地保持着伦巴第人的传统。壮丽的图拉真凯旋门仍然矗立在那里，两条从罗马通往南方的道路阿庇亚大道（Via Appia）和图拉真大道（Via Trajana）在门下会合。伦巴第贵族的影响力和财富均在稳步增长。1000 年时，贝内文托、卡普阿（Capua）和萨莱诺（Salerno）的 3 位王公位处半岛上最有实力的统治者之列，他们的周围有拜占庭的辉煌壮丽的宫廷，不断刺激他们去实现长久以来的梦想：建立一个独立的、统一的伦巴第国家，将整个南意大利都囊括在国家之内。带着这个目标，他们故意尽全力地模糊化自己的封建地位，时而承认西边的拉丁帝国的宗主权，时而承认东边的拜占庭帝国的宗主权（贝内文托有时在口头上表示听从教皇的命令），一直挑动双方相斗。若有机会鼓动附近的拜占庭土地上的伦巴第分裂者，他们自然不会放弃这些机会。

拜占庭帝国在意大利的处境已经很艰难。查士丁尼一世（Justinian）及其继任者的军队在 6 世纪把东哥特人从半岛上赶走，却马上发现这里被以前的盟友伦巴第人占据了。如果迅速行动起来，或许还能亡羊补牢，但是此刻的君士坦丁堡因宫廷阴谋而陷入瘫痪，所以他们什么也没有做。同时，伦巴第人站稳了脚跟。751 年，他们已经强大到赶走了拜占庭的拉文那（Ravenna）总督（Exarch），此后希腊人的影响力被限制在卡拉布里亚（Calabria），即意大利的靴跟部奥特朗托（Otranto）周围的地区，还有西海岸的一些孤立的商业城市，其中最具影响力的是那不勒斯（Naples）、加埃塔（Gaeta）和阿马尔菲（Amalfi）。这些城市起初只是帝国繁荣的拓殖地（colonics），随着时间的推移，它们演变成世袭的公爵领，仍旧以希腊的语言和文化为主，承认拜占庭的宗主权，通过密切的朋友关系和商业关系与君士坦丁堡保持联系，却已经在事实上独立了。

　　查理曼和他的法兰克军队虽然毁灭性地打击了伦巴第人，却没有给希腊人带来相应的利益，只是让逐鹿于南意大利的群雄又增加了一位。直到9世纪，伟大的马其顿王朝在君士坦丁堡掌权后，瓦西里一世（Basil I）和他的继任者智者利奥六世（Leo VI）才得以阻止衰落，并让拜占庭的气数得以部分恢复。在他们的努力下，拜占庭帝国以普利亚、卡拉布里亚和奥特朗托地区组建了伦巴第军区（Theme of Langobardia），它通常被称为卡匹塔纳塔（Capitanata），在1000年时成为帝国的一个强大而获利丰厚的省，拜占庭帝国因此再次成为半岛上最强大的单个势力。与此同时，它宣称自己继续拥有从西部的泰拉奇纳（Terracina）到亚得里亚海岸边的泰尔莫利（Termoli）一线以南所有地区的宗主权，并且一直拒绝承认伦巴第人的国家或者希腊城邦的独立。

　　卡匹塔纳塔的政府被各种难题所困扰。首先，它的所有疆域都暴露在从事劫掠的北非撒拉逊海盗的面前，此时后者控制了整个西地中海。撒拉逊人在846年攻击了罗马，抢劫了圣彼得教堂。20多年后，直到拜占庭帝国快要被人从巴里赶走的时候，东西方帝国的皇帝之间才建立了必要却极不稳定的联盟。一位名为伯尔纳（Bernard）的修士在870年去耶路撒冷朝圣时写下了亲眼见到的景象：成千上万的基督徒俘虏被驱赶着在塔兰托登上桨帆船，运往非洲为奴。30年后，撒拉逊人——已经有效地控制了西西里，这大大提高了他们的战略地位——毁灭了雷焦（Reggio）。他们的威胁非常严重，以致拜占庭答应每年向他们支付保护费。虽然保护费在 953 年被废止，撒拉逊人的攻击却日渐严重。10 世纪的最后二十几年里，几乎每年都有一次大规模的入侵。

然后我们来看西方帝国。888 年胖子查理（Charles the Fat）去世后，查理曼家系的断绝让局势有所倒退，南意大利获得了喘息之机。但是奥托大帝（Otto the Great）在 951 年出现后，爆发了比以往更加剧烈的冲突。奥托投入巨大精力，想将意大利从希腊人和撒拉逊人的控制下解放出来，在近 20 年的时间里，规模巨大却没有结果的战争摧残了这片土地。和平似乎要在 970 年降临，当时奥托的儿子（后来的奥托二世）迎娶希腊公主塞奥法诺，这门婚事按理说应该能巩固两大帝国的友好关系，结果只是为年轻的奥托二世提供了一个机会而已，他在即位的时候正式要求拜占庭将它在意大利的所有领土作为妻子的嫁妆"返还"给他。他的要求自然被拒绝了，战事再起。此后奥托在 981 年前往普利亚，他此时的怒火主要针对撒拉逊人而发。瓦西里皇帝在君士坦丁堡看到了机会，他认为奥托在这两个恶魔中是更为长期的威胁。他迅速向撒拉逊人的首领送信，匆忙与他们建立了临时的联盟。奥托开始获得了一些成功，然后在靠近卡拉布里亚的斯蒂洛（Stilo）被完全打败了，在一次可耻的战斗中通过化装才免于被俘。他没能从耻辱中恢复过来，并在次年逝于罗马，时年 28 岁。[1]继承他皇位的是一个 3 岁的孩童，从此以后，西方帝国已造成不了什么麻烦，但是拜占庭对它的警惕在很久之后都没有放松。

1　奥托是唯一葬在罗马的德意志皇帝。他的墓现在位于梵蒂冈地下墓室（Grotte Vaticane），不过缺少当年的斑岩棺盖——它当初取自哈德良（Hadrian）的陵墓，现在则充当圣彼得教堂的圣洗池。

当地也面临着严重的问题。在卡拉布里亚和"靴后跟"处，因为伦巴第人向当地的渗透相当少，所以政府能施加直接的管理。另一方面，有大量希腊修士在这里避难，这些修士之所以逃到这里，是为了躲避 8 世纪时圣像破坏者在君士坦丁堡的过激行为和 10 世纪西西里撒拉逊人的劫掠活动。结果在政治、宗教和文化上到处都能见到希腊的巨大影响，尤其是在卡拉布里亚，它在整个文艺复兴时期一直是主要的希腊学术中心之一。但是普利亚的情况更加微妙，这里的人口主要为意大利-伦巴第血统，需要当地的拜占庭长官卡塔潘（Catapan）细心地对待，因此卡塔潘获得了相当程度的自由。所以，伦巴第人的管理系统得到了极大的保留，由伦巴第人的法官和官员执行伦巴第法律，希腊人的法律仅适用于（假定的）对皇帝的谋杀或者（更有可能的）对卡塔潘的谋杀。拉丁语被承认为官方语言。在大部分地区，教堂由教皇任命的拉丁主教管理。只在一些拥有一定数量希腊人口的城市有希腊主教。

这样全面的自治措施在拜占庭帝国的其他地区是没有的。然而，普利亚的伦巴第人从来不会满足于生活在希腊人的统治之下。他们总是保持着一种强烈的民族感——时间过了 500 年，他们仍然没有被意大利的人口同化——这种民族主义情绪受到北边和西边国家的煽动。此外，拜占庭以税收繁重而臭名昭著，更重要的是，近些年的研究显示还有强制性的军役，军役制度一直不受欢迎。帝国无力保证普利亚城镇免遭撒拉逊人的进攻，尤其是海边的城镇。这些城镇的伦巴第人别无选择，只能自己组织防御，所以民兵组织出现了，有的城镇装备了足够的船只，因此可以在海盗登陆之前就与之交战。民兵不可避免地对拜占庭的权威构成了威胁，但是在这种情况下不可能让他们解散。他们还建立了伦巴第人的自立组织。因此在 10 世纪末形成了一股活跃的、拥有优良装备的抵抗运动。987 年，在巴里出现了一次小型的反抗活动。10 年之后，另一次更严重的反抗活动出现了，政府花了 3 年才镇压下去。与此同时，一位重要的拜占庭官员遭到了暗杀。随后在 1009 年，梅卢斯揭竿而起，他和妹夫达图斯（Dattus）率领相当数量的随从迅速占据了巴里，随后在 1010 年占领了阿斯科利（Ascoli）和特兰尼（Trani）。但是在 1011 年春，新上任的卡塔潘组织所有可利用的力量包围了巴里，并且设法贿赂城中的希腊居民为他的军队打开城门。6 月，巴里陷落了，梅卢斯逃往萨莱诺。他的妻子和孩子没有那么幸运，而是被俘虏，并被送到君士坦丁堡，作为人质遭到监禁。

卡西诺山修道院（Monastery of Monte Cassino）坐落在一座山丘上，俯瞰着连接那不勒斯和罗马的现代高速公路，从远处看，修道院和 1000 年前没太大区别。修道院的外观很有迷惑性。在 1944 年 2 月和 3 月的殊死战斗中，整座修道院被不间断的炮火轰炸成一堆残砖碎瓦，现存的建筑几乎都重建于战后。但是，修道院的生活从 529 年圣本笃到这座小山丘建房之后就没有改变过。这座巨大的本笃会母院最开始的地基建立在献给阿波罗的异教神殿的废墟上，后来成为本笃院规的诞生之地。

在南方诺曼人的历史里，卡西诺山修道院一直扮演着至关重要的角色。作为意大利最大的修道院，它在整个黑暗时代一直是欧洲主要的学术中心之一。它为子孙后代保存了很多古典作家的著作，否则这些作品就有可能失传，这包括阿普列乌斯（Apuleius）和塔西佗（Tacitus）的作品。虽然修道院的教堂等建筑在 881 年撒拉逊人的毁灭性劫掠活动中受到了极大的破坏，但是它宝贵的遗产得以幸存下来。在我们的故事开始的时候，它进入了黄金时代。在接下来的 200 年里，修道院的权势发展到几乎按照一个独立的国家而运行的程度，它甚至反过来轻视法兰克人、希腊人、伦巴第人、诺曼人，乃至教皇。作为拉丁教阶中最有影响力的人物之一，修道院院长两次问鼎圣彼得教堂的教皇宝座。

11 世纪下半叶，有一位名为阿马图斯（Amatus）的修士住在卡西诺山修道院，他有时也被称为艾梅（Aimé）。他在 1075—1080 年之间创作了一部有关南方诺曼人的历史。有人认为他与普利亚的威廉不同，威廉主要关注炫耀自己的拉丁语能力，阿马图斯则用不整齐的散文形式写作。他留下了一份仔细而准确的记载，记载了他同时代的事件或他亲眼看见的事件。不幸的是，他的拉丁文原文佚失了。我们手头有一份翻译于 14 世纪的意大利风格的古法语文本，它以讨人喜欢的带插图的手抄本形式藏于巴黎的法国国家图书馆。因为阿马图斯的作品无疑是有关该主题和该时期最可靠的史料，所以原稿的丢失对学者而言是一桩不幸的事。但是对其他人来说则意味着，他的这部没有现代英译本、用扰人又复杂的中世纪拉丁语发表的著作，现在不仅易于阅读和理解，还带着鲜活和天真，充满了无尽的魅力，读之令人欣喜。

阿马图斯讲述了另一则关于诺曼朝圣者的故事，这不禁让人将它与威廉的记载联系起来。按照阿马图斯的记载，一群数量在 40 人上下的诺曼人于 999 年乘坐阿马尔菲的船从巴勒斯坦归来，拜访了萨莱诺，他们在这里受到当地王公盖马尔四世（Guaimar Ⅳ）[1] 的

1　于 999—1027 年统治萨莱诺，有时也被称为盖马尔三世（Guaimar Ⅲ）。伦巴第人的公爵和亲王的序号从未得到合适的标准化，这对粗心的人来说是一个可怕的陷阱。

热情接待。他们在萨莱诺歇脚，却被撒拉逊海盗粗鲁地打断了。惊恐的当地人不敢对海盗那可怕的暴行做出任何抵抗，而诺曼人厌恶这种怯懦的态度，便拿起武器发动进攻。他们的以身作则为萨莱诺人带来了新的勇气，许多萨莱诺人也加入了诺曼人的队伍。迟来的抵抗完全打垮了撒拉逊人的防御，他们死的死，逃的逃。这样的尚武精神在南意大利相当罕见，高兴的盖马尔立刻向这些优秀的人给予丰厚的奖赏，并邀请他们留在他的宫廷里，却被他们拒绝了，因为他们长时间没有回家，所以想返回诺曼底。另外，他们准备同家乡的朋友讨论该问题，朋友中肯定会有对留在南方的主意感兴趣的人，其勇气也不落下风。因此他们启程返回，盖马尔的使者携带可以吸引北方冒险者的各种礼物与他们同行，"礼物有柠檬、扁桃、腌制的坚果、精美的衣服，还有镶嵌着黄金的铁制器具，由此，他们吸引诺曼人来到这块流着奶和蜜等等美好事物的土地上"。

1016 年，梅卢斯在圣安吉洛山的时候，正是撒拉逊人大规模进攻萨莱诺的时候。阿马图斯的记载中梅卢斯与诺曼人相见的事发生在 999 年，但是撒拉逊人此时还未发动这样的入侵。可能他的故事大体上是真实的，只是作者在时间上有所粗心大意，而两批朝圣者实际上大概是同时到来的。如果推断正确的话，这两批朝圣者是不是同一批人呢？他们在神殿与梅卢斯相遇，看似很偶然，是否有可能是由他和盖马尔精心设计的呢？毕竟前不久盖马尔刚刚为梅卢斯提供了庇护，前者是暗中支持伦巴第分裂活动的主要人物。双方合谋的可能性是存在的。另一方面，如最近一位历史学者所指出的，[1] 也可能两个故事都是传说，最早来这

---

1 E. Joranson, 'The Inception of the Career of the Normans in Italy'.

里的诺曼人实际上是来自诺曼底的避难者，因为教皇本笃八世（Benedict Ⅷ）的反拜占庭策略而被驱赶到伦巴第人的土地上。我们永远不会知晓真相了。但是不管让他们来的人是王公、保护者还是教皇，不管来的人是避难者还是朝圣者，我们都能确信，已经有大批诺曼人在路上了。1017 年春，第一批年轻的诺曼人踏上了征途。

2

抵　达

　　人口增长如此之迅速，以至于森林和土地无法满足他们的需要……因此，这些人离开了，他们放弃了贫瘠的土地，去寻找富饶的土地。他们也不满足于去服务他人，因为他们来到这里的人数如此之多。但是，像先前的骑士一样，他们认为所有的人应该臣服于他们，并承认他们为领主。因此，他们拿起了武器，破坏了和平的约定，完成了伟大的战争和侠义的功业。

——阿马图斯，第 1 卷第 1 章第 2 页

　　去伦巴第的首领们似乎既没有从需要他们帮助的战士那里得到任何引荐，也没有拿到任何条款，只是得到了鼓励而已。他们受到邀请的消息很快传遍了诺曼底的城镇和庄园，南方能够提供的充满愉悦的故事、现有居民的衰弱程度、等待诺曼人来取的奖赏，这些信息无疑传遍了各地。这样的故事对于任何人口中不可信任的那部分人来说都有极大的吸引力，因此最早进入意大利的诺曼移民尽管在表面上很像阿马图斯笔下的古代骑士，但是他们与他吟唱的加洛林传奇中的骑士并无一致之处，就毫不奇怪

了。他们主要由骑士的幼子、乡绅的幼子所组成，他们不继承遗产，与其先前的家族并无密切关系。但是还有一群名声不好、想要挣得不义之财的专业打手和冒险家。很快还有一些一般的小混混也加入他们，他们一路穿过勃艮第（Burgundy）和普罗旺斯（Provence），人数不断增加。1017 年夏，他们跨过了标志着教皇国南部边界的加里利亚诺河（Garigliano），直接前往卡普阿。按照先前的安排，他们在这里找到了焦急等待的梅卢斯，此刻他正率领一群人准备立刻发动战斗。

伦巴第人的最佳战机，明显就是趁拜占庭一方还未弄清形势并寻求增援之前先发动进攻。因此，梅卢斯告诉他的新盟友，现在不能浪费时间，他立刻率领他们穿过卡普阿边界。结果他们出其不意地彻底打败了敌人。到了冬天，也就是第一年战争的末期，他们已经取得了几场有重要影响的胜利，甚至可以拿希腊人的弱小来开开他们最喜欢的玩笑。1018 年 9 月，他们已经将拜占庭人从北部的福尔托雷河（Fortore）到南部的特兰尼之间的地区驱赶走了。但是在 10 月，形势突然逆转了。

在奥凡托河（Ofanto）的右岸，大概距离亚得里亚海 4 英里处，一块巨大岩石的影子依旧落在坎尼（Cannae）的土地上。公元前 216 年，汉尼拔在这里率领迦太基人对罗马人发动了罗马历史上最血腥和最具灾难性的打击。1234 个年头之后，也是在这里，梅卢斯率领的伦巴第和诺曼军队对阵拜占庭军队。拜占庭一方的领导者是卡塔潘之中最伟大的一位——瓦西里·沃约阿尼斯（Basil Boioannes），在他的领导下，梅卢斯一方遭受了更具灾难性的打击。从一开始，拜占庭一方在人数上就更多一些，而且在沃约阿尼斯的要求下，皇帝瓦西里二世（Basil Ⅱ）从君士坦丁堡派去了重兵。阿马图斯写道，希腊人像倾巢而出的蜜蜂一样遍布在战场上，他们的长枪又直又密，宛如插满藤条的田地。还有另一个对梅卢斯的失败具有推波助澜作用的因素：诺曼人的军事力量早就闻名于拜占庭的首都，因此瓦西里为他的军队也配备了来自北方的骑士——一支瓦兰吉卫队（Varangian Guard）的分队，这支部队是 30 年前基辅大公弗拉基米尔与瓦西里的妹妹结婚时送给他的维京军团。伦巴第人奋力战斗，却是枉然，大部分都遭到了屠杀，只有少数人得以幸免。这次失败之后，梅卢斯在普利亚让伦巴第人获得独立的最后希望破灭了。梅卢斯本人设法逃脱，在各公爵领以及教皇国之间漫无目的地游荡了几个月，最终在班堡（Bamberg）的西方帝国皇帝亨利二世那里获得了避难之处。两年之后，伤心绝望的他在班堡去世了。亨利作为拜占庭控制意大利南部的主要对手，总是竭尽全力帮助梅卢斯，并在自己新修的主教座堂里为梅卢斯举行了盛大的葬礼，还为他修筑了一座宏伟的墓穴。不过，无论是石匠的高超技艺，还是他去世之前亨利所授予的普利亚公爵的头衔，都无法改变他失败的事实。更糟糕的是，他决意带给他人民的自由，由于他不经意地邀请了诺曼人而永远无法实现了。他已经让诺曼人尝到了血的滋味。

诺曼人在坎尼勇敢地作战，但是损失惨重。他们的首领吉尔贝（Gilbert）阵亡，军队也大量减少了，他们在战斗结束之后重新集结起来，并推举其弟雷努尔夫（Rainulf）为继任者。由于梅卢斯已经不在了，在找到新的恩主之前，他们必须自食其力。他们沮丧地跑到山里，去寻找一块可以巩固自己力量的地方，一块可以用作他们的永久大本营的地方，可以为不断从北方到来的新移民提供聚集点的地方。他们最初选择的地方不吉利。在修筑据点的时候，他们遇到了比坎尼之战更加羞辱的失败。普利亚的威廉告诉我们，突然出现的大群青蛙困扰了他们，青蛙实在太多了，他们甚至无法继续工作。青蛙的呱呱声连绵不绝，他们狼狈地撤退了，找到了另一个更加适合的地点。不过他们在这里待的时间也不长。多亏了不断加入的新来者，他们的人数不久就大大超过了以前。此外，尽管他们第一次遭受了惨重的失败，但是他们作为战士的声誉仍旧无人可比。各方力量都需要他们的效劳。

南意大利这口大锅永远无法从沸腾中冷却下来。当时，这块土地被四大势力所包围，土地上遍是频繁的争斗。这块土地上有四个族群、三个宗教，还有数量不断变化的一些独立、半独立或发动叛乱的国家和城市，它们之间的战斗分裂了这片土地。在这样的土地上，强大的臂膀和锋利的剑刃永远不会失业。许多年轻的诺曼人被吸引到萨莱诺的盖马尔那里。其他人则到了他的妻舅兼对手卡普阿亲王潘都尔夫（Pandulf）那里，他号称"阿布鲁齐之狼"（Wolf of the Abruzzi），其力量和野心引起了邻邦的强烈关注。还有一些人倾心于那不勒斯、阿马尔菲和加埃塔。与此同时，卡塔潘沃约阿尼斯正在修筑新的据点，意图巩固普利亚的防线，巩固其胜利，修筑据点的地方是位于亚平宁山脉通往外部平原道路上的特罗亚（Troia）。由于缺乏可用于建造永久要塞的力量（瓦兰吉卫队在获胜之后已经回到了君士坦丁堡），他只得去别处寻找人手。卡塔潘一眼就能认出优秀的战士，而诺曼人毕竟只是雇佣兵，因此毫不奇怪，在坎尼之战结束一年多以后，装备精良的诺曼战士策马进入普利亚，为拜占庭守卫法律上的领土，对抗邪恶残忍的、制造麻烦的伦巴第人。

这样转变效忠对象、轻易重整军队的气氛，或许对诺曼人的利益而言是一种伤害。确实有人可能会想，他们的目的是不是要增强自身的力量，以实现最终统治半岛的目标呢？诺曼人本应该保持团结，而不是无目标地分散在寻求他们帮助的无数势力之间。但是在早期，建立统治的想法还没有形成，诺曼人也没有那么团结。他们首先关心的是自身利益，而且就算他们确实权衡了所有问题，民族的抱负也只会居于可怜的第二位。诺曼人的好运就在于，这二者经常结合在一起。而且矛盾的是，正是他们明显的不团结，才为他们最终的征服扫清了障碍。如果他们一直是团结的，他们就不会搅乱南意大利的力量平衡。他们的人数偏少，所以无法独自占据优势。他们派别众多，无法联合起来同时支持某一个势力。通过分裂，他们不断改变自己的盟友和图谋，他们在参与的所有小型争斗中几乎都站在胜利者一方。而且，他们可以阻止任何单个势力变得过于强大。支持所有势力，等于没有支持任何势力；听命于最强的竞争者，也听命于每一个别的竞争者，他们这样便保持了行动的自由。

诺曼人并不是唯一在坎尼之战后必须思考自身地位的势力。坎尼之战后，拜占庭势力在整个普利亚得到了重建，拜占庭在整个意大利的声望也得到了极大的提升。可以想见，这或许对各个伦巴第人的公爵领都造成了巨大的影响。早在 1019 年，卡普阿的潘都尔夫就真诚地与希腊人建立了联盟关系，他走得如此之远，甚至将首都的钥匙送给拜占庭皇帝瓦西里。在萨莱诺，盖马尔为了避免摆出扩张性的姿态，也一样毫无保留地表明了支持的态度。最令人惊讶的（至少乍看之下是如此）是卡西诺山的态度。这里的大修道院一直被认为是南意大利拉丁事业的拥护者，它代表的是教皇和西方帝国皇帝，因此它一直支持梅卢斯和他的伦巴第人，在坎尼之战以后同样为他的妹夫达图斯提供了庇护——达图斯在之前的 1011 年于伦巴第战败后，待在修道院的一座位于加里利亚诺河河岸上的武装塔楼里。仅仅数月之后，卡西诺山修道院也宣布支持君士坦丁堡。仅有贝内文托亲王仍旧效忠于西方帝国。

所有这一切对皇帝亨利而言都是坏消息，对教皇而言则更糟。虽然本笃八世为人正直，道德上也无瑕疵，[1] 却不是一个纯粹的宗教人物。作为图斯库鲁姆（Tusculum）的一个贵族家庭的成员，他在 1012 年当选为教皇的时候是否已经被授予圣职都是个问题。在担任教皇的 12 年时间里，他表现得更像是一个政治家和行动家，献身于让教皇与西部皇帝紧密联系在一起，将意大利从所有其他势力手中解救出来的事业。因此他曾在 1016 年亲自率领一支军队对抗撒拉逊人。对抗希腊人时，他为梅卢斯和达图斯提供了所有自己能提供的援助。他两次与卡西诺山当局协调，为上述两人在加里利亚诺塔提供避难所。他此时看到自己的努力全都白费了，拜占庭的势力突然增长到他此前从未见过的程度。卡西诺山的背叛肯定是一次重击——虽然如果他记得以下两件事的话，会更容易理解一些：修道院院长阿特努尔夫（Atenulf）是卡普阿亲王潘都尔夫的兄弟，院长还在拜占庭治下普利亚附近的特兰尼神秘地获得了一大片地产。更为严重的是，希腊人的持续扩张带来了危险。获得了彻底胜利后，拜占庭人为什么要满足于领土仅限

1　按照他的标准是无瑕疵的，但是他必须背负一项耻辱，那就是在中世纪的罗马历史中第一次（虽然不是最后一次）以官方名义发起了针对犹太人的迫害——这是 1020 年的一次小型地震的结果。

于卡匹塔纳塔呢？占用了瓦西里二世大量精力，为他赢得了"保
加利亚人屠夫"（Bulgaroctonus）绰号的巴尔干战争如今已经结
束，他认为教皇国这块肥肉已经是囊中之物了。一旦沃约阿尼斯
渡过加里利亚诺河，便可长驱直入，直抵罗马城下。图斯库鲁姆
伯爵们的长期敌人——险恶的克莱森提（Cresccntii）家族知道如
何将这一灾难转变成他们的优势。上一次教皇前往阿尔卑斯山以
北已经是一个半世纪之前了，但是本笃在得到卡西诺山的消息之
后，没有再犹豫。1020 年初，他动身前往班堡，去同他的老友兼
盟友亨利二世商谈事态。

　　如果不认真想想教皇和皇帝分别坐在对方的位置上会不会更
合适，是不可能了解本笃和亨利的。"圣人亨利"的绰号名副其
实。虽然亨利的事迹可能不足以被封圣，他却在接下来的一个世
纪里获得了这项荣誉，这在很大程度上是因为他与妻子卢森堡的
坎尼贡德（Cunégonde of Luxemburg）的贞洁生活。虽然他的虔
诚与迷信相随，但是他依然是一位拥有虔诚信仰的宗教人士，他
在生活中最热衷的两件事就是修建教堂和宗教改革。这些精神上
的事业并没有阻止他以惊人的效率来统治那庞大的帝国。尽管亨
利一直干涉教会事务，但是从 1012 年他还是德意志国王[1]的时候
开始，他和本笃就是好友了，他支持本笃在教皇选举中对抗对手
克莱森提乌斯（Crescentius）。他们之间的友谊，又因为本笃干预
了亨利的皇帝选举，在 1014 年主持了亨利和坎尼贡德的加冕仪
式而得到了加强。不仅如此，亨利的宗教观点和本笃的政治观点

1　被选出的德意志国王只有在罗马得到教皇的加冕之后才可以使用皇帝的
头衔。亨利也是第一位在皇帝选举时自称"罗马人的国王"的人。

相一致，两者的友谊便进一步得到了巩固。直到此时，帝国和教皇国之间那长期而痛苦的争斗还未开始。斗争在不久后就会到来，而且将在两个多世纪以后腓特烈二世在位时达到高峰。此时二者相处正欢，对其中某一位的威胁也是对另一位的威胁。

1020 年复活节之前，本笃抵达了班堡，在亨利新修的主教座堂里举行了盛大的节日庆典，然后与他开始商谈。起初，他们让梅卢斯述述南意大利的政治形势，分析拜占庭的优势和劣势。但是在教皇抵达一周后，"普利亚公爵"突然去世了，只剩他们两人继续商谈。一直很敏锐的本笃认为，必须采取的行动显而易见：亨利必须率所有军队前往意大利。在某个恰当的时候，教皇也会加入这场行动，而行动的目的不是将拜占庭彻底驱逐出去——这是之后的事情——而是显示西方帝国和教皇国是不应该被忽视的力量，它们准备维护自己的权利。这会给那些在联盟中摇摆不定的小城市、弱小的伦巴第贵族们注入新的信心。与此同时，这还会让沃约阿尼斯确信希腊人采取任何进一步的行动都会让自己处于危险的境地。

亨利虽然对此表示同情，但是没有立刻被说服。情况很微妙，希腊人还没有在事实上越过他们的边界。尽管亨利没有真正承认这些边界，但是最近拜占庭人行动毕竟是因为伦巴第人发动的叛乱，很难将拜占庭的行动定性为入侵。伦巴第人的公爵领和卡西诺山修道院的态度确实是令人焦虑的原因，但是就亨利所了解的，他们很看重自身的独立，不愿意成为拜占庭的附属。没有皇帝的支持，远征的队伍就不可能达到本笃所希望的规模。教皇在 6 月返回意大利之时，皇帝仍然没有最终表态。

亨利犹豫了一年，当年相安无事。随后在 1021 年 6 月，沃约阿尼斯开始了行动。通过之前与潘都尔夫的金钱交易，希腊人先遣军队进入卡普阿，所向披靡，直至加里利亚诺河畔达图斯居住的塔楼。达图斯将这座塔楼当成自己和一群伦巴第追随者和一批诺曼人的大本营，他们得到了教皇的庇护。即便在卡普阿及卡西诺山转向拜占庭后，他还是决定坚守在这里（达图斯从未显示出过人的智慧）。这座塔楼本来是用于抵挡撒拉逊入侵者的庇护所，用来防御撒拉逊人够用，却无法长期抵御装备精良的希腊人。达图斯和他的部下顽强地抵抗了两天，在第三天只好投降。诺曼人被释放了，但是伦巴第人遭到了屠杀。达图斯本人被铁链缚住带到巴里，他在巴里骑着毛驴游街。1021 年 6 月 15 日夜晚，他与一只公鸡、一只猴子和一条蛇一起被缝进一个麻布袋，被扔进大海。

这桩暴行的消息迅速传到了罗马和班堡。达图斯曾经的私人朋友本笃在这次潘都尔夫和修道院院长阿特努尔夫的新阴谋中陷入丑闻，这两人因为一笔可观的奖赏而出卖自己同胞的事情广为人知，而这位同胞是最后一位有能力举起伦巴第独立大旗，公开承诺将希腊人驱逐出意大利的人。此外，正是教皇建议达图斯躲避在塔楼中，并与卡西诺山协商为其提供便利。教皇国的荣耀因此遭到了出卖，这是本笃永远不会原谅的罪行。他向班堡的亨利写信，他通过写信便能在回到意大利之后持续对亨利施压，现在他在信件中传达了更为紧迫的消息。达图斯的命运只是个开头。此次行动的胜利会鼓励希腊人采取更激进的行动。趁着还有时间，他们必须采取更强力的行动。亨利不再闪烁其词，1021 年 7 月，他在奈梅亨（Nijmegen）的会议上做出决定，想尽快率军前往意大利。夏天剩下的时间和整个秋天，亨利都在做准备。12 月，庞大的军队出发了。

此次远征的初衷是展示力量，事实也的确如此。此番进军时，军队被分为三个部分，指挥权分别归于亨利和他的两位大主教，科隆大主教皮尔格里姆（Pilgrim）和阿奎莱亚大主教波波（Poppo）。第一支部队在皮尔格里姆的领导下按照命令从意大利西部进发，穿过教皇国，抵达卡西诺山和卡普阿，在那里以皇帝的名义抓捕阿特努尔夫和潘都尔夫。据说该部队由 2 万人组成，尽管这一数字值得怀疑。第二支部队估计由 1.1 万人组成，在波波的率领下穿越伦巴第和亚平宁山脉抵达普利亚边境，并在这里按照事先计划和亨利率领的主力——其军力远超过其他两支军队——集结，再沿东部的道路直抵亚得里亚海边。这支联军将深入内陆，围攻特罗亚，这里坐落着沃约阿尼斯修筑的、由诺曼人防守的新拜占庭堡垒，它被公认为堡垒的典范。

皮尔格里姆按照指示直奔卡西诺山而去，但是他抵达的时间太晚了。这里的修道院院长正确地估计到了本笃的愤怒，知道来者不善。得知帝国军队正在靠近，院长立即逃往奥特朗托，并迅速从那里登船，意图前往君士坦丁堡。但是报应还是降临在他头上。在他离开修道院之前，愤怒的圣本笃显现在他的面前，告诫他，他的行为已经引起了上帝的不悦，还说他即将为自己的罪恶而付出代价。果然，他的船刚驶离港口，一场巨大的暴风雨出现了。1022 年 3 月 30 日，阿特努尔夫乘坐的船沉没了，他和其他人一起溺水而死。与此同时，皮尔格里姆继续向卡普阿进发。潘都尔夫并没有坐以待毙，而是积极组织居民去城墙上守备。但是他的臣民不再那么拥护他。大主教的军队攻来时，他发现臣民的忠诚已有所动摇。他的随从中有一些诺曼人，他们不喜欢这位前恩主，正确地判断了倒向哪边对自己有利，就暗中为帝国军队打开了城门。皮尔格里姆由此得以进入卡普阿，懊恼的王公只好投降。

按照最初计划，现在皮尔格里姆要向东与其余军队会合。但是在此之前，他决定前往萨莱诺，在那里的盖马尔虽然行为没有他妻舅那么恶劣，却仍然公开表示亲拜占庭，如果他受到的打击得以恢复的话，就有能力在将来制造麻烦。但是很快皮尔格里姆就发现萨莱诺和卡普阿的差别相当大。这里防御坚固，并且布防严密，因为盖马尔的受欢迎程度和潘都尔夫的被讨厌程度一样，他的诺曼守军并没有因大主教的军队而焦虑。该城被围困一个多月，尽管面临极大的压力，却明显没有投降的迹象。同时时间在流逝，在自己与皇帝之间，皮尔格里姆还有一段很艰难的翻越高山的道路要走。最后双方签署了一个停战协议，皮尔格里姆同意放弃围攻，以换取一部分人质。通过这种方式确保了后方的安全后，他离开萨莱诺，向内陆进发。

亨利进军的速度也非常快。虽然军队有些笨拙，加之阿尔卑斯山严酷的冬天，他和旅途同样不顺畅的大主教波波还是按照原计划于1022年2月中旬会师。随后他们一起向内陆进军，抵达一个靠近贝内文托的地区，教皇在这里等待他们。3月3日，本笃和亨利一起以正式仪式进入贝内文托。他们在那里待了四周，进行休整，收取信件——也许是在期望能收到来自皮尔格里姆的消息。同时，军队也在为下一步行动做准备。在该月月末，他们决定不再因为等待大主教皮尔格里姆而拖延，转而进军特罗亚。

沃约阿尼斯一如既往地做好了充分的准备。帝国军队通过山的隘口，出现在普利亚平原上，对他们来说，特罗亚这根巨大的刺看起来是无法摧毁的。特罗亚城紧邻拜占庭领土和贝内文托公爵领的边界，城镇本身就是很明显的威胁。但是教皇的坚定决心与皇帝的虔诚信念做出了必要的表率，4 月 22 日，围攻开始了。在近 3 个月的时间里，局面没有什么进展，天气越来越热，胶着的情况只有在新的消息传来后才得以打破：皮尔格里姆正率军从坎帕尼亚（Campania）前来增援，潘都尔夫在皮尔格里姆的军中备受煎熬。阿特努尔夫的命运没有令亨利动容，据说，他只是念诵了《诗篇》第 7 篇中的一段[1]，随后便离开了。他当场判处潘都尔夫死刑，不过大主教为潘都尔夫求情，因为他在翻越群山的过程中对犯人心生喜爱。在劝说下，亨利为潘都尔夫减刑，将其关押在阿尔卑斯山另一边的一所监狱里——很久以来，很多人都希望这种仁慈的方式能让囚徒感到懊悔。"阿布鲁齐之狼"被人拴着铁链带走了，围攻仍在继续。

　　和同名的安纳托利亚城市[2]不同，特罗亚坚持到了最后。一位亲德意志的编年史家试图强调亨利最终趁着暴风雨占领了该城。一位以不可靠而臭名昭著的修士拉杜尔夫·格拉贝（Radulph Glaber）（他想象力之原始只有他的私生活可以比拟，他因为糟糕的私生活而被众多修道院驱逐，他被驱逐的次数比 11 世纪的任何文人都要多）讲了一个非常牵强附会的故事，在故事里，一位年长的隐修士拿着十字架带领城中的所有居民排成长长的队伍出降，亨利看到这场景时，心都融化了。但是，如果特罗亚真的投降了，

1　"他掘了坑，又挖深了，竟掉在自己所挖的阱里。"（《圣经·诗篇》7:15）
2　即特洛伊城。——译者注

相关事情居然没有出现在任何当时南意大利的记录中，这说不通。而且如果投降了的话，就无法解释为什么沃约阿尼斯会在此后立即给予该城新的特权以作为忠诚的奖励。

因此，亨利没有获得胜利。他无法一直围攻下去。炎热的天气已经造成了损失，在普利亚肆虐到20世纪的疟疾在他的军队中流行起来。6月末，他决定放弃围城。毁坏了营地之后，饱受胆结石折磨的皇帝骑马带领庞大却士气消沉的军队向群山走去。这不是第一支被南意大利的夏天所征服的欧洲大军，接下来我们会看到这也不是最后一支。亨利在卡西诺山见到了更早到达的教皇，他们在这里待了一些时日，本笃自己忙于新任修道院院长的就职仪式，皇帝则希望有奇迹能消除他的结石（我们知道他成功了）。教皇和皇帝随后短暂地访问了卡普阿，接待者泰阿诺（Teano）伯爵也叫潘都尔夫，他入主了那位耻辱的同名者的王宫。随后教皇和皇帝便经由罗马前往帕维亚，去参加由教皇召集的有关宗教改革的重要会议。这样的集会对亨利来说是不可抗拒的诱惑，他在那里一直待到8月才返回德意志。

他的远征只能勉强算成功了。皮尔格里姆很好地完成了他的使命，潘都尔夫和阿特努尔夫均从舞台上消失。卡普阿和卡西诺山就很容易对付了，与此同时，来自萨莱诺和那不勒斯的人质（后者提供了人质，以免遭大主教军队的围攻）保证在沿海地区不会出现麻烦。另一方面，普利亚战役是一次惨败。特罗亚的坚定立场证明了帝国军队在意大利的无能——近6万军队竟无法降伏一个在4年前还不存在的小山城。更糟的是，军队由皇帝亲率，皇帝个人的声誉遭到了重创。计划、修筑、加固并迁来人口的沃约阿尼斯，其声誉却大大增加了。卡塔潘还有另外一个优势，亨利对此心知肚明：卡塔潘居住在普利亚，他可以一直维持、巩固自己的地位，还能毫不迟延地抓住任何机会去提高自己的地位。相比起来，西部皇帝只能通过他的封臣来行动，正如近期的研究所显示的那样，封臣只有在认为符合自己利益的时候才会保持效忠。亨利在意大利时，他光芒夺目，控制法庭，主持正义，并且慷慨地赠予钱财；封臣们迫不及待地向他臣服，表示忠诚。亨利离开之后，该地便对不满者和煽动者敞开了大门。法律无人遵守，道德被破坏，禁令被遗忘。沃约阿尼斯不会错过机会。接下来要怎么做才能阻止帝国那好不容易建立起来的体系再次土崩瓦解呢？

拜占庭人看着帝国的主人缓慢地向群山离去，必定长舒了一口气。如果亨利拿下了特罗亚，整个普利亚都会被他夺去。拜占庭人没有保住西部，这意味着过去4年的成果消失了。即便如此，还是有很多东西需要重建。幸亏特罗亚没有失陷，拜占庭人的基础还在，因此希腊人的对外活动可以再次开始。毫无疑问，沃约阿尼斯重赏了特罗亚人。

因此，1022年的战役对两位主角来说都是没有结果的。很难不偏不倚地评价双方的得失，很难看出优势在哪一方。在那些卷进来的小势力中，卡普阿遭到了灾难性打击，萨莱诺和那不勒斯受到了严厉的惩罚。在这一年的事件中，完全获益的只有一群人：诺曼人。由于他们站在特罗亚一边，为希腊人拯救了普利亚，所以获得了沃约阿尼斯的持续感激。在西部，他们在降伏卡普阿的活动中受到了亨利的奖赏，他委派诺曼军队来维护和帮助泰阿诺的潘都尔夫。其他的诺曼人被皇帝安排在拜占庭边境沿线，以及沿海防备撒拉逊人的各处地方。诺曼人事实上已经对下列方法尤为熟稔：站在胜利者一方，从胜利中获益，避免卷入任何失败。
他们在半岛的东部和西部都巩固了自己的地位。他们对两大帝国
而言都是不可缺少的。他们的确做得不错。

3

确　立

五位金发的兄弟，

试图征服世界，并让彼此分享，

从诺曼底出来，走出新鲜、绿色的土地

到这片上壤是大理石和碎石块的地方。

——桑切维利尔·西特韦尔，《博希蒙德，安条克亲王》

"圣人"亨利可能清楚保持自己在意大利的影响有多困难，却没有想到自己的成果竟这么快就被破坏了。他曾努力过，而且他肯定认为自己在西部留下了一个相对稳定的局面，他确实在某种程度上做到了，却对一件事毫无准备。他在卡西诺山凭借圣本笃奇迹般的代祷而恢复健康的身体，如同他在意大利待的时间一样短暂。1024 年 7 月，他去世了，被埋葬在班堡主教座堂，与埋葬梅卢斯的地方相隔不远。

不出所料，亨利没有留下继承人。他死后，萨克森王朝也结束了。继任的是他的远房表兄弟萨利克的康拉德二世（Conrad Ⅱ the Salic）。他的性格和外貌与亨利很不一样，例如，他对教会事务完全不感兴趣，教会影响他政治决策的时候除外。没有特殊原因可以解释为何他应该继续其前任的政策，也没有借口可以为他现在明显的愚蠢行为开脱。盖马尔派遣巧舌如簧的使臣带着厚礼来祝贺他即位，应盖马尔的请求，新皇帝立刻将卡普阿的潘都尔夫释放了，让其返回意大利。教皇本笃绝对不会支持这个愚蠢的行为，但是教皇也去世了。教皇进入坟墓的时间仅比亨利早几个星期，他的兄弟罗曼努斯（Romanus）立即在拉特兰宫（Lateran）继任，称为若望十九世（John XIX）。腐败而追逐私利的若望没有能力也没有兴趣向康拉德表示异议。因此，"阿布鲁齐之狼"再次回到老巢，继续像他的绰号一般行事。

他的第一个目标就是夺回卡普阿，并向最近背叛他的封臣们复仇，所以他需要盟友。他抵达意大利后，立即向别人寻求援助，先去找萨莱诺的盖马尔、卡塔潘沃约阿尼斯，最后是诺曼人雷努尔夫，他请求雷努尔夫派出能召来的所有诺曼人。盖马尔是潘都尔夫的姻亲，让卡普阿恢复原来的状况对他好处多多，因此他马上答应了，还毫不费力地劝说雷努尔夫也照此办理，后者认为这是一次能让诺曼人继续发展的绝佳机会。唯有希腊人给出了令人失望的答复，尽管找的借口再好不过。皇帝瓦西里此时正准备发动一次大规模远征，对象是完全控制了西西里岛的撒拉逊人。当他接到潘都尔夫求助的时候，他军队的主体——希腊人、瓦兰吉卫队、瓦拉几人（Vlachs）和突厥人——已经抵达了卡拉布里亚。沃约阿尼斯率领一支先遣队渡过了海峡，以皇帝的名义占领了墨西拿（Messina）。然而，潘都尔夫并不对缺少拜占庭帝国的支持而担心。雷努尔夫率领的大批诺曼人壮大了盖马尔的军队，卡普阿不可能做出顽强的抵抗。此外，一支希腊人组成的小规模先遣队从西西里远征军中撤出，在最后一刻突然出现，正在待命中。

（如果潘都尔夫重新获得权力，沃约阿尼斯不希望这其中没有拜占庭人的支持。）犹豫已经毫无意义，因此在 1024 年 11 月，卡普阿围城战开始了。

围攻卡普阿的时间比潘都尔夫所预想的要长得多。沃尔图诺河（Volturno）从三面包围该城，提供了极好的防御。河流的天险、修建在第四面的巨大城墙，加上卡普阿城居民尽量拖延时间直到其统帅返回的决心，令他们坚持了 18 个月，如果不是一次意料之外的灾难，他们本可以坚持得更久。1025 年 12 月 15 日，皇帝瓦西里在即将离开君士坦丁堡前往西西里的时候去世了，他 65 岁的弟弟君士坦丁八世（Constantine Ⅷ）继承了皇位，新皇帝却是一位不负责任的纵情享乐之辈。尽管君士坦丁在过去的半个世纪里在严格意义上和兄长共享着皇位，但是非常不适合实现瓦西里的宏伟计划。因此他在远征军蓄势待发的时候取消了西西里远征。沃约阿尼斯现在可以直接将所有大军用来对付卡普阿了。

自此之后，守军便没有机会了。1026 年 5 月，泰阿诺伯爵心想卡普阿的宝座对自己来说太烫了，因此接受了沃约阿尼斯让他安全地转移到那不勒斯以换取投降的提议。城市大门打开了。经历了约为 4 年的羞辱之后，狼又回来了，至少他认为自己属于这里。编年史家为我们详述了他对卡普阿人复仇的情节，很多人选择坚持抵抗，一直战斗到最后。而诺曼守军得到的待遇不会太差。胜利的亲王得到了雷努尔夫的大力帮助，而在双方都有诺曼人参与的战斗中，胜利者宽容地对待他们不幸运的同胞的做法已成为惯例。

但是潘都尔夫仍不满足，那不勒斯尤其对他不放心。那不勒斯公爵塞尔吉乌斯四世（Sergius Ⅳ）虽然名义上是拜占庭的封臣，却在与大主教皮尔格里姆对阵的时候对敌人很友好，也没有做出任何形式的抵抗，在受到威胁后便主动提供了人质。潘都尔夫夺回原本属于他的东西时，那不勒斯也没有提供任何支持。并且，那不勒斯正在为愚蠢的泰阿诺伯爵提供庇护。这庇护事实上是沃约阿尼斯安排的，却完全无法打消潘都尔夫的疑虑。他不无理由地怀疑，这是卡塔潘故意为之，因为对卡塔潘来说，留下一个争夺卡普阿之位的竞争者或许在将来会被证明是有益的。无论如何，塞尔吉乌斯都不是值得信赖的邻居，而是一个需要去对付的人。唯一的障碍是沃约阿尼斯，他与塞尔吉乌斯相处甚欢，并且肯定会帮助后者对付潘都尔夫。

随后在 1027 年，卡塔潘被召回了，这对东方帝国来说是一次如同 3 年前康拉德释放潘都尔夫一样的重大错误。沃约阿尼斯作为瓦西里在意大利的得力助手，综合使用极好的外交和军事技巧，恢复了拜占庭在南意大利的统治，并且将其提高到 300 年来未有过的高度。现在随着皇帝和卡塔潘的相继离去，衰落开始了。衰落的方式很有古典时代的风格，还伴随着未受处罚的反抗活动。

如果沃约阿尼斯还在意大利，瓦西里二世仍在世，潘都尔夫断然不敢进攻那不勒斯。但是，卡匹塔纳塔现在没有统治者，而且在君士坦丁堡，衰老的享乐主义者君士坦丁只盯着竞技场。而狼（阿马图斯称之为"最强大的狼"［le forttisime lupe］）抓住了机会。1027—1028 年的某个时间，他的兵锋直抵那不勒斯城下，因为城内的变节，他在极短的抵抗之后就占领了这里。塞尔吉乌斯躲藏了起来，受到惊吓的泰阿诺伯爵在罗马避难，不久之后在那里去世了。

潘都尔夫现在的地位显得不可动摇。他不仅是卡普阿和那不勒斯的统治者，而且在事实上统治着萨莱诺——因为盖马尔于1027年去世，并且他的寡妻，即潘都尔夫的妹妹是他16岁儿子的摄政。东西部的皇帝没有干涉，事实上康拉德在数月前来意大利参加了自己的加冕仪式，并且接受了潘都尔夫以卡普阿亲王的身份对他的效忠。教皇也很软弱。潘都尔夫的野心已经不受阻拦了。他年仅42岁，有着一点点运气，而且诺曼人全心全意地支持他，他可以轻而易举地拿下贝内文托和沿海的城市。如果这种漠不关心的状态还支配君士坦丁堡，就无法阻止他进入卡匹塔纳塔，伦巴第人建立统一的南意大利帝国的古老梦想也会最终实现。

阿马尔菲、加埃塔等弱小的邻国不可能希望这一切成为现实。它们珍视自己的独立，珍视它们同君士坦丁堡密切的商业和文化联系，它们对伦巴第人没有什么特殊的感情。和其他人一样，它们也非常不喜欢潘都尔夫。同时，那不勒斯的一些开始就不欢迎卡普阿亲王的居民开始受到潘都尔夫的冷酷对待和掠夺，他们准备推翻他。

局势的关键在于雷努尔夫。整个半岛上的所有诺曼人群体中，他领导的群体最强大、最有影响力，随着他不断请人从北方来入伙，这个群体不断壮大。如果潘都尔夫能够争取到他的支持，那么南意大利其他地区就毫无胜算了。幸运的是，雷努尔夫和其他人一样不欢迎卡普阿的突然崛起，他是一位天生的政治家，是舞台上少数几个能充分意识到自己的角色的诺曼人之一。他看得很远，所以知道如果潘都尔夫继续成功的话，会给诺曼人带来灾难性的打击。他支持卡普阿亲王已经够久，现在是时候倒向另一边了。他很清楚他的支持对城邦而言是不可或缺的，当信使带着结盟的提议从那不勒斯的塞尔吉乌斯和加埃塔公爵那里到来时（如他所料，他们会这样做），他已经准备好了自己的条件。

从谈判到计划和行动都很成功。1029 年，也就是塞尔吉乌斯被驱逐的两年之后，他回到了那不勒斯，而狼也回到卡普阿的巢穴舔舐伤口。诺曼人又赢了。但是他们这次获得的报偿更为持久，这是出于他们的坚决要求，还是因为塞尔吉乌斯担心报酬不够的话就无法保证自己未来的安全，已经不得而知了。但是不管原因是什么，雷努尔夫在 1030 年初正式获得了阿韦尔萨（Aversa）的城镇和领土。出于象征性的感激和尊重，他迎娶了塞尔吉乌斯的亲姐妹，即加埃塔公爵的遗孀。

对于诺曼人而言，这是他们到意大利之后最好的一天。13 年之后，他们终于拥有了自己的封地，从此开始，他们不再是一个外来雇佣军的族群，也不再是流浪的族群了。他们的土地是按照古老的封建传统合法地、正当地授予给他们的。他们自由地选出领导者，为他当佃户，而这位领导者自身又是南意大利贵族群体的一员，是那不勒斯公爵的姐妹的丈夫。对于一个注重形式和合法性的族群而言，在地位上有这样的提升具有无法估量的重要性。起初，这对他们的一般行为没有太大影响。所有以往的活动都在继续：偕同一方对付另一方，在彼此争吵的希腊人和伦巴第贵族那里煽动不和，为钱而卖命。但是他们现在有了一个明确的长期目标——在意大利获得土地。很多居无定所的诺曼人群体仍旧在山丘和要道上过着拦路抢劫的生活，1030 年之后，越来越多的诺曼人首领效仿雷努尔夫，安定下来，修建武装据点，用自己的武力去夺取属于自己的永久领土。从诺曼人成了土地主人的那一刻起，他们的整个态度也开始改变了——不仅有对邻居的态度，还有对国家的态度。意大利不再只是战场和摸彩桶，不再是用来劫掠和强取的土地，而是用来利用、发展和改进的土地，也就是说，家园。

有一段时间，雷努尔夫忙于加强和巩固他的新采邑。[1]阿韦尔萨位于卡普阿和那不勒斯之间开阔的坎帕尼亚平原上，因此它在许久之前便引起了潘都尔夫的注意。他确实与之建立了联系，却不是以他曾预想的方式。1034年，公爵塞尔吉乌斯的姐妹，即雷努尔夫的妻子突然去世了。潘都尔夫有一个外甥女，她的母亲最近刚刚继承了阿马尔菲女公爵的头衔。现在他把她送给了悲伤的鳏夫。潘都尔夫用这样的许诺安慰雷努尔夫，还能与之结盟，这对雷努尔夫来说很难抗拒，他接受了。但是这不可避免地伤害了往日的妻舅和最大的恩主塞尔吉乌斯。后者新近丢失了索伦托（Sorrento），潘都尔夫煽动了该城，让其发动反抗活动并在卡普阿的保护下建立了独立的城市国家。塞尔吉乌斯现在不得不承受来自阿韦尔萨的背叛，这个打击更为沉重；与此同时，他还失去了他一直所依赖的诺曼人的支持。个人层面的打击也相当大，他深爱的妹妹去世了，他所尊重的妹夫也弃他而去。没有正义，没有忠诚，也没有感激，他不想继续下去了。他精神崩溃，离开了那不勒斯，之后加入了一家修道院，此后不久便在那里去世了。

这可能是雷努尔夫一生中最背信弃义的一件事。他是否有所

---

1 有一则来源已久的流行说法，其源头可能是英格兰的编年史家奥德里库斯·维塔利斯（Ordericus Vitalis）。按照他的记载，阿韦尔萨的名字可能来自拉丁语 Adversa，意思就是对该国其他人怀有敌意的人居住的地方。但是这没有事实根据。该名字的存在可以追溯到11世纪的最初几年，当时雷努尔夫和他的追随者尚未离开诺曼底。虽然阿韦尔萨的主教座堂中仍存在诺曼人作品的痕迹，现在却只是一个不甚有趣的城镇，主要作为奇马罗萨（Cimarosa）的出生地，还有当地庞大的精神病院而闻名。

懊悔,从未表现出来。一直以来,他的目标只有一个:巩固自己的地位。为了实现这个最终的目标,他把全部热情献给了他的新盟友。因此在有段时期里,卡普阿亲王受到阿韦尔萨的领主、索伦托公爵、萨莱诺公爵、阿马尔菲公爵的支持,他毫无疑问是这块土地上最强大的势力。仅仅在数年之前,雷努尔夫还在倾尽全力地去抑制潘都尔夫的野心,但是由于他本人的推动,这一状况得以改变。卡普阿的势力非常强大,现在完全依赖与诺曼人的联盟,而且无论如何,雷努尔夫不再只是一个盟友,而是一个潜在的对手。

然而暂时来看,他还准备让潘都尔夫继续享受荣耀。坦克雷德·德·奥特维尔的儿子们首次骑马踏入意大利之时,卡普阿亲王权势正盛。

在诺曼底库唐斯(Coutances)东北 8 英里左右的地方,坐落着一个名为奥特维尔拉吉沙尔(Hauteville-la-Guichard)的小村庄。现在,这个村庄跟那个影响力和名声覆盖从伦敦到安条克的文明世界的、奇特又有天赋的家族之间存在的联系,只剩下村庄的名字了。19 世纪初,一条溪流旁依然保留着一座旧城堡的遗迹,法国历史学家戈蒂埃·杜里达克(Gauttier du Lys d'Arc)在一份有关 1827 年自己到该地旅行的记载中,自豪地引用了一位当地农民的话:"这位先生,无与伦比的坦克雷德和狡诈的罗贝尔·吉斯卡尔都在这里出生。他们把大批金银财宝给了我们受祝福的杰弗里,让我们修建主教座堂,以此来感谢上帝为他们在西西里和埃及的战争中带来这样的胜利。"

坦克雷德很幸运地获得了加诸自身的不朽声名,虽然这不是他应得的。这位小小的行省贵族，只是诺曼底公爵罗贝尔军队中的小指挥官，指挥着 10 位骑士。从我们对他不多的了解中可以知道，他确实不算特别，他坚持不懈地生育一事则除外。在世纪之交，本笃会的修士杰弗里·马拉泰拉（Geoffrey Malaterra）所撰写的《西西里史》（*Historia Sicula*）是关于奥特维尔家族早期历史的主要史料，它告诉我们，坦克雷德的第一任妻子穆里耶拉（Muriella）是一位"教养和出身都很杰出"的女士，她为丈夫生了 5 个儿子：威廉、德罗戈（Drogo）、汉弗莱（Humphrey）、杰弗里（Geoffrey）和塞洛（Serlo）。她去世后，坦克雷德再婚了，因此，马拉泰拉认为有必要在此详述：

> 因为他尚未老迈，尚不能保持节欲生活，他作为一个正直的人，认为不体面的性生活是可憎的，所以娶了第二任妻子。因为他对使徒的训诫很了解，"为了避免淫乱，男人当各有自己的妻子"，而且，"淫乱和犯奸的人，天主必要审判"，[1] 因此他更愿意拥有合法的妻子，而不是在情妇的怀抱里玷污自己。

急切的坦克雷德因此娶了一位名叫弗莱森达（Fressenda）的女人，她"在胸怀和教养上不亚于前任"。她很快给坦克雷德生了另外 7 个儿子——罗贝尔、莫热（Mauger）、另一个威廉、奥布雷（Aubrey）、坦克雷德、安贝尔和罗杰（Roger），以及 3 个女儿。因为子嗣有这么多，留给他们继承的采邑很明显不够了。雷

1　两处引文分别出自《圣经·哥林多前书》（7：2）和《圣经·希伯来书》（13：4）。——编者注

努尔夫不断征求援军，而且南意大利给年轻诺曼人提供的机会非常出名。1035 年左右，奥特维尔家的首批 3 个儿子决定去那里碰运气，威廉、德罗戈和汉弗莱越过阿尔卑斯山，直接前往阿韦尔萨，他们在那里加入雷努尔夫的军队，为卡普阿亲王服务。

　　奥特维尔家族的人对潘都尔夫效忠的时间并不长。在一两年的时间里，和料想的一样，潘都尔夫与所有盟友产生了抵牾，盟友们被潘都尔夫这种难制止的两面派行为所震惊，还受到他高压政策的羞辱，因为他的残暴而奋起反抗。即使按照 11 世纪的标准，他的行为也是无法忍受的，因为大部分人都亲近教会，他却把卡普阿大主教投入监狱，并用自己的私生子取而代之。他正要精心考虑加强对卡西诺山的迫害。自他匆忙离开、他的兄弟去世时起，他就对这座伟大的修道院怀恨在心，因此决心重新控制它。他尤其憎恨阿特努尔夫的继任者、修道院院长狄奥巴德（Theobald）。因此，机会一出现，他就把狄奥巴德引诱到卡普阿，监禁起来。修道院立即推选了一位新的修道院院长，但是潘都尔夫不加理睬，而是将自己的某个亲信任命为"全权管理者"，控制了整个修道院的收入，征收了修道院的土地，并将土地当作奖赏分配给为他服务的诺曼人。可怜的修士们无力抵抗，只能眼睁睁看着他们的珍宝和器皿被搬到卡普阿。他们吃不饱，圣母升天节当天他们甚至没有做弥撒用的葡萄酒。阿马图斯或许此时正在卡西诺山，按照他的记载，大部分修士都在不久之后绝望地离开了修道院，院长也离开了，"仍留在那里的人受到了极差的对待"。

　　年轻的萨莱诺亲王盖马尔五世（Guaimar V）[1] 举起了反抗的大

1　或称盖马尔四世，见第 16 页脚注。

旗，他已经成年，决定维护自己的利益，对抗舅舅的暴政。他具备一个合格对手应有的所有素质。阿马图斯写道："这位盖马尔比他的父亲更有胆识、更慷慨、更谦恭；事实上，他拥有一个普通人应有的所有品质——除了他对女人的过分热情。"这项可以原谅的缺点没有缓和他在一件事上的怒火：1036年，他得知自己的外甥女被卡普阿亲王强奸未遂。此事成了压垮骆驼的最后一根稻草，也是他一直在等待的借口。其他大部分城市和公爵领非常愿意提供支持。雷努尔夫没费多大工夫就像以往一样改换了盟友。数周之内，整块地区都举起了武器。

潘都尔夫设法保留了旧盟友中的一两方，其中包括他用卡西诺山土地收买的相当规模的诺曼军团。而雷努尔夫和他的随从则投向盖马尔，这表明双方活跃的主要兵力都主要由诺曼人组成——这一事实可以解释接下来的战斗为何犹豫不决。盖马尔确信自己是更强的那一方，事实也是如此。不过他也知道风水轮流转，他以这个年纪不该有的智慧，知道如果没有得到帝国的认可便不可能实现长久的胜利。唯一的问题是，找哪一个帝国呢？过去的15年时间里，东方和西方的帝国都曾派出军队来主张它们对南意大利的权利。这可能是挑动它们相斗的时刻。因此，萨莱诺亲王向两位皇帝发出干预和裁决的求助，他以冗长而充满细节的叙述，不断重复自己舅舅的罪过，来证明自己近期行动的正当性。

康拉德二世正待在北意大利，他清楚地意识到盛行于南意大利的混乱状态，这是他12年前草率地释放潘都尔夫所造成的结果，他应该承担间接责任。但是在这些年里，康拉德已经学到了不少。他已经在外建立了有关武力和最重要的正义的名声，而无法忽略盖马尔的求助——尤其是在他得知同样的求助也被送往君士坦丁堡之后。他自己的权威必须凌驾在封臣之上，西方帝国对半岛东部的绝对权威必须清楚地得到证明。1038 年初的数月里，他率领大军挥师南下，去恢复那里的秩序。

他直接前往卡西诺山。很多避难的修士已经到过他的宫廷，在他面前陈述了委屈。但是在抵达修道院之后，他发现这里的情况比他担心的还要糟糕。他立即派信使去找潘都尔夫，以皇帝的名义命令他恢复所窃取的所有修道院的土地和财产，同时还让他释放被关押在卡普阿监狱中的无数政治犯。

潘都尔夫处在不堪一击、无法维持的位置上。他没有重要的盟友，也没有对抗皇帝的手段。首先，他采取赎罪的策略，提供大量金钱，还把自己的孩子送去当人质，以表示自己将来会有良好的表现。康拉德接受了，但是不久之后，潘都尔夫的儿子逃走了，狼又恢复了本性。他相信，在皇帝安然返回德意志之前，他能顶得住暴风雨，便逃到他在圣阿加塔-代高蒂（Sant' Agata dei Goti，其遗迹仍旧存在）的一座远离市镇的城堡里，闭门不出。这无济于事，皇帝得到了雷努尔夫和诺曼人的协助，在一场进展迅速的战役中横扫了剩下的几个支持潘都尔夫的势力，再返回卡普阿，郑重地将盖马尔送上宝座。盖马尔利用大量萨莱诺的黄金得到了民众的赞许。游戏结束了，潘都尔夫只剩下一条能走的路，逃到了君士坦丁堡的老朋友那里。即便是在这里，他也不走运。他抵达后受到的待遇让他非常惊讶、无法理解：他立刻被投进了监狱。

康拉德在同一个夏天返回德意志。他的远征虽然短暂，却彻彻底底地成功了。他解决了潘都尔夫的问题，让卡西诺山恢复了往日的繁荣，再一次显示了帝国正义的实力和效力。同样重要的是，他在南意大利留下了一位强壮、有活力、精力相当充沛的年轻人，这位年轻人尊重康拉德，并且心怀极大的感激。皇帝在一年内去世了，享年仅有 50 岁，但是他所留下的南部地区比他可怜的前任亨利留下的要更加健康稳定。

真正的胜利属于盖马尔。他刚刚成年的时候，已获得的地位已经高于他的父亲和舅舅。他在这过程中没有遭遇敌手，也没有背弃任何人。他不仅得到了西方皇帝的批准，还得到了积极的支持和友谊。他在意大利受到了普遍的欢迎。他聪慧又健康，还异常英俊。对他而言，未来似乎正微笑着向他招手。

但是诺曼人也有满足的理由。雷努尔夫和他的人如往常一样，在结束的时候也站在胜利的一方。他们为盖马尔而战，也为康拉德而战。他们的损失很小，其人数仍在增加。最重要的是，盖马尔让皇帝在离开意大利之前确认了雷努尔夫对阿韦尔萨的所有权，其方式是向他授予贵族头衔，同时把他的宗主从那不勒斯转换到萨莱诺。因此，1038 年夏，康拉德二世正式把阿韦尔萨的长矛和旗帜授予诺曼人雷努尔夫。新伯爵站起来的时候，没人比他更清楚为何要举行这次授衔仪式——简单来讲，就是为了确保，他作为向卡普阿和萨莱诺亲王宣誓的封臣，在宗主面对敌人的时候必须出身保卫。但是此刻这没有什么重要意义。重要的是，雷努尔夫现在不仅是一位大领主，还是一个当地的贵族，是意大利最有实力的军事首领之一。他也是一名帝国的贵族，他拥有的权力和头衔只有皇帝可以剥夺。他同时还向密切注意的目标——诺曼人统治南意大利——迈出了基本而至关重要的一步。

对 3 位年轻的奥特维尔而言，他们参与意大利政治的这一过程教给了他们很多。他们已经看到自己所选择的这片土地是多么混乱，一个聪明的年轻人能够如此迅速地扩大实力，一位王公可以如此容易地倒台。他们也学会了，在这样一片局势瞬息万变，联盟关系很脆弱的土地上，外交跟勇气一样重要，一把利剑价值非凡，但是敏锐的头脑更有价值。他们看见帝国的力量在接近的时候很强大，也看见了其力量在远离之时很弱小。在他们之前已经有了一个领导者的范例，这位领导者谨慎小心地出牌，在 20 年里获得了财富、影响力和贵族头衔。

这些都是他们永远不会忘记的经验和教训。

4

西西里

例如，此处的西西里——已授予我

亦已收回，相去数年……

——布朗宁，《维克托国王和查理国王》

1038 年，应萨莱诺亲王的求助，康拉德二世迅速而积极地行动起来。君士坦丁堡同样收到了求助，其回应却令人失望。因为沃约阿尼斯在 1027 年已调任他处，希腊人在意大利的影响力正在持续下滑。潘都尔夫不是唯一一个利用君士坦丁八世弱点的人。在普利亚，在之后一系列无能的卡塔潘的统治下，伦巴第人又变得难以驾驭了。而撒拉逊人认为瓦西里二世之死是至慈的安拉干预的结果，所以加强了进攻，其活动范围已经危险地接近君士坦丁堡了。

倘若"保加利亚人屠夫"尚有子嗣留存，事情或许还没那么糟。现实中却是继承问题日渐混乱。君士坦丁于 1028 年去世，他没有留下儿子，仅有 3 个女儿，其中大女儿因天花而损毁容貌，很早便被送入修道院，其他两个女儿佐伊（Zoë）和狄奥多拉（Theodora）也都容貌平平，未事婚嫁，均已经度过年轻时光。重要的是，君士坦丁直到去世之前才为改变这一状况而做出努力。他选择了年老的君士坦丁堡市长罗曼努斯·阿尔吉鲁斯（Romanus Argyrus），匆匆让他与佐伊结婚，3 天后皇帝就去世了，罗曼努斯和佐伊一起登上皇位。但是罗曼努斯没有在皇位上待很久。他很快便得了消耗性疾病，疾病让他须发脱落。有人认为得病的原因是他服用了过量春药，徒劳地想让 50 岁的佐伊为他怀孕生子；还有人认为他是被人下了慢性毒药。后一种情况并非完全不可能，因为女皇最终打算实现之前没有的欢愉时光。为了弥补遗失的时间，她找了一个情人——相貌英俊却患有癫痫的年轻钱币兑换商米哈伊尔（Michael），他是帕弗拉戈尼亚人（Paphlagonian）。这个年轻人其实是宫廷中最有权势的宦官"孤儿院长"约翰（John the Orphanotrophos）[1] 的兄弟。约翰是此刻帝国事实上的管理者，他认为自己的家族应该建立一个王朝，但他身体已遭损伤，无法当上皇帝，所以计划将米哈伊尔介绍给佐伊以完成这个理想。这个计划成功了，女皇坠入爱河，不久后她急于换掉那没用丈夫的愿望已不再是秘密。1034 年的耶稣受难日，罗曼努斯在沐浴时去世了。同一天晚上，米哈伊尔与比他年长的情妇成婚，当上了皇帝。

　　对一个新任期的开端而言，这样的环境可不怎么吉利。但是米哈伊尔四世在兄弟的帮助下，证明自己比前任要优秀不少。不久后，他便开始制订计划，继续瓦西里二世发起的工作，还要把撒拉逊人从西西里驱赶出去。撒拉逊人持续入侵不再只是骚扰，

---

1 "孤儿院长"是帝国孤儿院的管理人，在 11—12 世纪的拜占庭帝国是一个位高权重的头衔。——译者注

而是极大地威胁了拜占庭的安全。遭受他们掠夺的不止是沿海城镇。城市的商人抱怨道，外海活跃着海盗，进口商品的价格因而上涨，对外贸易也受到打击。对所有希腊人而言，西西里一直是拜占庭的一部分，那里仍然有大量的希腊人口，他们被异教徒统治是对民族安全和民族荣誉的侵犯。阿拉伯人必须离开。

对米哈伊尔来说，某些方面的原因让他比 10 年前的瓦西里二世更容易取得战斗的胜利。岛上的阿拉伯统治者之间爆发了内战，巴勒莫（Palermo）埃米尔阿哈勒（al-Akhal）突然发现他的兄弟阿布·哈夫斯（Abu Hafs）率领叛军出现在眼前，叛军一方还有来自非洲的 6000 名战士，他们由阿卜杜拉（Abdullah）率领，其父是凯鲁万（Kairouan）的齐里（Zirid）王朝的哈里发。1035 年，阿哈勒的处境变得异常危险，他向拜占庭求援，米哈伊尔答应了，他知道机不可失，时不再来。不过他还没派出去一个兵卒，就传来了阿哈勒遭到暗杀的消息，他登陆西西里岛便失去了恰当的借口。不过，叛乱正在席卷西西里，撒拉逊人逐渐四分五裂，看似无法抵抗拜占庭的进攻。此外，一大批海盗袭击了色雷斯（Thrace）海岸，首都君士坦丁堡受到威胁，并敲响了警钟。因此，远征的准备继续进行着，但是更加缓慢，因为现在看起来时间对希腊人有利。不过，皇帝和他那阴险而有效率的哥哥制订了小心谨慎、周密详尽的准备计划。唯一改变的是公开目标：不再有需要尊重盟友的问题了。于是希腊军队出发，再次前去征服西西里。

因此，当 1036 年盖马尔请求君士坦丁堡向南意大利派出军队时，之前对西西里的承诺如同潘都尔夫在十几年前做出的相似请求一样，是一个合理的借口。假使没有这样的借口，很难说米哈伊尔是否会实施决定性的行动。以前潘都尔夫是拜占庭有价值的盟友，但是他的事业仍旧毫无希望。为什么拜占庭要让自己去消灭那个西方对手20多年来最大的眼中钉呢？但是两年后，情况发生了变化。潘都尔夫受到了彻底的打击，他的地位也被破坏，明显没有机会东山再起了。另一方面，盖马尔很强大，而且野心勃勃。如果他转而对抗拜占庭，就会给卡匹塔纳塔造成极大麻烦。此外，进攻西西里的计划已基本成型，萨莱诺-卡普阿亲王和其他受到阿拉伯人侵略的统治者有望提供大量的人力和资金。如果潘都尔夫有时间稍微想想，对自己抵达君士坦丁堡之后立刻被关押起来这件事就不会那么惊愕了。

　　1038年夏初，西西里远征开始了。这次远征的指挥官是当时拜占庭将军中最伟大的一位——身如巨人的乔治·马尼亚克斯（George Maniakes），他因6年前在叙利亚取得的一系列胜利而声名显赫。马尼亚克斯在性格、成就以及身形上都超越了常人，属于经历丰富多彩，历史中隔一段时间才会出现的天才——他们把世界踩在脚下，只有在某些危急时刻，他们才会留下一些无关痛痒的败绩。史家米哈伊尔·普塞勒斯（Michael Psellus）给我们留下了一份骇人的描述：

　　我亲眼见过此人，他让我很惊异。他天生已经具备了成为军事指挥官的所有素质。他身高10英尺，因此，如果有人想看见他的脸，就要高高仰起头，如同看一座山丘或高山的顶部。他的表情既不文雅，也无喜悦之气，却能让人想起暴风雨。他声如巨雷。他的手臂很粗壮，看起来可以推倒高墙或者打碎铜门。他可以像狮子一样跳跃。他皱起眉头来非常可怕。他的其他方面都与此相称。那些第一次见到他的人会发现任何关于他的描述都过于保守。

　　这个巨大的怪物手下的军队和通常一样由各种部分组成。最强大的组成部分是令人印象深刻的瓦兰吉卫队，其指挥官是传奇的挪威英雄哈拉尔德·哈尔德拉达（Harald Hardrada），他们在前往耶路撒冷朝圣之后返回了。最弱小的组成部分是心怀不满的伦巴第人和来自普利亚的意大利人，他们讨厌强制为拜占庭帝国效力的情绪流露在外。介于两者之间的是马尼亚克斯自己的军队，主要由希腊人和保加利亚人组成。有个叫斯蒂芬（Stephen）的人指挥一支桨帆船船队运送他们。斯蒂芬以前是敛缝工，特殊之处是他的妻子是"孤儿院长"约翰的姐妹，所以他某天醒来时，竟发现皇帝成了自己的妻舅——此事导致他快速升迁到一些负有重要责任的职位，这超出了他的能力。[1]

　　远征军没有立刻前往西西里，而是先抵达萨莱诺，在那里接受盖马尔贡献的物品，他们发现年轻的亲王超乎寻常地想提供援助。盖马尔势力的增长带来了少有的、和平的政治氛围，诺曼冒险者不断增加，他们在外游荡，欺压他人，毫无道德可言，还四处找麻烦。他们被约束在这块土地上生活，令亲王苦不堪言。盖马尔自然想留下他的阿韦尔萨伯爵和伯爵手下更值得信任的追随者。如果有敌人出现，亲王就离不开他们。但是对其他人则不一

---

[1]　关于斯蒂芬，普塞勒斯写道："我在他地位突变之后见过他……他就像一个想和赫拉克勒斯一较高下的侏儒，想让自己看起来像半神半人。这样的人越试图这么做，他的形象就越是在掩饰他自己——披着狮皮，却能被一根棍子击倒。"

样，亲王命令 300 名最年轻和最顽固的人前往西西里，向他们许诺大量报酬，在此鼓励下，他们和许多意大利人、伦巴第人一起登上斯蒂芬的船出发了。这些人里面就有奥特维尔家族的人。

西西里岛是地中海上最大的岛屿。数个世纪以来，这里也是最痛苦的地方。它是欧洲和非洲之间的踏脚石，是东西方之间的大门，是拉丁世界和希腊世界的连接点，还是据点、观察哨和交流中心。试图将控制区越过中部海域的各大势力曾经无数次争夺过它，也交替占领过它，它属于其中每一个势力，却又不是其中任何一个的一部分，因为征服它的族群数量众多，各有不同，因此西西里岛上没有产生任何一个强大而单一的民族。这些族群为当地提供了万花筒般的经验遗产，使其不可能被彻底同化。即便在今天，尽管这里景色优美，土地肥沃，气候长久以来受到祝福，但是这里到处都散着一些黑暗的、令人担忧的特性，忧伤潜藏于贫穷、教会的影响、黑手党，以及其他可能惯于用来解释社会问题的因素之中，不过它们确实都不是造成问题的原因。这忧伤来自长期不愉快的体验，来自失去的机会，来自未实现的承诺；这悲伤或许就像一位容貌姣好的女子，经常遭人蹂躏，经常遭人抛弃，不再适合爱情，不再适合婚姻。腓尼基人、希腊人、迦太基人、罗马人、哥特人、拜占庭人、阿拉伯人、诺曼人、德意志人、西班牙人和法国人，他们都留下了自己的印迹。今天，在进入意大利家庭的一个世纪之后，西西里或许比数个世纪之前要开心多了。虽然不再被抛弃，但是她依旧孤独，总是在寻找她永远无法彻底找到的认同。

希腊人在耶稣诞生之前的第 8 个世纪首次抵达西西里。他们将当地居民赶走，摧毁了一些腓尼基人的贸易点，然后引进葡萄藤和橄榄树，建立了繁荣的殖民地。这里迅速成为文明世界的主要文化中心之一：是众多诗人的家园，其代表是希梅拉的斯泰西荷鲁斯（Stesichorus of Himera），因为他创作的诗歌谩骂特洛伊的海伦，众神让他成为盲人；它还是哲人的家乡，其代表是伟大的阿克拉加斯的恩培多克勒（Empedocles of Acragas），他创作了很多价值非凡、有关灵魂转世的作品，默默地做了很长时间的无聊的学徒工作，然后在公元前 440 年的一个清晨，突然为了更高的东西而放弃了凡人泥胎，当时另一门科学的探究精神未能让他远离埃特纳（Etna）火山。但是黄金时代并没有延续很长时间，伯罗奔尼撒战争和著名的雅典远征让该岛卷入大量欧洲事务，为迦太基人的第一次扩张打开了道路。迦太基人和统治单个城市的希腊僭主（其中最广受称赞的一位是叙拉古的狄奥尼修斯［Dionysius of Syracuse］）统治着这里，维持其势力，直到公元前 3 世纪。最后，在公元前 241 年，第一次布匿战争将整座岛屿染红，西西里成了罗马的一个行省。

罗马共和国时期，罗马人对待西西里毫无敬意。他们碰见希腊文化时，出于巨大的自卑感，经常对希腊人进行大规模的毁灭和压榨。一些自由的希腊城市努力维持独立，但是岛上的大部分自由像田地中为罗马辛苦劳作的裸身奴隶一样，被彻底清除了。随着时间推移，一次严重的奴隶起义或一桩丑闻（如瓦厉斯［Verres］的腐败统治，因西塞罗的猛烈批评而臭名昭著）会短暂而严厉地揭露普遍的状况，但是在这个时期的大部分时间里，西西里都默默地忍受着苦难。进入罗马帝国时期以后，情况有所改善。永不知疲倦地旅行的哈德良于公元 126 年访问该岛，还登上了埃特纳火山。但是该岛仅被视作罗马的主要粮仓，人们将这当作理所当然的事情。罗马帝国采用严格措施以强行让西西里接受罗马文明，尽管有一些说拉丁语的人移居到这里，但是该岛的语言和景观还都是希腊的。

5 世纪中叶，罗马帝国的西半部趋于消亡，越来越多的行省和殖民地脱离了其统治。440 年，西西里落入汪达尔人之手，他们不久后就通过协议将它交给了东哥特人。在一段时间里，这里被哥特人的伯爵统治着。西西里人享有良好的待遇，却一直憎恨着统治他们的蛮族，因此他们在 535 年热情地欢迎皇帝查士丁尼的"解放"大军。哥特人未表现出任何战斗意图便撤退了，仅有帕诺尔慕斯（Panormus，即巴勒莫）有所反抗，但它当时只是一个很次要的小港口。[1] 当地长官试图抵抗，可是查士丁尼最杰出的将领贝利撒留（Belisarius）命令拜占庭舰队驶进港口。船队深入港口，以至于船舰的桅杆都紧挨着城墙，高过城墙。随后，他将满载士兵的小船升到帆桁顶端，便登上城墙，击溃了抵抗者。哥特人投降了。

西西里再次成为帝国的行省。它的状态一度非常不错。7 世纪中期，拜占庭皇帝君士坦斯二世（Constans Ⅱ）非常关心被伊斯兰"旋风"席卷的西部行省将来的发展，便下了很大决心将帝国的平衡向西转移，并且想相应地迁移帝国首都，而他明显

1　尽管巴勒莫的地理位置非常优越，却只在撒拉逊人统治时才成为大都市。这解释了为什么该城中没有古典时期的文物古迹，比如神庙、剧场，甚至是遗址，人们能在岛上的其他地方成规模地发现它们。几乎仅有的例外是两块马赛克地砖，现在在国家博物馆可以看到。一块地砖上画有俄尔甫斯和动物，另一块上面画着四季的景致。

会选择罗马城。他在 633 年花 12 天时间访问了罗马，他也是近 300 年来第一个踏进母城（the Mother City）的皇帝，访问结果不理想，他便打消了迁都的想法，定居在更有希腊气氛的叙拉古（Syracuse）。试想，如果帝国的都城仍在西西里，或许欧洲历史会发生一些有趣的变化。但是皇帝的大臣没有理解迁都的好处，5 年后，有一名官员思乡心切，竟趁皇帝在浴室时袭击他，用肥皂碟将他击倒在地。此时，阿拉伯人将主要攻击行动对准小亚细亚和君士坦丁堡，所以君士坦斯的儿子和继承者"大胡子"君士坦丁四世（Constantine Ⅳ）没有任何选择的余地，只能立即返回博斯普鲁斯海峡（Bosphorus）。西西里再次处于和平状态。

　　总体而言，和平得以在 8 世纪延续，在这段时间里，西西里和卡拉布里亚一样成为避难者的天堂，庇护"提前的加尔文主义"（calvinisme anticipé）[1]君士坦丁堡的圣像毁坏运动的受害者。但是到 9 世纪，和平受到了冲击。穆斯林等待的时间已经够久了，他们在此时蹂躏了整片北非沿岸，并通过时不时的劫掠来骚扰西西里岛。827 年，他们发现了永久占领这里的机会：当地的拜占庭长官优菲米乌斯（Euphemius）不得体地与一个当地修女私奔，之后遭到解职。解职的消息传来，他发动叛乱，自立为帝，并向阿拉伯人寻求援助。阿拉伯人用武力登陆，迅速修建工事，对优菲米乌斯（他不久后就被杀身亡）置之不理，并且在 3 年后横扫了西西里首府巴勒莫。接下来的历程就比较缓慢了：843 年，墨西拿陷落；叙拉古遭到长时间的艰难围困，城中甚至出现了同类相食的情况，该城在 878 年投降。在此之后，拜占庭似乎承认

1　Lenormant.

了失败。该岛东部的一些孤立据点坚持的时间更长一些，其中最后陷落的罗迈塔（Rometta）甚至坚持到了 10 世纪中叶。不过在 878 年 6 月的某一天，当先知的旗帜飘扬在叙拉古上空时，西西里在各个方面都成了伊斯兰世界的一部分。

征服战争结束之后，国家再度安定下来，大多数基督徒社群还可以继续愉快地生活。他们一般被允许保持自由，只要每年支付贡金即可，不过许多人还是更喜欢拜占庭统治下常常强制征召的军事劳役。撒拉逊人在几乎所有时间都表现出一定程度的宗教宽容，允许教堂和修道院继续存在，历史悠久的希腊化学术得以保持繁荣。[1] 征服者在其他方面也为该岛带来了好处。阿拉伯人带来了全新的农业体系，它基于阶梯状、使用虹吸原理的渡槽，将渡槽用于引水灌溉。他们引入了棉花、莎草、柑橘、椰枣树，还引进了大量甘蔗，因此没过几年，西西里的甘蔗就能大量出口了。在拜占庭的统治下，西西里从未在欧洲的商业中占有如此重要的地位，但是撒拉逊人征服西西里之后，这里很快成为地中海的大型贸易中心之一，基督徒、穆斯林和犹太人商人聚集在巴勒莫的集市里。

但是，在阿拉伯征服者带来的这些益处中，明显缺乏政治稳定的因素。巴勒莫埃米尔、他手下的首领们与北非的哈里发之间

1　10 世纪末，著名的卡拉布里亚修道院长圣尼鲁斯（St Nilus）送给巴勒莫埃米尔一大笔钱，想要赎回他属下 3 名被撒拉逊入侵者抓获的修士。他修书一封给埃米尔的首席文书以提出请求，这位文书是基督徒。修道院长收到一封热情友好的回信，这出乎他的意料。埃米尔释放了修士，还退还了赎金，他还在回信中说，他会保护修道院免遭劫掠。埃米尔进而邀请圣尼鲁斯定居在西西里，还向他保证，他可以享受所有他应得的荣耀和崇敬。

的忠诚关系变得更加紧张，埃米尔自身也失去了凝聚整个西西里的力量。西西里逐渐分裂，各方互相攻击，所以该岛再次成为各方角逐的战场。这一平稳的政治衰退，以前文中阿卜杜拉领导下的齐里王朝军队入侵而告终，又在 1038 年将希腊人和他们的诺曼盟友带到了西西里。

　　夏末，希腊军队踏上了西西里的土地。起初，他们击败了所有眼前的敌人，虽然分散的撒拉逊人勇敢地作战，却无法抵挡这股浪潮。墨西拿几乎立刻就陷落了。一番恶战之后，扼守连接墨西拿和巴勒莫之间北方沿海道路的关键要塞罗迈塔也陷落了。关于战争接下来的情况，我们知之甚少，编年史家不是没提及就是含糊不清。[1] 不过，希腊军队应该是缓慢而稳定地进逼叙拉古，我们得知马尼亚克斯在 1040 年率军包围了该城。穆斯林军队奋力反抗，城市没有被迅速攻破，阿卜杜拉便有时间调集解围的军队。他计划在叙拉古背后的山区突然从马尼亚克斯军队后方发动攻击。希腊人及时得知了进攻计划，马尼亚克斯便调转军队，在特罗伊纳（Troina）附近出其不意地攻击了阿卜杜拉的军队。阿卜杜拉彻底战败了，穆斯林混乱奔逃，叙拉古的守军意识到解围已没有了希望，就不再反抗，投降了。欢呼雀跃的希腊人马上开始了感

1　保存下来的线索之一是靠近马雷托（Maletto）的马尼亚切的圣母教堂（Church of S. Maria di Maniace），它位于一处马尼亚克斯取得胜利的地方，在战斗结束后由当地希腊人修建。11 世纪末，伯爵罗杰一世（Roger Ⅰ）和伯爵夫人阿德莱德（Adelaide）对它进行了扩大和修缮。也是在这座教堂周围，女王玛格丽特（Margaret）在 1170 年前后建立了规模宏大、受捐赠众多的马尼亚切本笃会修道院（Benedictine Abbey of Maniace），它是诺曼人在西西里建立的最后一个大型修院。

恩活动，他们把所有最宝贵的圣遗物从埋藏的地方挖出来，以此来赞美他们最伟大的解放者。不过他们对马尼亚克斯处理圣卢西亚（St Lucia）遗体的行为有所不满。马尼亚克斯将遗体从棺材中取出，发现圣人（这是阿马图斯对她的称呼）"遗体完整，散发出芳香气味，如同刚下葬时一般"，便语带赞扬地把遗体送给了皇帝。

难以估计马尼亚克斯军队里的诺曼军人在这次早期成功之中的贡献究竟有多少。作为我们信息来源的那些诺曼编年史家强调他们的同胞很勇猛，以至希腊人什么都不用做，只需在战争结束后收拾战利品即可。诺曼人的确作战勇猛，战果出众。叙拉古围城战中，威廉·德·奥特维尔见那位可敬的埃米尔骑马出城作战，便突然发动袭击，将他从马上捉下来，再把他扔到地上摔死。由于这次功绩，他此后以"铁臂"（Bras-de-Fer）的绰号而闻名。他在叙拉古城墙前获得的荣誉使他得以荣归意大利本土。

然而，这次成功的主要功劳属于马尼亚克斯。阿卜杜拉的军队本可以让他们惨败，因为马尼亚克斯勤于思考，调遣军队迅速而有力，才取得了胜利。他自己所受的损失微不足道，或许仅有罗迈塔一役除外。在不到两年的时间里，该岛的东半部又回到基督徒手中。[1] 但是，他却在此刻被羞耻地召回君士坦丁堡，这不仅是他的悲剧，也是整个拜占庭的悲剧。

叙拉古之战胜利以后，拜占庭军队的士气突然下降，并迅速崩溃了。衰落的速度很快，所以很容易理解撒拉逊人的看法——

1　马尼亚切城堡（Castello Maniace）如今矗立在锡拉库萨半岛的最南端，它的年代只能追溯到 13 世纪。就算它和伟大的乔治·马尼亚克斯没有直接的历史联系，却也反映了对他姓名的伟大记忆。

安拉再次站在了他们这一边。好像所有事都迅速走向坏的一边。之前的胜利要归功于马尼亚克斯，现在至少有一些过失也要归咎于他的个性。他是一位非常优秀的将军，却不是一位好相处的同僚。他毫不掩饰地表达自己对斯蒂芬的轻蔑，在特罗伊纳之战以后，他得知阿卜杜拉已经设法穿过海军的封锁而从海上逃走时，愤怒难忍，竟用双手抓住舰队统帅的身体。鉴于进攻者身形高大，斯蒂芬不仅将这次经历当成羞辱，还视为严厉的警告。他决定报复，便给与他结亲的皇帝送了一道急信，告发马尼亚克斯，说他在进行卖国活动。马尼亚克斯被召回首都，没有得到任何反驳指控的机会，便被秘密地投入了监狱。他的继任者是一位名为瓦西里的宦官，事实证明他像斯蒂芬一样无能。希腊人失去了作战的动力，士气大为下降，于是开始撤退。

与此同时，诺曼人心怀厌恶地离开了，这似乎也是马尼亚克斯的错。许多能力卓越的将领在战场之外有臭脾气，马尼亚克斯毫无疑问也有暴力倾向，这自然会让他和部下产生矛盾。攻占叙拉古之后不久，希腊军队内部出现了关于分配战利品的争论，诺曼人认为他们应该分得更多战利品。这个要求是合情合理的：这座希腊城市由希腊军队解放，所以显然不会有抢劫的机会，诺曼人为报酬而战，但是他们在两年的战事中是否获得了很多报酬是需要打个问号的。无论如何，诺曼人去找萨莱诺军队的首领——讲希腊语的伦巴第人阿尔杜因（Arduin），让他代表他们向马尼亚克斯抗议。在阿马图斯的记载中，阿尔杜因拒绝将自己捕获的一匹阿拉伯马送给统帅，这则故事真假未知，如果这则故事为真，必定是在给将军的愤怒火上浇油。事实上可以确定，阿尔杜因由于他的妄自尊大而被除去衣服挨罚，然后他本人、诺曼人和他们的萨莱诺同伴径直离开希腊军队，回到大陆，斯堪的纳维亚的军人们也一同离开了。

因为最强大的战士离开了，紧接着唯一有能力的将军也不在这里，希腊人剩下的希望就很渺茫了。更麻烦的事情接踵而至。数年里，普利亚的不满情绪在增长。梅卢斯的儿子，也就是在君士坦丁堡监狱里待过数年之后刚刚回到意大利的年轻人阿尔吉鲁斯（Argyrus），继承了父亲的反叛精神，毫不费力地就把普利亚的意大利人和伦巴第人煽动起来，驱使他们对抗其拜占庭主人，尤其是在希腊人开始为他们的西西里远征而强行征召兵员之后。1038 年，数位希腊官员遭到谋杀。1039 年，局势已经临近爆发点。1040 年，阿尔吉鲁斯发出了起义的信号。卡塔潘遭到暗杀，普利亚沿海的所有当地军事势力都起来反叛，当地的希腊守军受到重创，无力维持下去。

5

叛 乱

　　早晨，诺曼人欢快地穿过草地和花园，前往韦诺萨，那
里距离梅尔菲不远。他们兴高采烈地骑着马，欢腾地蹦跃着
前行。该镇的市民们见了这些陌生的骑士，心生惊惧。诺曼
人带着大量的劫掠品回程，毫不费力地将这些东西带到了梅
尔菲……他们从这里启程前往可爱的普利亚，占有了所有他
们喜欢的东西，不喜欢的就丢下……

　　他们让坦克雷德的儿子威廉当伯爵，此人在战场上英勇
无双，拥有众多良好的品质：英俊、高贵、年轻。

——阿马图斯，第 2 卷

　　叛乱的消息传到君士坦丁堡的时候，皇帝米哈伊尔已经时日
无多了。他患有癫痫，因此有必要在御座前放置紫色帐幔，这样
人们就能在他突然发病时将帐幔拉上。他的精力正在衰退，而他
把其中的大部分都放在苦行和慈善上——尤其是最近在首都为从
良的妓女修建的收容所。然而，他的哥哥"孤儿院长"约翰却行
动迅速，任命年轻有为的将领米哈伊尔·杜奇阿诺斯（Michael
Doukeianos）为卡塔潘。新任卡塔潘按照指示，不惜一切代价恢

复普利亚的秩序。杜奇阿诺斯召集了所有可用之人后，立即出发，在 1040 年末便镇压了（虽然没有彻底结束）叛乱的战火。他精力充沛、想象力充足，若不是一个失误的话，他本有可能很容易地在意大利挽救拜占庭的命运。但是因为这个失误，他把这命运彻底断送了。

新任卡塔潘到任后不久，便认为有必要马上去一趟西西里，这想必是为了加速剩余希腊军队的撤离进程，普利亚急需他们的帮助。他回程时（他应该是乘船去萨莱诺）遇到了阿尔杜因，阿尔杜因之前与诺曼人一起回到了盖马尔的宫廷中。卡塔潘和阿尔杜因甫一接触，似乎就达成了很好的协议。阿尔杜因是位经验充足的军人，能讲一口流利的希腊语，还能召集大量诺曼人和他一起战斗；他新近与失势的马尼亚克斯之间的争执或许是另一个让他受到喜爱的因素。无论如何，不久之后卡塔潘就向伦巴第人阿尔杜因授予了梅尔菲的副军团长（topoterites）之职，这座城镇是拜占庭边界沿线的主要山城之一。

杜奇阿诺斯是不是应该更深入地了解阿尔杜因呢？他的轻信确实是导致毁灭的祸根，我们却不应该因为此事而遽然指责他。梅尔菲需要一位强大的统帅，而希腊人在意大利又没有几位强大的统帅。阿尔杜因有卓越的战绩，他曾为拜占庭的事业立下过不错的功劳。不可能因为他离开西西里就反对他，毕竟叙拉古的事情发生之后，他不可能再为马尼亚克斯效力了。在语言和文化背景上，他看起来比希腊人更加希腊人，即便他出身于伦巴第人，也不能推断出他不忠诚，何况伦巴第人经常在卡匹塔纳塔获得高位。不仅如此，需求是迫切的，而杜奇阿诺斯无法承担太过苛求的后果。他完全不知道自己将遭受多严重的背叛。

阿尔杜因叛变的动机只能靠猜。野心确实是主要因素，他是伦巴第人，而伦巴第人正在反叛，他突然发现这是一个自己有办法抓住的机会。率领 300 名无畏的诺曼骑士去打一场胜仗必定是一次刺激的体验，他也知道，如果有值得去做的事情，同样一批骑士就会立刻违抗自己的命令。若他此刻选择支持伦巴第人的事业，可能会倾斜胜利的天平，这跟他的族群将要独立还是臣服于他族一事关系重大。此外，他还在因为马尼亚克斯待他不公而不快，决心报复希腊人。他抵达梅尔菲之后，开始悄悄地在当地民众之中宣传。阿马图斯在笔下讶异地赞美了他的技巧：

> 他经常组织宴会，邀请出身良好和出身一般的人出席，为他们提供高级荤菜。客人吃肉的时候，他就用柔和的语言同他们讲话……对他们从希腊领主那里遭受的苦难和妇女受到的侮辱表示同情……他用才智煽动贵族和平民，让他们反抗虐待他们的人，这才智多么精妙啊！

1041 年 3 月，阿尔杜因确保了梅尔菲的支持之后，秘密前往阿韦尔萨。他得到了雷努尔夫的秘密支持，身边聚集了 300 名诺曼追随者，为首的是 12 位首领，首领中包括奥特维尔家族的威廉和德罗戈。他做好了准备，便以梅尔菲为大本营，在那里集结伦巴第人和诺曼人，意图立刻将希腊人从整个南意大利赶走，再和诺曼人平均分配领土。对诺曼人无须做太多劝说，如果阿马图斯的记载可信，那么阿尔杜因的劝说词无比简短，首先说为他们的荣誉而战，再说为他们的雄心壮志而战，接下来则激起他们对敌人的蔑视，最后直接挑起他们的贪欲：

你们占据着这块给你们的土地，却像墙壁里的老鼠一样生活……现在，是时候伸出强大的手了，我将带领你们。跟着我，我会走在前，你们跟在后。让我告诉你们原因吧：因为我要带你们打的人都是些娘们儿，他们的田地辽阔又肥沃。

副军团长趁天黑独自离开了驻防地，然后带着一支军队回来了。梅尔菲的居民刚看到军队的时候还有点犹豫，但是阿尔杜因鼓动唇舌说服了他们，说这支军队是来拯救他们的。居民打开了城门。这是一个关键的决定，从这一天起，梅尔菲就成了叛乱的先锋。希腊人已在此地加固了城防，它又处于亚平宁山脉的山冈顶端，成了完美的山上据点，固若金汤。内心还是强盗的诺曼骑士，可以从这里向各个方向出击，随心所欲地抢劫、袭击，再带着劫得的物品回到这里，不用担心自身安全，不用担心遭到报复。[1]

他们在数天内攻陷了韦诺萨，随后是拉韦洛（Lavello）、阿斯科利。卡塔潘痛苦地知道他对发生的事情负有责任，尽管他可能还没意识到这是一场全面的灾难。他急忙从巴里调集他可以组织的所有力量。3月16日，他在韦诺萨城下的小河奥利文托河（Olivento）畔见到了诺曼军队的主力，诺曼军队的规模因为吸收了大量伦巴第人而扩大了。卡塔潘要求先不开战，随后向敌人派出信使，让他们选择：是立刻和平地离开拜占庭的领土，还是在次日与他的军队在战场上交锋。

---

1 梅尔菲的山丘上仍旧有诺曼堡垒的遗迹。但是这里于1281年得到大规模重建，又在1851年的地震中遭到重度毁坏。最早的建筑结构几乎无存。

诺曼人对这种沟通方式早有耳闻，知道如何对付。使者高谈阔论之时，12 位首领之中的休·蒂伯夫（Hugh Tuboeuf）靠近使者的马，称赞地拍打它。使者的传信结束之后，休突然转变态度，用拳头猛击马双眼之间的部位，可怜的牲畜毫无防备地跌倒在地。然后，按照马拉泰拉记载，使者受到惊吓，晕了过去，不过诺曼人费了些劲让他恢复知觉，给他一匹比之前的马更好的新马，使者骑马回返，回复说诺曼人已经准备好了。

次日上午，战斗打响了。战斗以希腊人战败而告终，有大量希腊人阵亡，杜奇阿诺斯从巴里召集的几乎整支瓦兰吉卫队也在其中。很多人在游过上涨的奥利文托河时淹死了。卡塔潘率领残部撤退，他要找到更多军队才能再次与诺曼人对阵。

拜占庭人再次在普利亚的城乡强征兵员。他们快速行动，在5月初就完成了征兵工作。这一次，两支军队在奥凡托河畔相遇，这里就是蒙特马焦雷（Montemaggiore），即坎尼之战的同一块战场，希腊人、伦巴第人和诺曼人于 23 年前曾经在这里血战。虽然部署是相似的，结果却与 1018 年的战斗截然不同。诺曼人依然占据人数优势，但是这一次，轮到他们在战场上横扫对手。他们的将军是奥特维尔家族的"铁臂"威廉。他受到高烧的困扰，本不打算参战，但是当他在附近山上观战时，他的战意突然高涨了起来。他从担架上跳下，从坡上冲入混战的人群中，率军获得了战斗的胜利。

这两次接连失败的消息在君士坦丁堡引发了极大的关注。杜奇阿诺斯被调到西西里，在那里承担讨厌的、远征留下来的救济工作。他在普利亚的职位由伊斯奥古斯都·沃约阿尼斯（Exaugustus Boioannes）继任，此人是伟大的瓦西里·沃约阿尼斯之子。如果有人希望这位年轻人的能力赶得上他那杰出的父亲，那么不久之后就要失望了。新任卡塔潘并未带援军前来，他正确地决定尽可能地避开正面对阵战，试图把诺曼人和伦巴第人围困在梅尔菲。但是后者的行动速度比希腊人更快，希腊军队还未抵达，他们就从城镇中涌出来，在希里科洛山（Monte Siricolo）附近靠近蒙特佩罗索（Montepeloso）的地方安营扎寨。1041 年 9 月 3 日，他们在这里第三次战胜了绝望的拜占庭人，还抓到了卡塔潘。沃约阿尼斯被交给当时贝内文托亲王的兄弟阿特努尔夫，后者最近成为叛军有名无实的领袖。沃约阿尼斯被捆在马上，被得胜者带着在城市中游街。至此，伦巴第人前前后后获得的三次胜利破坏了拜占庭人在普利亚留下的威望，巴里、莫诺波利（Monopoli）、焦维纳佐（Giovinazzo）、马泰拉（Matera）都公开起兵叛乱，叛乱很快发展成巨大的力量。

就在此时，叛军内部的不和爆发了。普利亚的伦巴第人不准备听命于阿尔杜因，而且就算贝内文托的阿特努尔夫有名无实，他们也不愿接受这个平庸的人。他们正确地怀疑这两位只是诺曼人的傀儡。他们在这方面得到了盖马尔的支持，盖马尔自 1038 年起就同时是卡普阿和萨莱诺的亲王，他现在作为伦巴第亲王中最强大的一位，颇为厌恶将阿特努尔夫选作统帅的决定。诺曼人内部也出现了相似的争斗。那块在 20 年前建立于特罗亚的小殖民地，和位于阿韦尔萨的殖民地一样，已经在人口和影响力上有所增长，他们认为没有理由再听命于那些在梅尔菲做抢劫勾当的后起者。因此这些普利亚的诺曼人和他们的伦巴第邻居联合起来，要求年轻的阿尔吉鲁斯来当领袖，毕竟他是煽动此次叛乱的人，也是梅卢斯的儿子，他的血统让他比任何贝内文托的小王公更符合成为领袖的条件。阿尔杜因和他的支持者徒劳地宣称，进行所有战斗的是他们，而不是普利亚人。但是阿特努尔夫本人破坏了己方的基础。有人发现，阿特努尔夫让希腊人赎回沃约阿尼斯，还把所有赎金据为己有。梅尔菲一方的候选人名誉扫地，于是这一派屈服了。1042 年 2 月，阿尔吉鲁斯在巴里的圣阿波里纳尔教堂（Church of S. Apollinare）被诺曼人和伦巴第人一起正式推为领袖。

阿尔吉鲁斯和阿特努尔夫之间的矛盾表明，无论诺曼编年史家如何暗示，诺曼人此时还没有想到自己夺取权力的问题。这仍旧是伦巴第人对抗拜占庭人的反抗活动，普遍认识也是如此。无法推断诺曼人现在有可能想要选一位同胞当领袖，因为诺曼人在理论上还是雇佣军，他们或许会为领地的奖赏而战，却不会想在政治上实行统治。而且，事情没有如此简单。自 1040 年左右开始，人们就意识到氛围在发生缓慢变化。诺曼人的威望现在基于某些比军事技艺的层次更深的东西，人们会在某些无涉战略和战斗的问题上征求诺曼人的意见，他们做出决定时，不仅会影响自身的地位，还会影响整个意大利半岛的未来。没有人再质疑他们在意大利的地位，他们同时还生出了占有土地的想法，尽管这种想法在之前还不存在。他们的未来也变得越来越清晰，他们只缺一位集中他们的抱负并将其转化为行动的统帅了。

这位统帅即将出现。

诺曼人和伦巴第人之间的争吵完全比不上正在君士坦丁堡发生的事情。1041 年 12 月 10 日，米哈伊尔四世去世了。"孤儿院长"约翰做好了准备，他决定要一如既往地让自家亲戚坐上皇位。

他已经诱使佐伊收养了他的外甥，也就是海军将领斯蒂芬的儿子，以充当待定继承人。然而，正是这一步让他走向失败。新任皇帝称米哈伊尔五世（Michael V），绰号"敛缝匠"（Calaphates），源自他父亲早年的职业。米哈伊尔五世本没有多少权力，却把那给了自己一切东西的舅舅驱逐了，将其流放到遥远的地方。数周之后，轮到了佐伊。年老的女皇被剃去头发，被粗暴地送到马尔马拉海中的一个岛上终老。无人对约翰的离去而悲伤，但佐伊是伟大的马其顿家族中受膏过的女皇，她被流放的消息在首都引发了激烈的暴动。当米哈伊尔出现在竞技场的皇家看台上时，人们向他投掷箭头和石头，暴民在几个小时内到了皇宫。佐伊被迅速匆匆接回，并在阳台上露面，不过这已经太晚了。受到教会和贵族支持的市民拒绝再接受突然显赫的帕弗拉戈尼亚家族的错误统治。佐伊的妹妹狄奥多拉曾被强迫戴上面纱，此时已经过了许多年的隐居生活，而民众不顾她的反对，将她从家里带到圣索菲亚大教堂，并在这里推举她为女皇。而在斯杜迪翁修道院（Monastery of the Studion）避难的米哈伊尔被拖到了广场上，他在臣民面前被剜去双眼。这样一来，彼此憎恨、均不适于统治的佐伊和狄奥多拉一同获得了拜占庭帝国的最高权力。

这种不稳定的双人统治没持续多久。正如非常了解佐伊的米哈伊尔·普塞勒斯后来所指出的，她宁愿让一个马童坐在皇位上，也不愿意和妹妹分享权力。不出两个月，快到 64 岁的佐伊以未消减的热情投入第三任丈夫君士坦丁·莫诺马库斯（Constantine Monomachus）的怀抱。君士坦丁是一位讨人喜欢、迷人的浪荡子，他即位后称为君士坦丁九世（Constantine IX），而可怜的狄奥多拉十分乐意交出她所分享的皇位。同时，"孤儿院长"约翰那令人讨厌的家族成员从首都消失之后，马尼亚克斯就解脱了。他再次得到恩宠，并立刻被任命为卡塔潘，被委派去改善意大利日益恶化的境况。在米哈伊尔五世被废黜的一个月内，他在塔兰托上岸，并且发现从塔兰托到布林迪西一线以北的普利亚地区都宣布拥护阿尔吉鲁斯，仅有特兰尼除外。

普利亚人将永远铭记 1042 年夏季的恐怖行径。马尼亚克斯心怀愤怒地沿海岸前进，焚烧城镇，屠杀居民，无论男女老幼，修士修女。一些人被捆绑在树上，其他人被活活烧死，许多孩童也在其中。莫诺波利、马泰拉、焦维纳佐等地区都投降了，乞求宽恕。

照这样下去，整个卡匹塔纳塔都可能被拜占庭再次控制，但是拜占庭人再次被自己的腐化所害。君士坦丁·莫诺马库斯公开地喜爱一位情人，这位情人的兄弟罗曼努斯·斯克勒洛斯（Romanus Skleros）此前勾引过马尼亚克斯的妻子，这样便出现了一个难解决的宿怨。君士坦丁当上皇帝之后，斯克勒洛斯便能很容易地说服皇帝召回卡塔潘。时间才过了两年多，马尼亚克斯又成了宫廷阴谋的受害者，他这次不打算再屈服了，就举兵反叛。他拒绝承认君士坦丁，允许自己的军队拥戴自己为皇帝。等下一任卡塔潘到达意大利后，马尼亚克斯就抓住他，用大粪塞住他的耳朵、鼻子和嘴，并把他折磨至死。随后，他便扔下卡匹塔纳塔，匆忙渡过亚得里亚海，按照普利亚的威廉的记载，他甚至试图用人牲来减轻海上的暴风。在前往塞萨洛尼基（Thessalonica）的路上，他在保加利亚的奥斯特罗沃（Ostrovo）遇到一支帝国军队，并打败了他们，却在胜利的时刻跌下马，受了致命伤。他的头颅被送到君士坦丁堡，并被刺在长矛上，放在竞技场展示。他的一生有荣耀，有意气用事，也有不佳的运气，如此一来，这个结局可谓有些合适。

此时，得到诺曼人支持的伦巴第人进行回击。马尼亚克斯第二次返回时他们正在围攻特兰尼，这是普利亚北部的一座仍旧对拜占庭抱有忠诚、保持抵抗的城市。伦巴第人拥有大量巨型木制攻城器械，其中最大的一件从未在南意大利使用过，它受到过无数称赞，所以进攻方自信地认为不久后该城就会被迫投降。该城确实快要投降了，意想不到的是，伦巴第人却遭受了更加艰难的打击。他们推选出来的统帅、受人尊敬的梅卢斯的儿子、伦巴第民族主义的化身——阿尔吉鲁斯投向了敌人。叛变之前，他还烧毁了巨大的攻城器械，他以前的追随者没有办法，只能从特兰尼撤退。他们为此蒙羞，也很困惑。

很难解释阿尔吉鲁斯的背叛。可以确定他从希腊人那里收到了丰厚的贿赂。马尼亚克斯那命运不佳的继任者从君士坦丁堡给他送去信件，说如果他转而效忠拜占庭帝国，便给他提供大量财富和高级头衔。但是阿尔吉鲁斯为什么会接受这些提议呢？他已经为了自己的信仰而生活，而战斗，还遭受过囚禁；他的真诚、诚实，还有他的爱国之心，从未受到怀疑。马尼亚克斯离开之后，伦巴第人成功的可能性相当高，他作为叛军推选的统帅，所能得到的东西比君士坦丁九世能提供的要多得多。也许在其中有其他我们不知道的因素，举个例子，也许他突然发觉诺曼人对伦巴第人事业的长期威胁要大于希腊人。我们只能希望，躺在班堡那座华丽坟墓中的梅卢斯不会知道他儿子已经名誉扫地。

叛军发现他们又没有了统帅。最初又有两位伦巴第人被选出来，一位因为自己的欺诈行为而获罪，另一位则变节了。在他们士气低落的同胞中找不出任何堪当领导大任的人。此外，诺曼人厌倦了伦巴第人那两面三刀的行为，因此他们决定从自己人中间选出最高统帅。经历了叙拉古、蒙特马焦雷和蒙特佩罗索的胜利之后，人选已经很明显了：铁臂威廉。因此在 1042 年 9 月，坦克雷德的长子被一致推选为普利亚所有诺曼人的统帅，并获得了伯爵头衔。

　　但是在封建时期，伯爵不能单独存在。他们在一系列持续性的封臣关系网络之中，网络的一端是皇帝，一端是地位最低的农民，中间通过亲王、公爵和地位更低的男爵连接起来。因此，威廉只能去寻找一位领主，他发现眼前就有一位。萨莱诺的盖马尔此刻很渴望与叛乱产生联系，他愿意接受威廉的提议。1042 年末，盖马尔偕同阿韦尔萨的雷努尔夫一起前往梅尔菲，他在那里被聚集的诺曼人宣布为"普利亚与卡拉布里亚公爵"。作为友谊的保证，他将自己的侄女，也就是索伦托公爵居伊（Guy）的女儿嫁给了威廉。随后盖马尔在他们的 12 位首领中分配"acquestées et à acquester"的土地，也就是不仅要分配已被他们征服的土地，还要分配在将来可能落入他们手里的土地。可能这种行为比一份声明更直截了当，这相当于表明战争将持续下去，到最后一名希腊人从半岛上被赶走为止。同时，铁臂威廉被承认为普利亚伯爵，其领主是盖马尔，威廉被授权在新征服的土地上建立领地，阿斯科利被指定为他的采邑，他的弟弟德罗戈得到了韦诺萨。阿韦尔萨的雷努尔夫不仅是 12 位首领之一，而且权力很大，所以不能被忽略，他被授予了西彭托以及加尔加诺山的一部分。梅尔菲本身依然是所有首领的共同财产，是他们在普利亚的统治中心，正如吉本所指出的，"这里是共和国的首府和城堡"。

南意大利发生了巨变。从现在起，我们听到关于伦巴第民族主义的事情会略多一些。盖马尔作为普利亚和卡拉布里亚的公爵，拥有自己的国家，他决心在损害希腊人和伦巴第人利益的情况下进行扩张。在"解放了的"普利亚，实际权力全都操于诺曼人之手，他们对土地的占有在梅尔菲得到了合法化，他们不会把自己的土地拱手让给任何人。他们现在扎根在普利亚，其程度比在坎帕尼亚更坚固、更宽泛。他们立足于此。

可能会有人问，阿尔杜因的结局呢？他把诺曼人带到普利亚，把他们安置在梅尔菲，诺曼人的成功应该首先归功于他。诺曼人成功之后，阿尔杜因同阿韦尔萨的首领讨价还价，认为所有通过征服获得的土地都应该在他们之间分配，但是在原始史料中，只有阿马图斯——可信度不高——暗示诺曼人信守了诺言。没有其他编年史家提过后来的阿尔杜因。他可能在早期的战斗中阵亡，可能在马尼亚克斯的盛怒下身死，可能像阿尔吉鲁斯一样被希腊人收买了。最有可能的情况却是，诺曼人担心和他共事下去可能会产生尴尬，所以把他像一件曾经遮风挡雨，已经不再有用的旧斗篷一样给抛弃了。

6

新来者

吉斯卡尔被召来了，西塞罗在狡黠上不如他，诡计多端
的奥德修斯亦然。

——普利亚的威廉，第 2 部

诺曼人的力量得以加强，他们得胜的消息不断传回法国，移民潮兴起了。在 1046 年的某段时间，也就是诺曼人获得梅尔菲的 3 年多之后，两位年轻人在数月内先后出现在南意大利。他们按照各自的方式获得了成功，并各自建立了一个王朝。其中一人注定要撼动基督教世界的根基，将历史上最强大的教皇控制在手心，还会让东西方皇帝的帝位因他的名字而颤抖。一位是阿斯科莱廷（Asclettin）的儿子里夏尔（Richard），他后来成为卡普阿亲王；另一位是奥特维尔家族的罗贝尔，他不久后会赢得"吉斯卡尔"[1] 的绰号，意为"狡猾者"。

1　这个绰号最初是罗贝尔的妻侄布纳尔伯格的吉拉尔（Girard of Buonalbergo）给他的。该词本身拉丁语形式常是 Viscardus，古法语形式是 Viscart，来自同一个词根的词语还有德语的 Wissen 和英语的 Wise、Wisdom。吉本认为该绰号与 Wiseacre 关系更近。

两人在事业开始时都因为手下有移民而有一定优势。里夏尔是阿韦尔萨的雷努尔夫的侄子，他的父亲阿斯科莱廷是雷努尔夫的弟弟，曾在梅尔菲获得阿切伦扎（Acerenza）伯爵领作为奖励。里夏尔的兄长也叫阿斯科莱廷，是雷努尔夫最杰出的副官之一，雷努尔夫于 1045 年去世之前，在阿韦尔萨统治了短短 4 个月的时间。里夏尔在诺曼底长大，当他带着令人印象深刻的 40 名骑士抵达意大利之时，他相信自己会有一个荣耀的未来。他的希望没有落空。阿马图斯没有对里夏尔后来授予他修道院的慷慨馈赠无动于衷，因此对他留下了迷人的描述：

> 此时里夏尔抵达了，他是阿斯科莱廷之子，外表不凡，具有贵族气质。他年纪小，面容青涩，容光焕发，因此人见人爱。他身后跟着许多骑士和扈从。他习惯骑小马，他坐在马上时，脚都要挨着地了。

而罗贝尔独自前来。他出生于 1016 年，是坦克雷德的第 6 个儿子，却是他第二任妻子的大儿子。由于无法承担装备的费用，他只能希望自己那位同父异母的哥哥能慷慨帮助他。不幸的是，他抵达的时候铁臂威廉已经去世了，威廉的弟弟德罗戈继任伯爵，因此罗贝尔的未来看起来很光明。事实上他很快就会知道，他自己的左膀右臂以及为他赢得绰号的灵活机智比任何家族联系都能更有效地帮到他。

关于这位非凡人物，当时的编年史家们给我们留下了大量记载："一位长着金发和蓝眼睛的巨人，他可能是那个时代里最有天赋的军人和政治家。"最全面的记载来自安娜·科穆宁娜（Anna

Comnena）。安娜的父亲阿莱克修斯一世·科穆宁（Alexius I
Comnenus）后来登上君士坦丁堡的帝位，并在登基后抵抗罗贝尔
率领的进攻部队。需要记住，安娜是在许多年后才写作的，此时
吉斯卡尔已经处于其权力的顶峰，而且当时已不再年轻。她笔下
的罗贝尔很有意思，结合了生于紫室的人对新发迹的人的蔑视、
皇帝的女儿对父亲的大敌的仇恨、任何聪明的观察者对毋庸置疑
的伟大人物的赞赏，还有简单的性吸引——安娜一生都对他保持
着深切而坦然的感情：

> 这位罗贝尔血统上是诺曼人，出身不显赫，性情专横，
> 头脑狡猾，行动果敢，精于攻击权贵的财富和地位，非常渴
> 望能有所成就。他不允许实现愿望的路上有任何障碍。他身
> 材高大，甚至比最高的人还要高。他肤色很深，头发呈亚麻
> 色，双肩很宽，双眼炯炯有神。他身上需要长得宽的地方就
> 很健壮，不需要长得宽的地方就优美潇洒。所以，我听很多
> 人都说他的身体比例从头到脚都很不错。荷马形容阿喀琉斯
> 喊话，说听者听到的声音宛如众声喧哗，但是据说罗贝尔的
> 大喊声如同数千人在搏斗。他有了运气、体格和性格，自然
> 不会服输，也不会臣服于世间的任何人。纵使他出身略逊，
> 人们也说他的本性如此强大。[1]

至于这两位年轻冒险家定居的国度，即使按照中世纪意大利
的标准，也找不出比这里政治更混乱的地方。在普利亚，战火不

---

1 *The Alexiad*, I, 10 (tr. Dawes).

温不火地在海岸地带燃烧。战斗的一方是梅尔菲的诺曼人，尽管他们现在在理论上是盖马尔的封臣，其战斗的公开目的却是提高自身权力；另一方是以巴里为基地的拜占庭人。战火此时已经烧到了希腊人的卡拉布里亚。变节的阿尔吉鲁斯在背叛后不久就被任命为卡塔潘，这充分说明这是他收受的贿赂的一部分。在三年时间里，他已证明自己有足够的能力和力量来支持希腊人的事业，如同他曾支持伦巴第人一样。拜占庭在意大利的势力现在面临严重的危险，各地的希腊人均遭到进攻，但是多亏了阿尔吉鲁斯，诺曼人的进展才会如此消耗巨大，如此缓慢。而西部的混乱更加严重。皇帝米哈伊尔决定惩罚叛乱的盖马尔，在自己倒台之前释放了卡普阿的潘都尔夫。1042 年初，潘都尔夫这匹老狼带着怒火回到意大利，急着品尝盖马尔的血，要证明自己的尖牙依旧锋利。他设法和之前的追随者结盟，但是他和盖马尔都不拥有压倒性的力量。

1045 年 6 月，阿韦尔萨的雷努尔夫去世了。他自己是意大利诺曼扩张的缔造者。他高瞻远瞩，知道诺曼人将取得多么巨大的成就；他又有政治嗅觉和敏锐的洞察力，这让他带领不断进取的同胞朝着目标迈进。虽然他会根据诺曼人的利益而毫不犹豫地换边站队，却对盖马尔保持了长达 9 年的忠诚，而且终其一生都没有背叛盖马尔。雷努尔夫去世后只过了几个月，其继任者阿斯科莱廷也紧跟着早早地进入坟墓，之后萨莱诺亲王与阿韦尔萨的诺曼人因为继承问题而发生了一场简短且根本不重要的争执，双方关系决裂，诺曼人便转向潘都尔夫。但是在 1046 年，盖马尔任命德罗戈·德·奥特维尔为普利亚伯爵，并且将自己的妹妹嫁给他。德罗戈在阿韦尔萨和萨莱诺之间调停，以往的和谐得以恢复。

虽然诺曼人是盖马尔的盟友，但他们不准备——总之也不能——将他们所有力量都放在推翻潘都尔夫的事业上，因为他们自己有更重要的事业。在数年的时间里，卡西诺山最大、利润最丰厚的城堡和庄园中有不少落入诺曼人之手，有一些由潘都尔夫非法授予，以作为军事支持的回报，其他的是修道院免租金租给他们的，以换得他们的保护。上述两种做法都造成了灾难性的后果，因为诺曼人从来都不是理想的友客。修道院的佃户把他们控制的地方当作强盗活动的中心，从这些地方出发，去抢掠周围的村庄，卡西诺山周围几里之内没有任何农场、葡萄园甚至人家可以幸免于难。土地遭难之后，便被荒弃了。问题一度变得很严重，修道院院长向无能为力的盖马尔申诉却未能成功，于是决定去德意志向皇帝本人当面陈述，但他乘坐的船却在奥斯蒂亚（Ostia）外海遭遇了海难。潘都尔夫回归之后，情况变得更恶劣。现在亟须肃清这些诺曼土匪，否则他们又会帮助老敌人对修道院进行新一轮的攻击和劫掠。

诺曼人此时第一次尝到了起义的滋味。修士、农夫，还有城镇的居民，所有这些人都和诺曼人打起了彻底的游击战。诺曼人彻底绝望了，无法再忍受小心翼翼的生活。阿马图斯记载，有位名叫鲁道夫（Rodolf）的年轻诺曼贵族有次带一帮随从去一所修道院，一行人下马进入教堂祈祷，并按照习惯把武器留在门外。他们进门没多久，修道院的人就控制了这些武器和马匹，关紧了教堂的大门，把钟敲响，召人前来。所有听到钟声的村民以为修道院遭到了攻击，忙赶来救援，他们打开教堂的门，冲了进去，攻击这些吓坏了的诺曼人。诺曼人只有短剑护身，他们勇敢地战斗，却无济于事。他们不久就投降了，不过要求村民尊重上帝的居所，饶他们不死。但是，无人理会他们的恳求。修士抵达之时，鲁道夫已沦为囚犯，他的 15 名诺曼随从横尸在教堂里。虽然我们知道阿韦尔萨的人攻击修道院来为同胞复仇的行为很难被盖马尔阻止，但是从这天起，卡西诺山周围的诺曼人似乎老实了一些。

> 一位书拉密女 [1]
>
> 有三位丈夫。
>
> 国王亨利，
>
> 上帝的代理人，
>
> 解除这桩婚姻
>
> 变为不确定的三份。
>
> ——隐修士维普莱赫特致亨利三世的信

同时，罗马教皇权力也沦落到从古至今的最低水平，仅在有的时候与此一样低。三个人绕着圣彼得教堂的教皇宝座兜圈子，宛如在玩一局临近结束的抢椅子游戏，没人能辨别教皇的三重冕该属于谁。本笃九世（Benedict Ⅸ）是本笃八世和若望十九世的

---

1 "书拉密女"（Sunamitis）是个有趣的词，它来自《所罗门之歌》（Song of Solomon，即《雅歌》）的一篇通俗译本，并在书中代替了常用的 Sulamitis。1611 年的英语《圣经》写道："回来，回来，书拉密女！你回来，你回来，使我们得观看你。"（《圣经·雅歌》6:13）。众歌之歌公然显露情色，以致我们现在很难相信这寓言的阐释。按照解释，它描述了耶和华和以色列的关系，由此推断，情人和书拉密妇女所表现的是基督与教会的关系，它从早期的教父时代到 16 世纪都被人普遍接受，后来在 16 世纪遭到再浸礼派（Anabaptist）的严厉驳斥。在维普莱赫特的时代，这条解释毫无问题。

侄子，或许在此时还不到 12 岁，却通过大量贿赂于 1033 年继承了叔伯的职位。但他是个纵情的浪荡子，由于他在女人方面非常成功，以致有传言说人们普遍怀疑他使用巫术。他在罗马完全被人看不起，因此在 1044 年，一度想在主祭坛上暗杀他的市民们逼他退位，将他从罗马城赶走，继任者是克莱森提（Crescentii）家族的西尔维斯特三世（Sylvester Ⅲ）。不出两个月，本笃设法驱逐了西尔维斯特，回到圣彼得教堂，但他也没有待多久。他决定结婚，这种堕落对 11 世纪的罗马来说太过分了。所以他再次退位，这一次登上教皇之位的是受他支持的神父约翰·格拉提安（John Gratian），即位后称为格里高利六世（Gregory Ⅵ）。格里高利全力以赴，力图恢复教皇和教会的尊严。本来情况在一段时间里似乎有所好转，但是不久之后，本笃因为女方父亲的反对而无法结婚，他便再次成为教皇。而因为改革精神得以当选的格里高利却被买卖圣职罪败坏了名声，已经走投无路了。罗马的教士眼前有三位教皇，分别在圣彼得教堂、拉特兰宫和圣玛丽亚马焦雷教堂，这些教士只好绝望地向德意志国王、康拉德皇帝的儿子和继承人亨利三世（Henry Ⅲ）求助。

康拉德于 1039 年去世时，亨利仅有 22 岁，但是他从襁褓时期便开始接受继承王位的训练，而且从 11 岁开始就是德意志国王了。他是个严肃、尽职尽责的年轻人，对作为基督徒统治者的责任有清晰的认识，他认为，在罗马发生的不体面争吵相当于侮辱基督教世界。因此他于 1046 年秋南下意大利，分别于苏特里（Sutri）和罗马召开宗教会议，将三位相互敌对的教皇统统废黜了。他任命自己信任的朋友和同胞、班堡主教苏伊格尔（Suidger）为新任教皇，即克雷芒二世（Clement Ⅱ）。在圣诞节当天，克雷芒为亨利和他的第二任妻子 [1] 吉耶讷的阿涅丝（Agnes of Guienne）加冕。新皇帝和新教皇随后继续他们的南下之旅。

最需要解决的问题是卡普阿的未来。1047 年 2 月 3 日，亨利召开了由盖马尔、潘都尔夫、德罗戈·德·奥特维尔和雷努尔夫二世·特林坎诺克特（Rainulf II Trincanocte）参加的会议。最后这位是老雷努尔夫的侄子，他后来被选为阿韦尔萨伯爵。盖马尔日渐增强的势力在一段时间里引起了帝国的担忧，而且潘都尔夫还为亨利献上了一大笔金钱，所以亨利把卡普阿交给了得意扬扬的潘都尔夫。占领该地长达 9 年的萨莱诺亲王心中究竟会烧起多旺的怒火，可想而知。刚刚变为不稳定休战状态的局势，又烧起了战火。

卡普阿会议的另一项重要成果对改善盖马尔的情绪毫无作用。从帝国的角度来看，盖马尔个人和诺曼人的地位都非常不合规，他的"普利亚和卡拉布里亚公爵"的头衔是由诺曼人的拥护而得到的，这也是他向德罗戈等人授予各种头衔和采邑时拥有的唯一权威。事实上，除了这两方互相支持，并没有别人支持他们。现在亨利想改善此状况，意图建立合理的封建基础。他为德罗戈举行完整的帝国授衔仪式，授予他"意大利公爵和执政官、全普利亚和卡拉布里亚诺曼人的伯爵"（Dux et Magister Italiae Comesque Normannorum totius Apuliae et Calabriae）的头衔，同时正式确认了雷努尔夫的阿韦尔萨伯爵之衔。盖马尔可能保住了总的宗主权，不过这一点也不确定；但是他那僭称的公爵之衔已经被取下，不会再让他使用了。

1　他上一位妻子是丹麦国王克努特（Canute）的女儿贡希尔达（Gunhilda）。

　　皇帝又前往贝内文托，他在这里受到了恼人的打击：该城关闭了城门，拒绝放他入内。数年以来，自阿尔吉鲁斯代替阿特努尔夫亲王成为伦巴第叛军的首领开始，贝内文托与诺曼人及盖马尔就一直关系不佳。而且，他们稍早时候极其不敬地接待了从加尔加诺山朝圣归来的亨利的岳母，所以良心上感到有罪。亨利无暇围攻此城，因为他要返回德意志。亨利不想再管其他烦心事，便将整个公爵领交给德罗戈和雷努尔夫，并命令顺从的克雷芒发出一道全体的绝罚令。皇帝和教皇随后骑马北返，让诺曼人按照自认为合适的方式处理事情。

　　在这些年的普遍混乱中，罗贝尔和里夏尔这两位新来者找到了不少雇他们拿刀剑办事的机会。然而对罗贝尔而言，在同父异母哥哥宫廷中等来的第一句欢迎显然不怎么热情。德罗戈准备以其他年轻诺曼骑士同等的地位来接待他，却拒绝封他为男爵，也拒绝把自己的领地封给他。普利亚没有多少空闲的土地，供应远远少于需求，还有很多在意大利战争中出过力的诺曼指挥官等着拿到许诺给他们的，他们也认为自己应得的采邑，不过由于拜占庭人的顽强抵抗，这些土地还在敌人手中。德罗戈的亲兄弟汉弗莱直到 1045 年才获得拉韦洛伯爵之位，就算是这样，他也是在前任伯爵去世之后才得到。为了年纪轻轻、欠缺经验、不知疲倦的罗贝尔而区别对待其他人，只会招致叛乱。罗贝尔怒火中烧，便离开这里，寻找自己的能力更能被人赏识的地方。他在不同的旗帜下战斗，参与这些无休止的、充斥了小贵族生活的小规模冲突，然后在 1048 年转而为卡普阿的潘都尔夫效力。潘都尔夫时年 62 岁，依旧在全力对付他的宿敌盖马尔，他一如既往地让生活在他活动范围内的人都过得很难受。

无疑，罗贝尔从潘都尔夫那里学到了很多，但是他们合作的时间不长。我们不知道阿马图斯的记载是否正确，按照他的记载，潘都尔夫没有按照诺言把自己的女儿和一座城堡给罗贝尔，之后他们的关系破裂了。是否正确只是个学术问题，无论如何，整个坎帕尼亚盼望已久的一天在1049年到来：2月19日，卡普阿的潘都尔夫去世了。一位法国历史学家[1]写道："即便我们允许［在卡西诺山的编年史中］有夸大之辞和传说……依旧符合事实的是，潘都尔夫是11世纪所有可憎的强盗中最可恨的一位。"他说得没错。在编年史中，"阿布鲁齐之狼"再次露出了他的脸。另一位时代稍晚、来自卡西诺山的作家奥斯蒂亚的利奥（Leo of Ostia）告诉我们，潘都尔夫去世后不久，那不勒斯公爵手下一名叫作毕达哥拉斯（Pythagoras）的侍从（page）在森林里见到了他的影子。毕达哥拉斯有次和主人一起打猎，之后独自回家，在路上遇到两位"面容极为可敬的"修士，他们将他带到"一个池塘边，池里全是泥，样子糟透了"。他们在这里发现潘都尔夫"刚死不久，身上绑着铁链，尸体惨兮兮地往下陷，淤泥已经没到了脖颈。同时还有两个极为黑暗的灵魂，把葡萄藤做的绳索绑在他的脖子上，将他往池塘底部拖，又把他拽出来"。[2]这番描述堪比但丁之笔，尽管奥斯蒂亚的利奥比但丁写作《神曲·地狱篇》（Inferno）要早200年。他笔下潘都尔夫所受的惩罚确实令人很不愉快，却是他罪有应得。

1　O. Delarc, *Les Normands en Italie*, p. 185 n.

2　Leo of Ostia, II, 61.

　　罗贝尔回到德罗戈那里，一如既往坚定地想为自己谋一个采邑。而德罗戈刚从卡拉布里亚的远征中回返，他在那里留下大量军队防卫山隘。为了让自己从这些事情中脱身，他任命自己的弟弟来管理其中靠近科森扎（Cosenza）的斯克利布拉（Scribla）的一支军队。卡拉布里亚是一块荒无人烟的土地，群山环绕，充满敌意，没有诱人之处。盖马尔和铁臂威廉于 1044 年开始开发这里，在斯奎拉切（Squillace）建立了一座重要的城堡，在此之前，这里在很大程度上被诺曼人和伦巴第人忽略了。理论上这里仍旧是希腊帝国的一部分，这里怀有政治意识的居民——主要是瓦西里安（Basilian）修士[1] 和他们的追随者——依旧在理论上效忠于拜占庭帝国，但是拜占庭的力量在整个意大利逐渐衰败。卡拉布里亚环境严酷，对一位野心勃勃的年轻人而言，它比坎帕尼亚或者普利亚更能提供长期优势。罗贝尔接受了任命。

　　斯克利布拉是个地狱般的地方，它位于科拉蒂（Crati）河谷深处，这里环境干热，空气稀薄，疟疾肆虐，提供不了多少继续生活的希望，更别说物质条件了。罗贝尔不久就离开这里，带领一伙全副武装的诺曼人，安营在地势高耸、有益健康、利于防御的圣马科-阿尔真塔诺（S. Marco Argentano），并拾起诺曼人由来已久的打家劫舍的活计。生活在这里也很艰难。撒拉逊人之前在这里劫掠了许多年，现在当地居民聚集一处，沿着海岸居住，其城镇防御坚固，因此罗贝尔无法进攻他们，别无选择，只好依赖土地过活。该地区散落着一些农场、修道院，还有几处拜占庭的

1　即遵从东正教礼仪的修士。他们的名称来自圣瓦西里（St Basil），圣瓦西里生活于 4 世纪，是东正教修道院制度的主要创立者。西方类似的修道院院规数量急剧增加了，而东方教会却对其知之甚少。

行政据点，它们吃了不少土地的苦头，现在轮到诺曼人了。阿马图斯调动想象力，将他们的苦难与荒野里生活的以色列孩子的苦难相比较，并且告诉我们，罗贝尔下一次见到德罗戈时"承认自己很贫穷，他的外表也证明了这一点，因为他确实很瘦"。[1]

然而，这里正是适合他头脑的理想试验场，在居住在圣马科的时间里，罗贝尔获得了保持终生的绰号。许多故事讲述了他的欺诈之举，这些事对提高他的智慧很有帮助，却对提高他的信誉没什么用。或许这些故事中最有趣的一则出自普利亚的威廉，尽管它有可能是虚构的。按照记载，某所修道院（可能是马尔维托修道院［Monastery of Malvito］，它靠近帕莱塔山［Monte Pareta］）位于山顶上，其位置扼守要处，且居高临下，这显然让它无法被攻破，所以罗贝尔渴望得到这里。有一天，一支庄重的葬礼队伍出现在小道上，诺曼人抬着一个蒙着布的棺材，要求修道院院长在教堂里做安魂弥撒，以向他们去世的同伴致敬。院长接受了他们的请求。在这样的场合下，在场人员通常不带武器。诺曼人挤满了教堂，将棺木虔诚地安放在祭台前，仪式开始了。突然间，棺材上的罩布打开了，死者突然跳起来，露出放在棺材里的刀剑。送葬的人拿起刀剑，开始对受惊的修士展开屠杀。修道院是他们的了。不过普利亚的威廉细心地指出，诺曼人在这里安排了守军之后，修士被允许继续在此居住。

不宜过于信任这则记载。在诺曼人的历史中，在别的场合也出现过各种各样的伪装计策。另有一个故事基于更可信的档案，它在要素上基本是真实的，同样展现了罗贝尔的手段。故事讲述

1　Amatus, Ⅲ, 9.

了靠近圣马科的比西尼亚诺（Bisignano）的希腊长官彼得的厄运。一天，彼得和罗贝尔约定会谈，罗贝尔快到会面地点的时候，让护卫止步，自己只身前往。见罗贝尔不带护卫，彼得也照做了。两人见面以后，彼得探出马鞍，向罗贝尔稍微靠近了一些，这是习惯上的致意姿势。突然，罗贝尔抓住他的脖子，将他拉下马来。还没等到希腊人赶来救援他们的首领，罗贝尔已经把彼得半抓半拽地带到了等着的诺曼人那里，挟他前往圣马科。最后，罗贝尔获得了巨额赎金。

安娜·科穆宁娜讲述了这个故事的另一个版本，但是她把名字搞混了，并且认为吉斯卡尔挟持的人是他的岳父。她还按照自己的典型做法添油加醋了一番，说罗贝尔控制受害者之后就立刻拔光了他的牙，并对每颗牙索要大量金钱，还询问这些钱放在哪里。他一直拔着牙，直到所有牙都被拔掉为止，因为拔牙和取钱是同时进行的。[1]

虽然安娜错误地在这件事里提到了罗贝尔的岳父，不过吉斯卡尔确实是在这一时期首次结婚的。他的新娘叫阿尔贝拉达（Alberada），她是一位有影响力的普利亚贵族布纳尔伯格的吉拉尔的姑妈，不过她当时还是个孩子，因为我们知道她又活了70多年，之后又嫁过两任丈夫，还在1122年向萨莱诺附近本笃会的拉卡瓦修道院（Monastery of La Cava）做了一次重要的捐献。她去世时的年龄不确定，但是在至圣三一修道院（Abbey of the Santissima Trinità）那座保存完好的教堂（在韦诺萨城外）里，她的墓至今仍在。

1　*The Alexiad*, I, xi.

罗贝尔被迫凭借勇气和智慧生活的时候，里夏尔正在迅速实现自己的最高抱负。他在阿韦尔萨最初受到的欢迎甚至比罗贝尔在梅尔菲受到的欢迎更加冷淡。雷努尔夫二世认为他前任的兄弟到这里来对自己的地位有威胁，便想尽快摆脱里夏尔。因此里夏尔向东行进，进入山区，在汉弗莱·德·奥特维尔那里效力了一段时间，然后加入另外一位行动无拘无束的贵族真扎诺的萨鲁莱（Sarule of Genzano）手下。因为有萨鲁莱的帮助，还有掠夺成性、毫无道德的手段，他不久就变得很强大，足以对抗雷努尔夫，后者被迫把前者兄长阿斯科莱廷的土地授予里夏尔以便收买他。接下来，里夏尔加入德罗戈一方，但是他在那里就没有那么幸运了，因为德罗戈把他投入了监狱。里夏尔的生涯因此仰仗于德罗戈的仁慈。雷努尔夫在 1048 年去世后，里夏尔才被释放，雷努尔夫尚在襁褓中的儿子埃尔曼（Herman）需要一个人代为摄政。第一位摄政者是一个平凡普通的贵族，尴尬地被称为贝勒布赫（Bellebouche），后来事实证明他确实不够好。第二次摄政的人选是里夏尔，当时他还困窘地待在德罗戈的监狱中，不久因为盖马尔的干涉而被获释。按照阿马图斯的记载，盖马尔随后给他穿上丝绸衣服，将他带到阿韦尔萨，欢愉的人群在此处迎接他，他被宣布为伯爵。刚开始，里夏尔似乎以埃尔曼的名义统治，但是在一两年之内，这个名义已经不再出现了。按照似乎心照不宣的共识，编年史家将发生在这个小男孩身上的事情遮上了一层面纱，至于真正发生了什么，我们只能自己猜了。

7

奇维塔泰

> 不，倘若能再一次将普利亚
>
> 这块不祥土地上的所有人集合起来
>
> 他们会为自己流出的暗血而哀悼……
>
> 他们的身体被击得支离破碎，
>
> 被吉斯卡尔那强大的剑……
>
> ——但丁《神曲·地狱篇》，第 28 章

　　教皇克雷芒二世在位的时间不到一年。他的遗体从意大利送到他之前任职的教区班堡，他也是唯一埋葬在德意志的教皇。据传，他是被本笃九世下毒害死的。在接下来的 8 个月里，这位可憎的本笃九世在圣彼得教堂重新占据教皇之位。1048 年 7 月，皇帝亨利任命的下一任教皇达马苏斯二世（Damasus Ⅱ）抵达罗马。达马苏斯仅在位 23 天，就在帕莱斯特里纳（Palestrina）逝世了。关于他的死，无论是像有些人说的那样因为即位后过于激动，还是又是因为本笃下的毒，都没有确切的证据。但是对这一时期的大部分高级教士来说，他的死让教皇之位看起来没有往日那般吸引人了。还不到两年，教皇之位便出现了第三次空缺，亨利发现

任命教皇的任务越来越困难。最后在 1048 年 12 月的沃尔姆斯公会议上，德意志和意大利的主教们一致拥戴皇帝的堂兄图尔主教布鲁诺（Bruno）为教皇，布鲁诺久经考验，具有毋庸置疑的圣人品质。

布鲁诺勉为其难地接受了邀请，这不是惺惺作态，而且很正常。他同意了，但有一个前提：他抵达罗马之后，要获得罗马教士和人民的一致认可，任命方可生效。因此，他于 1049 年 1 月出发前往永恒之城，其穿戴有如进行一般的朝圣之旅。他甫一到达就受到热烈欢迎，并经过仪式成为教皇，即利奥九世（Leo IX）。他在位 6 年，后于 51 岁去世。利奥身材高大，长着一头红发，是一位拥有军人气质的阿尔萨斯人（Alsatian），事实上他是康拉德二世进入意大利的惩罚性远征中一支军队的统帅。后来事实证明他是中世纪最伟大的教皇之一。和我们现代的若望二十三世（John XXIII）一样，他没有活着看到所开创的事业达到顶峰。虽然比利奥九世更伟大的人物会将该事业推进到他无法想象的高度，但是正是他第一次挽救长久以来让罗马教会瘫痪和恶化的分裂局面，确立了教皇制度改革和复兴的基础。正是在这个基础上，圣格里高利七世（St Gregory VII）和他的继任者们才得以继续将它建设得更为宏伟。

南意大利的事务引起利奥注意的时候，他还从没想过当教皇的事。在基督教世界中，教会的状况已经相当糟糕了。圣职买卖已经到了相当严重的地步，甚至教会最高职务的任命都要经过交易，举行拍卖，就像买卖无生命的商品一般。对婚姻的约束很盛行，人们时不时地推崇它，以阻止教士娶妻，它却很少能阻止教士建立大家庭。教会的什一税收不上来，许多宗教团体认为如果自己能设法保住已经拥有的财富和地产，那就算幸运了。从南方传来的每一条消息都压在利奥心上。在官方报告之外，还有无数来自修士、旅行者甚至普通朝圣者的抱怨信件作为佐证，对他们来说，现在去加尔加诺山不啻公开地让诺曼强盗攻击、盗窃和绑架自己。修士维尔贝特（Wilbert）是最早为利奥立传的作者，他说诺曼人"作为解放者而被欢迎，不久后却成了压迫者"。对很多人而言，诺曼人比撒拉逊人还要差，至少撒拉逊人的行为是孤立的事件，而诺曼人则持续对更弱小的人施加压力，他们斩断葡萄藤，烧毁了所有收成。同时，当地民众的报复行动也助长了不安的局势。费康修道院（Abbey of Fécamp）的院长约翰在最近的一次朝圣之旅中侥幸逃脱，在此时写信给利奥："意大利人对诺曼人的憎恨在此刻已变得相当强烈，如果某人是诺曼人，即便他是朝圣者，也几乎不可能前往意大利的各个城市而不遭到袭击、绑架、剥夺所有财产、鞭打乃至被铁链捆绑——如果他尚未在恶臭的监牢中变成鬼魂的话，将承受以上所有刑罚。"

事态很严重，在南意大利采取强力手段已是合情合理，但是还有其他政治考量让利奥的介入变得更有必要。诺曼人平稳地扩大其统治区域，日益接近教皇国的边界。而且，亨利在两年前不仅向他们授予头衔，让他们成为帝国的封臣，还被怒火烧昏了清醒的头脑，将不顺从的贝内文托让给他们，极大地巩固了他们的地位。亨利下决定的时候，明显忘了——教皇克雷芒太不负责，没有提醒他——在两个半世纪里，贝内文托无论如何都还是教皇的领地，虽然圣座从未对贝内文托实施过世俗的权威，但是利奥不允许它落入诺曼人之手。

贝内文托人也完全同意这一点。由于贝内文托的亲王势力衰微，他们的力量和影响力自 11 世纪初便持续衰落，他们知道无法抵御诺曼人的全面进攻，更何况敌人已经控制了博维诺（Bovino）和特罗亚这样的关键山隘。但他们能向谁求救呢？肯定不是亨利，也不是盖马尔，后者彻底依赖与诺曼人的盟友关系。此时拜占庭在意大利的势力已不再强大，他们只能采取守势，维持自身的存在。贝内文托人唯一的希望是罗马，他们派出专使前去祝贺利奥就任，并请求他解除克雷芒发出的绝罚令，他们的做法显示该城可能希望在某些情况下能让教皇无条件地保护它。

　　然而，在最后下决断之前，利奥决定先审视一下此刻的局势。我们发现，他在 1049 年和 1050 年分别花了几个月时间在整个半岛旅行，访问了所有主要的城市和宗教机构。他第一次出访的表面目标是去加尔加诺山朝圣，他的第二次旅行则明显是为了"教会事务"，但是有关该时期最重要的权威[1]暗示，"政治与利奥九世的当选密切相关"（la politique ne fut pas étrangère a ce déplacement de Léon IX），此言不虚，教皇的真实目的是公开的秘密。他发现情况比他所预想的更糟。他随后给皇帝君士坦丁写信，书信的基础可能基于自己的所见所闻，他抱怨诺曼人如何"以比异教徒有过之而无不及的不虔诚，起而对抗上帝的教会，导致基督徒因隐藏的折磨而死，让妇女、儿童和老者无法区分何为神圣，何为世俗，他们毁坏教堂，并纵火焚烧，将其夷为平地"。[2]如果要拯救南意大利的教会，保存彼得的遗产，就必须马上用强硬措施对付诺曼人。

1　F. Chalandon, *Histoire de la Domination Normande*.

2　Migne, *M.P.L.*, 143, Col. 777 begins.

1050—1051 年的冬天，利奥前往德意志，与西方帝国的皇帝讨论相关事宜。在 3 月返回罗马的路上，另一个来自贝内文托的使团在等他，他们带来了新消息：该城的贵族将他们以前的统治者赶走了，并决定降服于教皇。这是教皇非常期待而且无法拒绝的提议。因为有一场主教会议要在罗马召开，因此他无法立刻抽身离开。他在 7 月初到达贝内文托，然后整个公爵领完全降服于他。眼下的问题是如何保护它，利奥为此邀请德罗戈和盖马尔来参加宗教会议。两人立刻赶到，对教皇想要的所有保证满口答应，这未免太过轻率。德罗戈远没有获得普利亚伯爵的全部权威，信使抵达萨莱诺时，他很难让贝内文托回到梅尔菲的控制之下，因为教皇继续与盖马尔接触，讲述诺曼人对贝内文托领土的进一步暴行。利奥又气又恼，盖马尔则解释说，德罗戈无疑已经竭尽全力了，但是他还没有将他野蛮的同胞置于管理之下。如此解释之后，利奥的愤怒才稍稍有所缓解。还在发怒的利奥立刻口述一封信给德罗戈，要求他立刻干预，迅速恢复秩序，并采取恰当的补救措施。

这封信没有送达目的地，因为信使在全速赶往萨莱诺的路上得到消息：德罗戈·德·奥特维尔被暗杀了。

由于诺曼人日渐不受欢迎，反对他们的人分为三个派系：亲拜占庭派，他们受到阿尔吉鲁斯的鼓励和支持，为了恢复希腊人在半岛上的统治而努力；教皇派，他们希望整个地区以最近的贝内文托为榜样；独立派，他们认为南意大利毫无疑问应该独立，由拥有 500 年经验的意大利-伦巴第（Italo-Lombard）旧贵族来统治。虽然利奥肯定最怀疑亲拜占庭派，但是我们不确定这三个派系中的哪一个应该为德罗戈之死负责。我们只能确定，1051年8月10日，即圣劳伦斯日，普利亚伯爵前往他在易拉罗山（Monte Ilaro，今蒙特拉）城堡里的礼拜堂，去参加一次庆典活动的弥撒。他进入教堂时，被一个名叫利苏斯（Risus）的人暗算了，后者在门后等着，然后迅速杀死了德罗戈。利苏斯应该不是单独行动的，因为我们还知道德罗戈的随从中有几位和他同时被杀，而且在普利亚有很多诺曼人首领也在同一天被杀。这样一来，我们只能得出如下结论：他遭暗杀是一个巨大阴谋的一部分，这个阴谋的目的是同时消灭这片土地上所有压迫者。

如果这个阴谋确实存在，那么它肯定失败了。诺曼人对当地的控制没有受到极大削弱，阴谋只能激起他们的怒火。此外，他们失去了领袖，而且没有表现出强烈的意愿来选出新的领袖，所以他们可以不受控制地去复仇。德罗戈性格温和，虔诚而诚实，阿马图斯称他为"智者骑士"（sage chevalier），虽然他可能缺少完全贯彻其权威所必需的强硬，却很清楚纪律的重要性。尽管有最近在贝内文托发生的事件，从利奥的观点来看，他的去世还是恶化了此时的局势。至少德罗戈愿意理性地、谦恭地讨论问题，虽然不总是能起作用，却起码显露了他的顺从之意。现在可以代表所有诺曼人发言的人已经不存在了，其领土也迅速陷入无政府状态。如果想要恢复秩序和宁静，就必须动用武力。教皇于耶稣升天节召集民众为德罗戈的灵魂祈祷，同时开始召集军队。

召集军队的难度超乎他的想象。虽然亨利三世应该为现在的情况负部分责任，却可能还在为教皇获得贝内文托的事情而烦恼，他也卷入了对匈牙利的战争等内部问题。他拒绝提供任何军事支持。法国国王也没有提供军队，诺曼人在诺曼底给他造成的麻烦已经够多了。然而，利奥最意想不到的地方——君士坦丁堡——派来了援军。阿尔吉鲁斯新近被列为贵族，原因是他过去带着意大利、卡拉布里亚、西西里和——令人惊讶的——帕弗拉哥尼亚公爵的空头衔为拜占庭效力，依旧是皇帝在意大利政策上的主要专家和顾问。他最近从君士坦丁堡回到意大利，他之前在首都努力地向君士坦丁——面对希腊牧首那愤怒的反对——说明与拉丁人和解的必要性。他坚持认为，诺曼人现在对拜占庭利益的威胁要大于西方皇帝、伦巴第人或者教皇曾经造成的威胁，眼下也没有其他办法可以打破他们在半岛的势力。阿尔吉鲁斯自己是伦巴第人，这或许给他的话带来了额外的说服力。他的忠告很快流行开来，1051 年结束之前，他与利奥就联合军事行动达成了全面协议。

意大利南部和中部的大部分小贵族都欣然回应教皇的号召，他们有很多被诺曼人攻击过，并且开始为他们是否能幸存下来而担心，其他人则简单地坐看大潮来袭，虽然时间还够，却还是为是否能阻止他们而担忧。然而，当利奥向盖马尔求助时（他故意将其留到最后），遭到了直截了当的拒绝。利奥毫不讶异，因为德罗戈迎娶了盖马尔的妹妹，诺曼人和萨莱诺的联盟事实上已经不间断地保持了 15 年之久，双方都从中受益甚多。如果盖马尔现在抛弃盟友，顺带抛弃盟友的封臣，可能没等到教皇或者谁来救援就被推翻了。不仅如此，如果事情按照教皇的计划进行，诺曼人被赶出意大利，那么就没有什么可以保护萨莱诺亲王免受来自得胜的教皇盟友——拜占庭的进攻了。而且，盖马尔过去的所作所为很难让他得到希腊人的喜爱。因此他给教皇送去一份礼貌而坚定的回信，他指出，他不仅不能加入任何对抗诺曼人的联盟，更不能袖手旁观地任由诺曼人遭受攻击。

回信的第二条意见对教皇来说是个打击。虽然他并不期望盖马尔能支持他，但是他可能更希望盖马尔保持中立。同时萨莱诺亲王已经把他的立场消息尽可能广泛地公布。南意大利所有统治者中最有权势的一位竟持有如此立场，此消息让正开始集结的意大利人和伦巴第人士气非常消沉。而且萨莱诺的密探还散布可怕的故事，说诺曼人的军事实力非常强大，他们势必会取胜，然后会对所有胆敢反抗的人采取极端的报复行动。教皇一方的沮丧情绪因此变得更严重了。

但是坊间流传着比这些消息更黑暗的征兆。阿马图斯详细地告诉我们此时出现在萨莱诺和耶路撒冷的许多异象：有一个独眼的婴孩生了下来，那只独眼在他的前额，他还长着牛的蹄子和尾巴；另一个孩子出生时有两个头；一条河——我们不知道是哪一条——成了红色的血河；有一座圣本笃教堂里的一盏油灯中被人发现装满了奶。阿马图斯向我们保证，这些都预示着盖马尔将会死亡。

的确，萨莱诺亲王那充满暴力的一生行将结束。一个亲拜占庭的派别在阿马尔菲控制了政权，并且立即开始对抗萨莱诺的统治，拒绝支付以往的贡赋。叛乱者设法得到了盖马尔的部分家族成员的支持。1052 年 6 月 2 日，萨莱诺的盖马尔五世在首府的港口中被他的 4 个姻亲击杀了，这 4 人是泰阿诺伯爵的儿子，其中的大儿子宣布自己是继承人。拜占庭的两位主要敌人在不到一年的时间内相继被谋杀，虽然希腊人不像对德罗戈的死那样应对这件事负直接责任，但是很难说他们与此事完全无关。

盖马尔家族中没有叛变的那些人中，只有一个逃脱了叛乱者的抓捕和囚禁，那就是亲王的弟弟索伦托公爵居伊，居伊立刻策马去找诺曼朋友们求助。事态对萨莱诺来说很危急，对诺曼人来说也一样。盖马尔曾经是他们唯一的盟友，如果萨莱诺落入拜占庭的影响范围，他们就会被包围，加上利奥此时的情绪，或许结局已经命中注定。万幸，居伊发现梅尔菲和贝内文托之间的诺曼人已经行动起来，不仅如此，他还发现在接近一年的混乱的权力空缺时间里，诺曼人终于选出了一位首领——他自己的妹夫汉弗莱·德·奥特维尔。按照诺曼人的典型做派，他们答应帮助居伊，但是之前必须收到一大笔回报。心绪不宁的公爵准备答应所有条件，因此在盖马尔被杀仅仅 4 天之后，诺曼人便兵临萨莱诺城下。

面对大批诺曼军队，泰阿诺的四兄弟无计可施，他们挟盖马尔的小儿子吉苏尔夫（Gisulf）和他们一起退守城堡，但他们的家人落入了诺曼人之手。居伊得以与他们谈判，换回了侄子，把他当作盖马尔的合法继承人，立即在他面前表示效忠。诺曼人本以为居伊会取得萨莱诺的宝座，此时被他的无私感动了，因此他们也向吉苏尔夫表示效忠，后者确认了他们在其控制的领土范围内的权力。至于叛军，他们在一两天内就被迫屈服了。吉苏尔夫和居伊再次展示了在他们那个时代和位置很罕见的德行，保证饶他们一命，但是俘虏离开城堡时，诺曼人却说自己没有做出任何承诺，因此将俘虏屠杀了。他们不仅杀死了 4 位头目，还进行了残酷的报复，又杀死了另外 36 人，每一人都代表盖马尔身上所受的一处伤痕。

萨莱诺的盖马尔五世是南意大利最后一位伟大的伦巴第人亲王。在他势力的巅峰，他的统治范围扩展到整个卡普阿、索伦托、阿马尔菲和加埃塔，他自己还是阿韦尔萨和普利亚的诺曼人的领主。他的影响力遍及半岛，事实证明，仅凭借他名字上所附着的声望，就几乎可以毫不费力地破坏罗马教皇的战备。他即位时年仅 16 岁，一方面要对抗此后一生的对手，也就是不诚信的卡普阿亲王潘都尔夫，另一方面要面对诺曼人。事实证明，他能处理好两者，在其过程中既没有违背誓言，也没有辜负过信任。直到去世的那一天，他的荣耀和坚定信仰都没有受到过质疑。他享年 41 岁。在他儿子吉苏尔夫的统治下，萨莱诺亲王国又延续了一代，但是它再也没有恢复昔日的荣光，1075 年，它彻底失去了独立，而诺曼人见证了一切。

对在贝内文托观察事态的利奥九世而言，情况的发展并不乐观。盖马尔遭到谋杀一事虽然必定让他感到震惊和反感，却暂时加强了他的地位。但是在接下来的事件中，诺曼人和萨莱诺人准确地证明他们可以迅速、摧枯拉朽地一致行动。忧心忡忡的教皇一方将一切看在眼里，有些胆小的兵逃走了，而对留下来的人来说，如果非要他们上阵杀敌，则必须有强力的增援才行。利奥回到德意志，再次向亨利三世求救。他这一次并非完全徒劳无功，他和皇帝一起在沃尔姆斯庆祝 1052 年的圣诞节之时，设法取得了皇帝对教皇所授予的贝内文托以及其他一些南意大利领土的头衔的认可。但是由于利奥的老敌人艾希施泰特的格布哈特（Gebhard of Eichstatt）主教的阴谋，亨利最后将勉为其难地交给利奥使用的军队在他们抵达意大利边境之前召回了。教皇无计可施，只好自己找兵员。幸运的是，和他同行的有大法官、图书馆长弗雷德里克（Frederick），弗雷德里克是洛林公爵的兄弟，这位好战的修士——后来成为教皇斯蒂芬九世（Stephen IX）——能够获得一支由 700 多名训练有素的士瓦本步兵为核心的军队。围绕这个坚固的核心，很快集结了由一群穿着各色衣服、漫无纪律的雇佣兵和冒险者组成的大军，其中很多人都怀着离开德意志的意图。一位法国历史学家 [1] 写道，这是"一群不幸的冒险者"。

1053 年春，军队在意大利一路南行，其人数继续如滚雪球般增长。吉本描述道：

> 在他从曼托瓦（Mantua）到贝内文托的漫长旅程中，一群杂乱的意大利人被征募于神圣的旗帜之下：教士和劫匪同睡在一个营帐中，长矛和十字架混在阵前，军事圣徒重复年轻时上过的课程——行军、扎营和战斗。[2]

虽然可能这些新的追随者中德行完好的人不多，但是吉本的描述还是很夸张，教皇的军队不可能比中世纪大部分军队更寒酸。6 月初，他们抵达贝内文托，几乎所有南意大利不是诺曼人的贵族都再次聚集到利奥的旗帜之下，军队的总人数多于可以参战的所有诺曼人。教皇一方还有加埃塔公爵、阿奎诺（Aquino）伯爵、泰阿诺伯爵，以及阿马尔菲大主教彼得。教皇麾下的士兵来自罗马、萨宾（Sabine）山区、坎帕尼亚、普利亚、马尔西（Marsi）、安科纳（Ancona）以及斯波莱托，他们因聚集一处而萌生出新的勇气。当然，勇气首先来自那位面容冷峻、身着白袍的领袖，他个人控制一支军队，用自己坚定的信心将他们紧紧地联系在一起。

1　Chalandon.

2　Gibbon, ch. LVI.

行军的过程中，教皇与阿尔吉鲁斯建立了联系，双方约定，在普利亚地区北部靠近西彭托的地方会师。然而，由于贝内文托的东边主要道路被特罗亚和博维诺的诺曼城堡所控制，教皇率军沿着更迂回的北方道路前进，先穿过比费尔诺（Biferno）河谷，然后背对着加尔加诺山向东进发。诺曼人小心地观察着他们。诺曼人知道，现在情况比 36 年前他们第一次抵达意大利之后的任何时刻都要严峻，即将到来的战争将决定他们在半岛的未来，如果战败了，便不会有第二次机会。胜算看起来没有 1052 年那时那么大。他们在人数上比不过敌人，而且没有盟友，即便是把城市甚至自己的生命托付给诺曼人的萨莱诺人，也在有需要的时候令他们失望了。与其为敌的不仅有教皇和拜占庭的两支军队，还包括所有普利亚的当地人，当地人对诺曼人流露出明显的厌恶，决定尽一切努力来打败诺曼人。诺曼人一方只有可怕的军事声誉、勇气、团结、纪律，还有锋利的刀剑。

阿韦尔萨的里夏尔率领手下所有战士加入了汉弗莱的队伍，而罗贝尔·吉斯卡尔率领自己的大军从卡拉布里亚深处赶到了。现在必须集结的联军都已经到了，只有某些要地的守军没有来。事实上，这就是南意大利所有成年的诺曼男人了。诺曼军队穿过山区，抵达普利亚平原。显然，联军第一项任务便是阻止利奥与拜占庭人会师。抵达特罗亚后，诺曼联军折向北行。1053 年 6 月 17 日，联军在奇维塔泰（Civitate）附近的福尔托雷河畔与教皇军队相遇。

奇维塔泰之战的故事，是南意大利诺曼人整个历史中记录最完整的篇章。所有诺曼一方的主要编年史家都有详细的记载，而且他们的记载互相一致。更惊人的是，这些版本的记载能与德意志人以及教皇方面的史料相互确认，也与利奥九世自己写给皇帝君士坦丁的一封信[1]相印证。一些个人的或政治的偏见自然存在，但是总体来说，各版本相差不多，因此我们可以把它们拼起来，为事件过程描绘出相对准确的图景。

双方均不急于速战。教皇在等候拜占庭人，而诺曼人则因为他们在这个世界上行事时肆无忌惮，在对抗基督代牧（Vicar of Christ，即教皇）之前真正地感到不安，所以他们希望达成和平协议。诺曼人安营扎寨之后，立即派出使者去利奥那里，谦卑地在他面前提出他们的想法，并向他表示效忠。普利亚的威廉补充说，他们承认以往的错误，保证忠诚和服从。但是，这没有起作用。

> 高大、长发的条顿人嘲笑这些个头略矮的诺曼人……他们围着教皇，傲慢地向他说："快命令诺曼人离开意大利，原地放下武器，从哪来回哪去。如果他们不干，就拒绝接受他们的和平协议。"诺曼人离开了，为他们没能实现和平而悲伤，带回了德意志人的傲慢回应。[2]

次日清晨，在福尔托雷河和它的支流汇集处延伸开来的斯泰纳（Staina）平原上，战斗开始了。教皇利奥坚持说——他的话无可置疑——谈判正在进行的时候，诺曼人就发动了第一轮猛攻。不过必须谨记，教皇是在故意拖延时间，他时刻盼着阿尔吉

1　已经在本书第 91 页征引过。

2　William of Apulia, II, 80 ff.

鲁斯能赶到。诺曼人也同样意识到希腊军队正在逼近，便急于开战——如果必须开战的话——速战速决。他们如此着急还有另一个迫切的原因：他们正在挨饿。当地农民拒绝为他们提供任何食物，还把田地里的庄稼收割光了，甚至很多还没成熟的庄稼都没留下。诺曼士兵的食物经常只有一小把烤干的谷物，而没有其他东西来维生。解决该问题的唯一方式是突然发动袭击。

诺曼军队的右翼最先发动进攻，其指挥官是阿韦尔萨的里夏尔，面对的敌人是教皇军队中的意大利人和伦巴第人——普利亚的威廉注意到，这个由不同民族集合而成的群体缺乏军令，士兵不知道如何在战斗中列阵。里夏尔像泥鳅一般在教皇军队中穿进穿出，敌人在第一波冲击中就乱作一团，在遭到后续进攻之前就溃逃了，阿韦尔萨伯爵带人紧追不舍。与此同时，在中军指挥的汉弗莱·德·奥特维尔却发现利奥的士瓦本军队是非常独特的对手。诺曼人接连不断地冲锋，却没有完全冲乱对手的队列，士瓦本战士挥舞着双手剑，其勇气和决心是诺曼人到意大利之后从未见过的。

诺曼军队的左翼由罗贝尔·吉斯卡尔指挥，他还指挥着自己从卡拉布里亚带来的军队。他们得到的命令是待命，随后在任何最需要他们的时刻加入战斗。以下是普利亚的威廉的描述，他在尽可能贴近原文地翻译的同时，想用他那活泼的拉丁文六韵步诗体重现什么东西：

> 一位从不弯腰投降、孤注一掷的敌手威胁着汉弗莱，
>
> 罗贝尔，得知他的兄弟陷入激烈的争斗，
>
> 便召集盟友吉拉尔的军队，后者是鲜艳夺目的布纳尔伯

格的领主，

　　他带着只服从他的人，那忠诚又残酷无情的卡拉布里

亚人，

　　以极好的勇气和力量，冲入战场之中。

　　一些人被他用长矛消灭；其他人的脑袋

　　则被他用长剑割下——纵使他双手严重受伤。

　　他左手执矛，右手持剑，同时挥动双手战斗，

　　躲开了攻来的每一击，这让所有攻击他的人感到惊疑，

　　他三次下马，又三次跳回到马鞍上；

　　他内心止不住的火焰激励着他，引导他走向胜利。

　　如同一头饿狮，袭击下等的生物，

　　发现自己的权威受到挑战，怒火便蹿得更高，

　　燃得更猛更烈，他决心不再手软，

　　驱散其他人，宛如撕裂并吞噬前进路上的每只野兽，

　　伟大的罗贝尔，就这样让阻挠他的一大群士瓦本人走向

死亡。

　　他采用了各种方式；有些人的脚被从脚踝砍断，

　　其他人被砍掉手，或者从肩部开始被削掉头颅，

　　一个人的尸体被撕开，从胸膛撕到肚子下边；

　　一个人肋骨被刺穿，虽然已没了头，

　　高个子被削短了，形同矮个子。

　　因此所有人看到胜利者的荣耀之手

　　未归于身材高大的巨人，而归于身材适中的人。

然而，最终决定战斗结果的并不全是罗贝尔和汉弗莱的勇气，

因为阿韦尔萨的里夏尔停止追击逃跑的意大利人和伦巴第人，返回战场，带领属下再次加入战斗，他们补充了诺曼阵营，打碎了教皇阵营最后的希望。然而，德意志军团此时还拒绝投降，这些同样高大、长发披肩的条顿人曾经嘲笑诺曼人太矮壮，曾经劝说教皇拒绝诺曼人的和平建议，如今战斗至最后一人。

教皇利奥高高地站在奇维塔泰的城墙上观战，见自己的军队有一半进行了丢人现眼的战斗，另一半则被无情地屠杀了。他的拜占庭盟友令他失望了。如果拜占庭援军能及时赶到，战斗将以不同的结果结束，但拜占庭人如今绝不敢独自与诺曼人较量。现在，教皇不得不面对又一次的羞辱：奇维塔泰居民急于讨好诺曼人，拒绝了教皇的避难请求，而将他交给了他的敌人。诺曼人虽然胜利了，却没有大获全胜，在过去的数小时里，他们忙于和士瓦本人对战，而没能想起这位最大的对手。教皇骄傲又忧郁地站在诺曼人跟前，诺曼人注视着他，宛如被他战胜了一般，他们屈膝而跪，请求他原谅。在接下来的两天，诺曼人将阵亡者埋葬在他们倒下的地方，举办了庄严的葬礼，之后便护卫着教皇回到贝内文托。

利奥处在尴尬的位置上。严格来说他不是囚徒，与他预想的相反，诺曼人以极度的体贴和谦恭对待他和他的随从。如阿马图斯所言：

> 教皇担心，教士战栗。但得胜的诺曼人让他们安心，还保证教皇的安全，随后将他与随从一同送到贝内文托，不断给他提供面包、葡萄酒以及他所需要的一切物品。[1]

1　Ⅲ, 38.

另一方面，虽然他能够处理每日的教皇事务，但是他毕竟不自由。而且不久之后，诺曼人出于自身的考虑，无意放其离开贝内文托，直到双方达成一项暂时妥协。

谈判又拖延了9个月，而且进行得不太顺利，在这一次的大部分时间里，利奥依旧很难对付。他在1054年1月从贝内文托寄给皇帝君士坦丁的书信（我们会在下一章讨论与之相关的更多问题）中明确表示，只要他还在意，争斗就会持续下去。他写道，"我们将继续忠于将基督教世界变为现实的使命，只有在危险过去之后，才会放下武器"，他期望有一天东西帝国的皇帝能携手，"这个敌对的民族将会被人从基督的教会中赶出去，基督教将会复仇"。但是随着时间的推移，他的健康也日渐恶化。他满以为亨利会率军前来，却没有见到相关的迹象，他发现自己别无选择，只能商谈。我们不知道双方最后达成了什么样的协议，也没有保存下来的教皇法令说明进行过正式的授职仪式，但是我们可以确信，利奥最终在事实上承认了诺曼人直到此时的所有征服成果，很有可能位于贝内文托公国领土之内的一些土地也在此列，不过贝内文托城除外，该城依旧属于教皇。协议达成之后，阻止教皇回到罗马的理由就不存在了，因此他在1054年3月12日离开，汉弗莱一如既往地恭敬，一直送他到卡普阿。

对不悦的利奥而言，5年的教皇生活基本上都在持续不断的旅途中度过，在往返于德意志和意大利的路上度过，而这一次是最后的旅程了。已经习惯了每日花上几个小时在马背上处理事务的他，现在终于进入罗马。教皇精疲力竭，他的皇帝与堂弟背弃了他，让他的理想破灭了。他在奇维塔泰遭遇惨败，还被彼得·达米安（Peter Damian）等人的严厉谴责深深地伤害了，这些人将此次失败归结于上帝对军事化的教皇而燃起的怒火。在贝内文托那漫长的几个月里，精神痛苦折磨着他，一种消耗性的疾病让他时常感到疼痛。[1]他抵达拉特兰宫的时候，知道自己时日无多了。他做出指示，要求在圣彼得教堂迅速修建一座坟墓，他的试衣裁缝的坟墓也要建在旁边。1054 年 4 月 19 日，在这个他自己预测的时间，他在罗马教士和居民的包围中去世了。他走得宁静而安详，尽管身上笼罩着失败的阴影。没有哪位教皇在改革意大利教会的事情上做得比他更努力，有几位尝试过，最后却比利奥更失败。在最后的时间里，据说他见到了一些天堂般的异象，他几乎无法得知他开始的工作会在他身后进行得多么出色，也不会知道他播下的种子会多么快地成熟结果。他最不可能想到的是，在他去世后的短短 30 年内，他曾经对抗过却未成功的同一批诺曼人竟会成为复兴的教皇的唯一朋友和支持者。

同时，对诺曼人来说，他们在意大利的伟大冒险即将翻开新的一章。奇维塔泰之战对他们而言，如同 13 年后的黑斯廷斯之战对他们的弟兄们一样，有决定性意义。再也不会有人怀疑他们在南意大利的基本权利，也不会有人去认真考虑将他们从半岛统统赶走的事。他们证明，自己不只是意大利这个炖锅中的又一份食材，也不只是卡普阿人、那不勒斯人或者一些冷淡的拜占庭外乡人的陪练。这一次在没有友军或盟友的情况下，他们与基督代牧

1　随后不可避免地出现了有关利奥的谣言，我们没有理由相信它。谣言说，利奥和他的两位前任一样受到了本笃九世的慢性毒药之害。这样的谣言差不多等于教皇去世后的条件反射。该假说的主要拥护者枢机主教本诺（Benno）之所以选择相信，是因为他想谴责无可救药的本笃在 13 年内谋杀了 6 位教皇。

相较量，与教皇能投入战场的最优秀战士德意志人和意大利人相抗，然后取得了胜利。他们的战果之前得到了皇帝的正式确认，现在又得到了教皇的认可，他们不可战胜的声誉达到了最高点。外部世界对他们的看法现在将稍稍与一个新的方面相连。

所有这些，以及此外的、未曾梦想过的东西，都是在福尔托雷河畔数个梦魇般的小时里赢得的。在今日，经过那里的旅行者不是很多，如果有人路过这里，也就是圣保罗-奇维塔泰（San Paolo di Civitate）村西北一两英里的地方，依然可能见到一座主教座堂的遗迹，可能会发现教皇看到军队崩溃和希望破灭时所待的城墙。该城对待教皇的做法很卑鄙，如今什么也没有留下。似乎在 15 世纪之初，它被一些神圣的、迟来的惩罚完全地毁灭了。但是 1820 年的考古挖掘表明，城墙的外面有一些巨大的人骨堆。所有骨骸都属于男性，带有明显的致命伤，其中大部分都是身高 6 英尺 [1] 的男性骨骸。

1　1 英尺约合 30.48 厘米。——译者注

8

分　裂

　　兹列举以下人员：米哈伊尔，是个刚改信的、虚假的牧首，只是因为怕死才假装养成修士的习惯，如今已因为滔天罪行而声名狼藉；利奥，也就是所谓的奥赫里德主教；君士坦丁，即米哈伊尔的秘书长，他公开将拉丁礼踩在脚下；追随上述三人，行错误之事而妄尊自大之人。以上人等，除非忏悔，否则主必诅咒他们，如同买卖圣职者、瓦伦廷派教徒、阿里乌派教徒、尼古拉派教徒、多纳图派教徒、塞维里安派教徒、摩尼教徒、反圣灵派教徒、拿撒勒派教徒等所有异端，与魔鬼及其所有天使所受的诅咒一般。阿门，阿门，阿门。

　　　　　　　　　　　　　——安贝尔绝罚令的最后一段

　　教皇利奥被客气地囚禁在贝内文托的时候，开始学习希腊语。他的传记作家维贝尔特（Wibert）说他学习希腊语的原因是他想阅读希腊语的《圣经》。他的想法值得称赞，或许还显得足够真实，但教皇真正的意图很可能是为了在与君士坦丁堡日渐复杂的交往过程中减少对自己不利的因素。

　　从政治角度来看，很明显，如果想把诺曼人从意大利完全清除，教皇和拜占庭的联盟对教皇、对阿尔吉鲁斯、对通过阿尔吉鲁斯联络的皇帝君士坦丁都是必需的，即使在奇维塔泰之战——如果两方的军队按照计划联合，可能会导致不同的结果——以后也可以极大地抑制诺曼人的发展。相反，联盟在战争结束后的13个月里突然不欢而散，双方的互相诘难和谩骂充斥在这个过程中，在11世纪60年代结束之前，教皇转而公开而热情地拥护诺曼人的扩张事业。关系大幅翻转的原因不难寻找，它就是降临到基督教世界的最大灾难之一：东西方教会大分裂。以事后的眼光观照往昔的历史，我们可以发现，这一决裂不可避免，只是早晚的问题。但是它确实在很大程度上源于诺曼人出现在南意大利所带来的压力和张力。

两大教会在数个世纪里一直在逐渐分离、不断疏远，这个现象在本质上反映了拉丁和希腊、罗马和君士坦丁堡之间旧有的竞争。分裂的首要原因和基本原因其实是罗马宗座（Roman Pontificate）那稳步增强的权势，一方面让它变得傲慢，另一方面让它心生怨恨。老派的希腊人热衷于论辩和神学推理，这些事情让装有教条和法律的罗马头脑感到厌烦，甚至极为嫌恶。拜占庭人的皇帝拥有"与使徒等同"（Equal of the Apostles）的头衔，而对皇帝而言，教义的问题只能通过圣灵在其中言说的普世公会议（Oecumenical Council）来解决，教皇只是牧首中居首的那一个而已，他对至高权威的追求是傲慢而不合理的。到9世纪，事情已经到了白热化的程度。争吵始于有关叙拉古大主教职位的管理权的争论，随即迅速蔓延开来。首先是人事，教皇尼古拉一世指责拜占庭牧首弗提乌斯（Photius）就职一事不合规。随后是教义，弗提乌斯公开（而真实）地宣称罗马方面的主教波尔托的福莫苏斯（Formosus of Porto）在保加利亚猛烈地攻击东正教会。同时，牧首还坚持认为《尼西亚信经》中不应加入"和子句"（Filioque）。该句认为圣灵不仅出于圣父，亦出于圣子，这种说法缓慢地被西方接受，这在西方一般被认为没有什么神学上的重要性。相反，拜占庭人却认为它破坏了5个世纪之前尼西亚的教父们细心构建的三位一体的整体平衡，他们痛斥罗马的傲慢，痛斥罗马竟妄图修改公会议上揭示的上帝的话。教皇尼古拉去世之后，由于其继任者和弗提乌斯互相友善，所以友好关系在表面上得到了修复。但是这没有解决问题，在西方继续有人拥护"和子句"，皇帝在君士坦丁堡继续以基督代牧的身份进行统治。争论再次爆发只是时间的问题。

君士坦丁堡的牧首米哈伊尔·塞鲁拉利乌斯（Michael Cerularius）从一开始就强烈反对利奥九世和阿尔吉鲁斯所确立的教皇-拜占庭联盟。他作为前政府官员，更像是行政长官而非教士，正是他在1043年下令将"孤儿院长"约翰在监狱中刺瞎。他不愿妥协，野心勃勃又极端保守，不喜欢也不信任拉丁人。首先，他痛恨教皇拥有最高权威的想法。虽然在阿尔吉鲁斯的影响之下他无法阻止联盟的形成，但是他使出浑身解数，想妨碍该联盟。他的第一个机会来自礼仪问题。他知道，诺曼人在教皇的支持下强行在南意大利的希腊教堂推行拉丁人的传统做法，尤其是在圣餐礼中使用未发酵的饼。他立刻命令君士坦丁堡的拉丁教堂采用希腊人的做法，并在遭到拒绝后将这些教堂关闭。第二件事更有灾难性，他劝说保加利亚教会的领袖奥赫里德（Ochrid）大主教利奥，让利奥写信给普利亚的东正教主教特兰尼的约翰（John of Trani），信中猛烈地抨击了约翰，斥责他使用了有罪的礼仪和

"犹太教"的礼仪。

　　这封信中含有对约翰的具体指令，让他将信的内容传达给"所有法兰克人的主教、修士和人民，还有最崇敬的教皇本人"，书信在 1053 年夏送达特兰尼。教皇的主要秘书、席尔瓦坎地达（Silva Candida）枢机主教穆瓦延穆捷的安贝尔（Humbert of Mourmoutiers）正在特兰尼，他正要穿过普利亚去会见身陷囹圄的利奥。约翰立即将书信交给安贝尔，安贝尔将书信的大意译为拉丁文，他抵达贝内文托之后，把两份文件拿给教皇看。利奥本就对拜占庭军队没有在需要他们的时候出现而感到不快，这份无端羞辱无异于最后一根稻草。他怒火中烧，令安贝尔起草一封详细的回信，以维护教皇的最高权威，捍卫所有受质疑的拉丁礼。安贝尔使用的言辞直截了当。教皇和枢机主教决心尽可能精心地写这封信，他们选择了很特别的称呼方式，"致两位主教，君士坦丁堡的米哈伊尔和奥赫里德的利奥"，这种称呼方式最能伤害牧首的感情。可能正好在书信送走之前，另一封信函抵达贝内文托，这次信函的底部写着皇帝君士坦丁本人那巨大的紫色笔迹。很明显，皇帝很晚才得知牧首的诡计，他感到很害怕，想竭尽全力地摆平事情。这封信没有保存下来，不过它也不可能包含什么重要的信息。从利奥的回复推断，皇帝在信中对奇维塔泰一役表示哀悼，还为进一步加强联盟关系而提出了含糊不清的建议。最令人惊讶的是第二封信，它与皇帝的信一起到达，信中只有一两句语句表达是不恰当的，除此之外，书信流露出温和的好意和妥协之意，它为两个教会之间的紧密团结而祈祷，而且没有提到任何有争议的拉丁礼。信上有君士坦丁堡牧首米哈伊尔·塞鲁拉利乌斯的签名。

最终，皇帝或特兰尼主教约翰（可能性更大）以局势相当危险为由，说服了塞鲁拉利乌斯，尽管牧首不太情愿，却还是做出了真诚的努力，想要弥补裂痕。应该有人好好建议过利奥，让他忽视被称为"弟兄"而不是"父"这类小事情，息事宁人。但是利奥已经疲倦了，还生了病，在枢机主教安贝尔的鼓励下，他自始至终都显示自己同牧首一样易怒且固执，而且不愿让步。因此他答应派遣教皇使节去君士坦丁堡一劳永逸地商讨整个问题，并允许安贝尔以他的名义起草两封书信，由使节带去。其中一封写给塞鲁拉利乌斯，称他为"大主教"，这一称呼在一定程度上比前面的那个要礼貌得多，却同样咄咄逼人，与其说他是在致力于维护拉丁礼本身，不如说是为了攻击牧首在一开始就质疑它们时的放肆。信中还谴责牧首妄想获得普世的权威（这可能是翻译为拉丁文时造成的错误），还说他的当选是不合法的——这一指控很快就被证实了。利奥的第二封信是写给皇帝的，我们知道这封信主要关注政治事件，尤其是关于他那继续对抗诺曼人的决定。不过，愤怒在最后还是没藏住，书信在最后一段猛烈抨击了东正教牧首的"许多不可忍受的傲慢……如果他还坚持这种被上帝禁止的傲慢，他就决不会一直尊重我们之间的和平"。也许是为了缓和这种含蓄的威胁，教皇在信的结尾称赞了不久后将被派往君士坦丁堡的使节。他希望皇帝能为履行使命的使节提供一切帮助，希望牧首确实合适地做出了悔过。

这样的策略是严重的误算。如果教皇重视与拜占庭的联盟关系——毕竟拜占庭是他对抗诺曼人威胁的唯一盟友——那么拒绝与东正教会和解的机会很愚蠢。如果他能更了解发生在君士坦丁堡的事情，那么他就会知道皇帝个人的良好愿望从未足以凌驾于牧首之上，牧首不仅在性格上比君士坦丁——此时生了病，因为中风而几乎瘫痪——更强，而且很看重自己所背负的公众意见。教皇最后就这个很微妙的使命很不明智地选择了三位教皇使节：其一是安贝尔本人，他心胸狭窄，极端反对希腊人；其二是教皇秘书洛林的弗雷德里克（Frederick of Lorraine）；其三是大主教阿马尔菲的彼得（Peter of Amalfi）。后两位都在奇维塔泰作战过，并且可能和利奥一样憎恨令他们失望的拜占庭人。

紧闭嘴巴的三人于1054年初春出发，4月初抵达君士坦丁堡。事情开始就不顺利，他们刚到达就拜访了牧首，却对接待他们的方式感到生气，便留下教皇的信，不顾通常的礼貌，粗暴地跺着脚离开了府邸。不过当塞鲁拉利乌斯读到这份最新的书信时，这三人的愤怒已经无足轻重了。书信证实了他最坏的疑虑。他本以为自己摆出了和解的姿态，情况会好一些，没想到信件给了他一耳光。接下来的事更糟：皇帝用惯常的礼节接待了教皇使节，使节们受到鼓舞，便将教皇更早的那封写给牧首和奥赫里德的利奥的还未寄出的信，以希腊语全文译文的形式发布了出来，并附带了一份详细列举了有争议礼仪的备忘录。

对牧首而言，此辱已极。尽管前一封信无礼地称呼他，但是直到满城都在愤怒地议论这封信，他才知晓这封信的存在。同时他还仔细检查了第二封信，这封信直到最后才勉勉强强地寄出，经检查发现，信上的印章是被篡改过的。他迅速想到了自己的老敌人阿尔吉鲁斯。会不会是因为安贝尔一行在前往君士坦丁堡的路上在普利亚拜访了他并向他展示了这封信呢？如果他见过信，他会不会篡改过信的文本呢？牧首怒火中烧，却忘了阿尔吉鲁斯的兴趣在于弥补两个教会中间的冲突，而不是使之加剧。塞鲁拉利乌斯认定，所谓的教皇使节不仅无礼，而且不诚实，因此他拒绝承认使节的权威，也拒绝进一步与他们交流。

得到正式认可的教皇使团受到了皇帝的热情欢迎，却没有得到牧首的认可，甚至完全不受牧首理睬，此状态不可能长久地持续下去。不久后发生了一件塞鲁拉利乌斯眼中的好事。使节抵达君士坦丁堡之后只过了数周，便传来了教皇利奥去世的消息，牧首的问题在某些程度上已得以解决。安贝尔一行是利奥的个人代表，利奥一死，他们的所有官方立场便丧失了。很容易想见，牧首对于事态的发展感到一种残忍的满足，但使节们却未相应地显得挫败，或许这稍稍让牧首的满足感有所减轻。使节们似乎对自己的地位受到打击一事毫不在意，甚至变得比以往更加傲慢。致奥赫里德的利奥的回信草稿一经公布，招致了来自斯杜迪翁修道院的修士尼基塔斯·斯蒂萨图斯（Nicetas Stethatus）的坚决反对，他尤其着力于批评拉丁人使用未发酵的饼，在星期六斋戒的习惯，以及把独身强加给教士的做法。他的批评虽然直率且有些笨拙，但是其言语是礼貌和尊重的，却没有得到安贝尔的合理回复，只得到一连串尖锐的、近乎歇斯底里的谩骂。安贝尔一页又一页地叫喊，形容斯蒂萨图斯为"得疫病的皮条客""恶毒的穆罕默德的信徒"，暗示他肯定来自剧场或妓院而不是修道院，并在最后对那些赞成"不通情理的教义"的人发出了诅咒，而且他根本没有反驳的意思。这连篇累牍的抨击只能让一般的拜占庭人确信，罗马教会现在只是一帮粗鲁的蛮子，无法与其达成任何协议。

塞鲁拉利乌斯高兴地看到他的敌人不仅失去了权威，而且出尽了洋相，他继续沉默不语。不仅如此，皇帝有充分理由担心他决心建立的教皇联盟的将来，所以强迫不幸的斯蒂萨图斯让步并向使节致歉，安贝尔继续与君士坦丁讨论"和子句"的所有问题——憎恶"和子句"已成了拜占庭神学的基石。在这些时候，牧首也一言不发，没有任何迹象显示东正教的高级权威对城中街谈巷议的这场不光彩争吵有所注意。最后的结果与塞鲁拉利乌斯的预想一样，泰然自若的态度起到了效果，安贝尔失去了最后一丝耐心。1054 年 7 月 16 日，星期六，下午 3 时，三位前教皇使节——一位枢机主教、一位大主教和一位教皇秘书——出现在聚集起来准备举行圣餐礼的教士面前，三人穿着全套牧师服装，大步迈进圣索菲亚教堂，来到祭台前，庄重公布了正式的绝罚令。他们随后转身退出教堂，稍作停留，抖去仪式中落在脚上的灰尘。两天后，他们返回罗马。

　　这三位使节没有任何教皇的授权，并且按照教会法的标准，该绝罚令没有任何效力。除此之外，它仍然是一份不寻常的文件。以下是斯蒂文·朗西曼对此问题的看法：

> 　　很少有重要文献会有这么多明显的错误。安贝尔这样学识渊博的人居然写出了如此令人失望的宣言，这确实非同寻常。宣言开头便拒绝以牧首的头衔称呼塞鲁拉利乌斯，而是称其名字及君士坦丁堡主教。它宣布，帝国或君士坦丁堡的市民无可指责，但是所有支持塞鲁拉利乌斯的人均犯了买卖圣职之罪（如安贝尔所知，这在当时他自己的教会中是主要的恶行）、鼓励阉割之罪（罗马后来也照做了）、坚持让拉丁人再次受洗之罪（当时并无此事）、允许教士结婚之罪（这也不对，一个结过婚的男人可以做教士，但是已拥有圣职的

人不可以再结婚）、让分娩中的女人受洗——即便她们将要离世——之罪（一项良好的基督教早期做法）、抛弃摩西法典之罪（并无此事）、拒绝剃须的人领受圣餐之罪（并无此事，尽管希腊人不支持教士剪掉胡须），最后是忽略了信经中的一个句子之罪（这与事实相反）。做出这样的谴责之后，关于关闭君士坦丁堡的拉丁教堂、不服从教皇的控告，均失去了作用。[1]

在君士坦丁堡，安贝尔和他朋友那心胸狭窄的傲慢已经使他们彻底不受人喜欢。绝罚的消息传播很快，全城都举行了支持牧首的示威活动，开始他们的首要目标是反对拉丁人，但是不久后，人群发现了新的仇恨目标，那就是皇帝本人，皇帝明显对使节怀有同情，被认为鼓励了使节们的过分行为。君士坦丁很幸运，他手边就有一只替罪羊。阿尔吉鲁斯还在意大利，还未意识到已发生的事情，正在为与教皇结盟做出努力，但是他留在首都的家人被立刻逮捕了，这在一定程度上减轻了弥漫的仇恨情绪。最后绝罚令被公开烧毁，三位使节被正式开除教籍，之后首都重归和平。

这就是 1054 年初夏在君士坦丁堡发生的一系列事件，它导致东西方教会一直保持分裂。这是一则悲伤而讨人厌的故事，虽然不可避免的破裂关系业已存在，但是事件本身本不应该发生也无须发生。如果垂死的教皇或年老的皇帝拥有更强的意志，如果野心勃勃的牧首或固执的枢机主教没那么偏执，局势尚可挽救。致命的一击来自失去权威的教皇使节，授权的教皇已经去世，使节

1　*The Eastern Schism.*

代表的教会缺少领袖——因为新任教皇还没有被推选出来，这位使节却立刻采用了违反教会法的、不正确的工具。无论是拉丁教会还是希腊教会，绝罚针对的是有罪的显贵人物本人，而非他代表的教会。两种绝罚都可以在之后取消，当时的双方也没意识到这会导致永久的分裂。严格来说，确实没有形成永久的分裂，因为在接下来的世纪里，东方教会有两次——一次在 13 世纪的里昂，一次在 15 世纪的佛罗伦萨——因为政治原因而被迫承认罗马的最高权威。虽然绷带可以暂时覆盖伤口，但是无法治愈它。尽管 1965 年的普世公会议让情况有所缓和，但是枢机主教安贝尔和牧首塞鲁拉利乌斯一起对基督教会造成的伤口在 9 个世纪后的今天还在流血。

9

巩 固

罗杰，众兄弟中最小的一位，由于年幼和孝顺而被留在家里，现在追随着他的兄长们来到了普利亚。吉斯卡尔对于他的到来异常高兴，并且以他应有的荣耀接待了他。他是一个俊美的年轻人，身材高大，体态匀称……他和以前一样友好开朗。他也天生拥有强健的身体和战斗中的勇气。凭借这些品质，他不久便赢得了所有人的青睐。

——马拉泰拉，第 1 卷第 19 页

诺曼人在奇维塔泰胜利之后普遍感到振奋，几乎没有发现自己无意识地为发生在君士坦丁堡的事件提供了火花，也没有察觉到这些事情或许让他们免于被消灭的命运。另一方面，诺曼人发现教皇军队的败绩极大地提高了诺曼人的声誉。全半岛的城镇和村庄里，有很多人相信诺曼人与黑暗力量签订了某种邪恶的契约，因此不可战胜。讨厌诺曼人的人也只能承认，当时不存在能让诺曼人屈服的更强大力量。这种盛行的失败主义情绪为诺曼人提供了一种优势，诺曼首领们很快就抓住了这种优势。在接下来的数年时间里，诺曼人不断取得小胜利，他们攻破了一个个城镇，其攻势难以抵挡。他们主要的目标是拜占庭人在普利亚的残余势力。在这里，士气低落的希腊人已经丧失了教皇的支持，他们与亨利三世的协商也没有成功，不久后，阿尔吉鲁斯也不再领导他们，他们无力长期抵抗下去了。到 1055 年底，奥里亚（Oria）、纳尔多（Nardo）和莱切（Lecce）都已投降，而罗贝尔·吉斯卡尔深入意大利的靴跟处，迅速占领了米内尔维诺（Minervino）、奥特朗托和加利波利（Gallipoli），建立了个人的势力和声誉，以至汉弗莱伯爵担心自己的地位，匆匆让罗贝尔返回他在卡拉布里亚的据点。

这一次，罗贝尔吸引了一大批追随者。他对圣马科的第二次占领期对当地人来说肯定比第一次更可怕，幸运的是，他并没有逗留很长时间。他花费了数月时间，针对萨莱诺的吉苏尔夫的南部领土发动了一次让他极为满意的远征，在此期间，科森扎等附近的城镇落入诺曼人之手。他回到据点后不久，信使带来了紧急的命令，召他回梅尔菲：汉弗莱伯爵快去世了。两位同父异母的兄弟从不亲近——普利亚的威廉记载，有一次罗贝尔令伯爵非常恼怒，伯爵将他投入了监狱——但是汉弗莱似乎明白没有其他可供选择的接班人了，因此他任命罗贝尔为他尚在襁褓中的儿子阿伯拉尔（Abelard）的监护人和保护者，在阿伯拉尔年幼的时候管理他的所有领土。此后不久，汉弗莱于 1057 年春去世了。汉弗莱手段强硬，心怀嫉妒，常有报复之心，他残忍地折磨杀害他兄长德罗戈的凶手，也如此对待过一位在奇维塔泰之战中辜负他的主要首领。纵使他缺少德罗戈的善良心肠和铁臂威廉的潇洒神气，在去世之前又开始感到自己逊于年轻的吉斯卡尔，但他还是证明自己是一位强大而勇气十足的领袖，完全具备那些让奥特维尔家族的名字在仅仅 20 年时间里就闻名于半个欧洲的品质。

看见汉弗莱被埋葬在韦诺萨至圣三一修道院之中，葬在威廉和德罗戈旁边，罗贝尔没有挤出几滴眼泪。他那唯一还在意大利的兄弟杰弗里没有建立任何特殊的功业。公国的伯爵（Count of the Principate）威廉、卡匹塔纳塔伯爵（Count of the Capitanata）莫热这两个弟弟最近抵达了意大利，他们表现优秀，尤其是威廉，他从萨莱诺亲王位于艾伯里（Eboli）附近的圣尼坎德罗（San Nicandro）得到了一座城堡。但是以上三位和其他诺曼贵族在权力或威望上都远不及吉斯卡尔。正如汉弗莱之前预见的，继承他事业的人无疑就是罗贝尔。在当选之前，他已经控制了其侄子兼被监护人阿伯拉尔的所有土地，并将它们纳入自己的领地之中。1057 年 8 月，在梅尔菲集会的诺曼人正式宣布他是其兄弟的继承者，此时汉弗莱所有的个人地产也被移交给他，他成了整个南意大利最大的地主和最有权势的人物，这只用了 11 年的时间。

罗贝尔·吉斯卡尔现在是最有权力的，但是他的主要对手阿韦尔萨的里夏尔尚能与之平分秋色。梅尔菲和阿韦尔萨的诺曼人仍旧各自保持着独立的认同，里夏尔也不再参与角逐普利亚公爵之位，因为他完全被其他地区的事情所困。萨莱诺的吉苏尔夫还年幼，尽管他叔叔索伦托的居伊努力地阻止他，他却自继位之日起便竭尽其所能地对抗诺曼人。这是一个短视的政策，因为南意大利的伦巴第王公已经没有遏制诺曼人浪潮的希望了，尤其是在奇维塔泰之战以后（萨莱诺人显而易见地没有参与其中）。而且，如果要维持萨莱诺的独立，那么实行其父盖马尔时期的合作政策则更加紧要。如今，吉苏尔夫很快召集军队对付阿韦尔萨的里夏尔，并且设法在最后一刻与阿马尔菲结盟以保住他的宝座。同时，北边的里夏尔和南边的威廉·德·奥特维尔不停地冲击其边境，一点点地缩小萨莱诺的领土，直到最终仅剩下萨莱诺城。

留给萨莱诺的日子明显已经屈指可数了，但这不是伦巴第人的各公国第一次落入诺曼人之手。自1052年起，里夏尔便已经盯着卡普阿，当地年轻的亲王潘都尔夫是"阿布鲁齐之狼"的儿子，他那可憎的父亲怀有的军事热情和政治才能却不见于他身上。准备妥当之后，阿韦尔萨伯爵便将卡普阿人打得屈膝投降，并强迫可怜的居民支付7000拜占特（bezant）[1]以保留他们的自由。1057年，潘都尔夫去世，里夏尔再次起兵。数天时间里，他用坚固的瞭望塔将卡普阿围住，切断了市民与他们赖以生存的田地和农场的联系。居民勇敢地保卫城市，"女人为男人运送石块，妻子为丈夫带来安慰，父亲向女儿传授战争的技艺，他们肩并肩作战，彼此安慰"。[2]但是该城没有做好被围攻的准备，不久之后，饥饿的威胁迫使他们求和。这一次没有任何赎金的问题了，里夏尔决定征服该城。他做出的唯一让步，就是城门和堡垒的钥匙应该在理论上让卡普阿人持有——在4年多的时间里确实是这么做的。同时，诺曼人里夏尔成了卡普阿亲王。世代相继地延续了两个多世纪的伦巴第人的统治结束了。

对萨莱诺来说，情况比以往更令人绝望，不过别处还有更简单、更快捷的收益在等着里夏尔，他便不急着结束萨莱诺的独立。在附近的加埃塔，他最近为自己的女儿定下了婚约，男方是加埃塔公爵阿特努尔夫的儿子，但是这个男孩在1058年的早秋便去世

1　一种拜占庭帝国的金币。——译者注

2　Amatus, Ⅳ, 28.

了，本来应该在不久之后举行结婚仪式。这对准岳父来说应该是个悲伤的时刻，但是相反地，新任卡普阿亲王向公爵阿特努尔夫索取"摩根加布"（Morgengab）[1]，也就是按照伦巴第法律应该在婚后属于妻子的丈夫四分之一的财产。里夏尔在这件事情上没有任何正当性可言，如其名所示，摩根加布只有在婚礼次日才会支付，以作为他们成功地、满意地初次同房的标志。[2] 阿特努尔夫自然拒绝了。里夏尔由此获得了他需要的借口。在加埃塔的较小封地中，阿奎诺位于山区北部不远的地方，不出数天，这个无辜而没有任何准备的城镇遭到了围攻，城外的农田和村庄被诺曼人按惯例蹂躏、焚烧和掠夺。

诺曼人做坏事的典型手段就是这样：捏造一些站不住脚的合理借口，随随便便地指责预设的受害者，然后可能在任何时候带着优势兵力对其发动进攻，从不考虑是否得体、是否人道。当代的我们可太熟悉这些手段了。不仅如此，按照当时人民和时代的特点，当阿奎诺正在受到围城之时，卡普阿亲王趁机第一次正式造访数英里外的卡西诺山，他在那里受到了英雄般的欢迎。这座修道院一直是卡普阿领土的一部分，如前文所述，它在里夏尔前任的手中长期遭受严苛的对待。而且，虽然最后一位潘都尔夫只是其父的一个暗淡的影子，却不折不扣地沿用了压迫和迫害的传统政策。如果有征服者能将卡西诺山从这个可恨的政权手中解放出来，必然会受到热情的欢迎，纵使这个征服者是诺曼人也是一

1　丈夫在婚礼次日送给妻子的晨礼。——译者注

2　"这种著名的礼物，即对贞洁的回报，它可能相当于丈夫本质的第四部分。的确有一些谨慎的未婚女子，非常聪明地明确要求提前备好礼物，她们非常清楚这不是她们应得的。"（Gibbon, ch. XXXI.）

样。阿马图斯可能见证了这一切，他这样描述这一幕：

> 随后，亲王带着一些手下登上卡西诺山以向圣本笃致谢。他受到了具有王家排场的接待。教堂布置得犹如迎接复活节，灯火闪烁，庭院充满了歌声和对亲王的赞美……修道院长亲自用手为亲王洗净双脚，修道院便交由亲王关照，由他保卫，他发誓，他永远不会与那些企图剥夺教会财产的人讲和。[1]

这次卡普阿亲王受到热情欢迎还有另外一个深层原因。直到 1058 年春，修道院一直由洛林的弗雷德里克控制着，弗雷德里克之前参加过奇维塔泰之战，也是派往君士坦丁堡的重要使节之一，他仍然激烈地反对诺曼人。他在一年之前被任命为修道院院长，理论上在他以斯蒂芬九世[2]的头衔担任教皇的 8 个月的时间里，他依旧担任着修道院院长。然而教皇斯蒂芬在当年 3 月 29 日去世了，修士选出 31 岁的贝内文托的德西德里乌斯（Desiderius of Benevento）为新任院长。德西德里乌斯的职业生涯令人钦佩地说明了 11 世纪存在于意大利的"贵族义务"（noblesse oblige）[3]

1　Amarus, Ⅳ, 13.

2　历史学家对获得教皇之位的几位斯蒂芬的序号有些疑问，其关键在于是否认可一位存疑的斯蒂芬二世（Stephen Ⅱ），这位"斯蒂芬二世"在 752 年接替教皇扎哈里（Zachary）继任教皇，却在四天以后就去世了，他去世时还未接受祝圣。所以，洛林的弗雷德里克有时被称作斯蒂芬十世（Stephen X），然而大部分作者倾向于称他为斯蒂芬九世。此外，他的坟墓上铭文中的头衔是由他的兄长"大胡子"杰弗里所授予的，杰弗里肯定比其他人更了解他的序号。

3　这是一句法语短语，指拥有贵族头衔的人必须完成应尽的社会责任，强调财富、权力以及地位与责任相关。——译者注原则。他曾属于统治贝内文托的家族，于 1047 年的一次战斗中亲眼见到父亲被诺曼人杀死，便从此决定抛弃俗世，这对一个伦巴第的王子来说可谓不容易。他在 25 岁之前曾两次躲入修道院的单人房间，每一次都被人找到并被送回贝内文托。1050 年，他的家族被赶出该城之后，情况变得容易了许多，他再次逃走，首先去了亚得里亚海上的特雷米蒂岛（Tremiti），后来去了马耶拉山（Majella）的荒凉之地，不久后再次被召回——这一次召他的人是刚刚占领贝内文托的教皇利奥九世。利奥认为如果将已接受本笃会规的贝内文托王子变为随从，对付效忠者的手腕应该会大大加强。德西德里乌斯待利奥不错，却不喜欢教廷的生活，因此教皇去世后不久，他就定居在卡西诺山，希望能在此处过上冥想的生活。在前 4 年的时间里，他似乎是成功的，但是在 1058 年初，我们发现他被提名为前往君士坦丁堡的使节中的一员。他在巴里时，传来教皇斯蒂芬去世的消息，这解救了他。罗贝尔·吉斯卡尔送他三匹马，提供了一份安全通行证，他便可以选择直接穿过诺曼人的领土，回到卡西诺山。在抵达的当天，他被任命为修道院院长。

即便不情愿，德西德里乌斯注定要在接下来的二十几年里在国家事务中扮演重要角色，无论是在教会中还是俗世里，直到他被选为教皇维克托三世（Victor Ⅲ）。奇维塔泰之战以后不久，在有其他领头教士在场的情况下，他接受了南意大利政治中一个不容置疑的事实：诺曼人将留在意大利，对抗他们的企图是徒劳的，甚至会招致毁灭，只有不惜一切代价来保持他们的善意，修道院才有希望存活下来。事实证明，他是正确的。阿马图斯告诉我们卡普阿亲王承诺——无疑是德西德里乌斯接待他的直接结果——

保护修道院的财产，并在一两周之内颁发了一份正式的特许状，强化了这个承诺，这样便确保了大修道院土地和财产的安全。

无论德西德里乌斯的新政策有多明智，当时附近的阿奎诺正在胜算不大的情况下与诺曼人为生死存亡而战，他的这种做法难免显得有些铁石心肠。或许是为了挽回一些阿奎诺的好感，他向里夏尔进言，用仁爱之心建议他减少索要的摩根加布，只要求阿特努尔夫公爵交纳4000个苏（sous）[1]，而不是之前索取的5000个苏。阿马图斯解释说，"因为他很穷"。卡普阿亲王立刻做出了让步，不幸的阿特努尔夫在阿奎诺缺乏食物之后又进行了数周没有希望的抵抗，最终只好愤怒地付清了钱款。

对南意大利的人们来说，奥特维尔家族的老坦克雷德的子孙肯定看起来没完没了。他有不少于7个儿子已经在半岛建立了功业，其中4个获得了至高领导权，其余3个在诺曼贵族中牢牢地立于地位最高的一等。这还没完，接着登上舞台的是第8个兄弟罗杰，此时他大概26岁，虽是奥特维尔家族中最年轻的一位，却在不久后证明自己不输于家族中的任何一位。对爱好西西里诺曼王国的人而言，他是他们当中最伟大、最重要的一位。[2]

如同大部分第一次抵达意大利的年轻诺曼人，罗杰径直前往梅尔菲。他应该没待多久，因为我们发现他在1057年秋和罗贝尔·吉斯卡尔一起出现在卡拉布里亚，罗贝尔在授衔仪式结束后

1　法国人曾使用的一种低面值的铜币。——译者注

2　有时人们称呼罗杰时会带上绰号"博索"（Bosso），但它不常见，没有必要用它称呼，还不好听，所以一般没人用。使用这个绰号的话也会与罗杰的侄子罗杰·博尔萨（Roger Borsa）相混淆。我们接下来会说到后面这位。

就返回了那里。新任普利亚伯爵明显觉得新近获得的贵族头衔和之前自由打劫的生活有什么冲突，所以现在把这个获利丰厚的差事介绍给自己的弟弟。罗杰确是一个聪明的学生，他在瓦蒂卡诺角（Cape Vaticano），也就是该地区的山脉中最高的地方安营，所以当地居民清楚又害怕他的存在。他不久就征服了卡拉布里亚西部的大部分地方。这就是他的成功之处，所以数月后吉斯卡尔被迫回去处理普利亚的起义——这种紧急状况在未来几年会变得越来越常见——时毫不犹豫地让罗杰负责。尽管罗贝尔做出了努力，但是此次起义还是发展到相当危险的程度，梅尔菲被占领，他的领导权受到了严重威胁，因此向身在卡拉布里亚的罗杰求助。事实证明，他弟弟的到来具有决定性意义。起义被平息了。

双方合作甚欢，却不长久。合作关系的破裂应是罗贝尔的错，他一直因为对追随者的慷慨而闻名，如今却突然对弟弟开始显示出一种既不灵活又不寻常的吝啬。在他们联手的最初几个月里，罗杰负责地将自己在第一次卡拉布里亚战役中获得的战利品交给普利亚的罗贝尔，最后却发现自己连随从都雇不起，双方的合作也到此为止，至少马拉泰拉讲述的故事是这样的。他的编年史写作于罗杰再征服的数年之后，因此可能在这一点上有所偏心，但这种可能性不能完全排除。这有没有可能显示了吉斯卡尔性格的一个新方面呢？会不会是因为弟弟比自己年轻不少，却在野心和能力上不输于自己，因而起了嫉妒之心？意大利果真有空间能容得下这两位吗？

总之，在1058年初的某个时候，罗杰愤怒地离开了罗贝尔·吉斯卡尔。罗杰较晚到达半岛有一项优势：他有不少兄弟已建立了功业，因此可以投向他们。他此时接到了公国的伯爵威廉·德·奥特维尔的邀请，后者在抵达半岛的 4 年时间里，几乎已经占领了萨莱诺南部的所有领土和萨莱诺城。威廉向罗杰送去消息，让他和自己平等分享自己所有的东西，马拉泰拉细心地指出，"只有他的妻子和孩子不包括在内"。因此，罗杰不久后就安身在斯卡莱阿（Scalea）的一座临海的城堡里。城堡位置优越，便于发动常规的劫掠，其中大部分都是进入吉斯卡尔的领土偷马或在主路上抢劫。这肯定是一段获利丰厚的时间，马拉泰拉向我们讲述了其中的一件：一群富商在前往阿马尔菲的路上被伏击了。利用此次获得的丰厚收益，包括抢来的财物和赎金，罗杰新征召了百来名士兵加入他正在壮大的队伍。

但是这位年轻人要做的事情注定比拦路抢劫的一生更伟大。纵观历史，我们可以发现他在意大利生活的决定性转折点降临在 1058 年。当时卡拉布里亚陷入了严重的饥荒，诺曼人自己的生活也出现了麻烦，他们那故意为之的焦土政策，在一大片区域内没有留下任何一棵站着的橄榄树，也没有留下任何一块待收割的小麦田。

即便有钱人也发现无货可买，其他人则被迫出售自己的孩子为奴……没有葡萄酒的人只能喝水，这带来了普遍的痢疾，它经常让人的脾受到感染。还有一些人想通过过度饮酒来保持体力，结果只是提高了体温，以致影响到因缺少面包而变得虚弱的心脏，让身体内部进一步产生发酵作用。被神圣的、受尊敬的教父所把持着的正统节神圣仪式也搁置了，因此留下了很多吃的，不仅有牛奶和奶酪，还有想要提高名望的人所提供的肉。

马拉泰拉的最后一句表明，在这一年的早些时候，情况无论怎样也不至于太严重。但对于不幸的卡拉布里亚人而言，其人口不久就减少到极低的程度。

他们想用河里的水草，加上某种树的树皮、一般用来喂猪的栗子或橡子来制作面包。首先把这些东西风干，再碾碎，然后和谷子混合一起。有一些人以草根维生，将它们与一点盐一同吞下，而食物堵住了人的重要部位，让人脸色苍白、腹部肿胀，因此虔诚的母亲会从自己孩子的嘴边夺走这些东西，以免孩子吃下。

这样的状况持续数月之后，又迎来了比往年更严重的歉收，绝望的民众起来反抗压迫他们的诺曼人。起义因当地人拒绝缴税或服军役而起，起义军继而屠杀了尼卡斯特罗（Nicastro）的 60 余名诺曼驻军，起义迅速蔓延至卡拉布里亚。扩张范围过大的罗贝尔·吉斯卡尔积极地防卫他在普利亚的统治区域，逐渐习惯了当地的起义，但是掀起起义的人一般都是由不满的贵族构成的小群体而已。这一次，当地大众全部拿起武器，还不断向其他地区蔓延，情况更加严重。很明显，无谓的内斗只会白白消耗他的力量，而且发生在卡拉布里亚等地区的事件还会激励受他支配的人起来反抗。他向位于斯卡莱阿的罗杰派出信使，这次罗贝尔提出的条件充满诚意，罗杰无法指责。按照约定，如果罗杰这次平息了卡拉布里亚的起义，那么受影响的领土的一半，以及将来在斯奎拉切和雷焦之间征服的地区，都属于罗杰。他和罗贝尔将在每个城市和镇子享受平等的权利和待遇。

对普利亚伯爵来说，这是唯一可行的解决办法。他吃得太多，却嚼不烂。在这样一个偏远而多山的国家，其居民极不安分，交通线又颇为狭长，还没有哪位王公能强大到独自保有全部统治区域。罗杰抓住机会，带着手下能召集的所有军队从海边赶来。没有记载显示他是否做过什么为未来的臣民纾困的事情，我们甚至不知道他行动时是否卖力。编年史家也没有告诉我们他采取了什么行动来对付起义者，但他们再也没有提到过卡拉布里亚的起义。

年轻的弟弟在南方处理事务的时候，罗贝尔·吉斯卡尔——有人认为是不情愿地——在思考关于统一的事情。他的本能是一直想获得新的地盘，而不是维持现状，而且他长期的雄心与以往一样，都是扩张和征服。很明显，如果他不能更有效地控制普利亚的臣民，便无望再扩大统治区域。尤为重要的是控制伦巴第人，虽然他们对他的权威来说不再是威胁，却持续干扰、阻碍着他的活动。随着伦巴第人政治势力的衰落，其民族团结似乎在不断增加，他们有理由感觉往昔的盟友诺曼人已经背叛了他们的信任，他们郁郁寡欢，不愿合作，而且毫不掩饰他们的厌恶之情。

对于他们的诺曼领主来说，必须找到一些和伦巴第人和解的方法，即便是部分的和解。解决此类问题的传统方法就是联姻，在此时却存在一些困难。现在意大利只剩下一个足够荣耀、足够卓越的伦巴第家族，即统治萨莱诺的家族。吉苏尔夫亲王有一个妹妹西吉尔盖塔（Sichelgaita），但是不幸的是，普利亚伯爵唯一的孩子博希蒙德，也就是他妻子布纳尔伯格的阿尔贝拉达生的儿子，仍旧是一个小孩，即便按照中世纪的标准，也很难说到了结婚的年纪。联姻的可能性很渺茫。然而，罗贝尔·吉斯卡尔从不会畏惧冒险，他现在装作惊愕地发现，他与阿尔贝拉达的婚姻属于被禁止的亲属结婚，因此他在法律上是未婚的，而博希蒙德是一个私生子。罗贝尔可以自己迎娶西吉尔盖塔，这样就把他幅员辽阔的南意大利统治区域上的诺曼人和伦巴第人的统治家族联合起来了，这样做难道不好吗？[1]

吉苏尔夫似乎对这个想法不怎么感兴趣。他一直怨恨诺曼人，因为他们几乎已经夺去了他的大部分领土，按照普利亚的威廉的说法，诺曼人被认为是"掠夺成性、野蛮又可恶的种族"。另一方面，他希望可以从教皇斯蒂芬那里获得积极的支持以对抗他们，但是教皇刚刚去世了，而吉苏尔夫迫切地需要一个盟友去克制卡普阿的里夏尔和威廉·德·奥特维尔。能够控制吉斯卡尔兄弟的人只有吉斯卡尔本人，所以，尽管萨莱诺亲王不情愿，却还是满足了罗贝尔，前提是威廉首先必须被弄到意大利的靴跟处。罗贝尔没有异议，他已对威廉怀恨在心，因为威廉让自己的弟弟罗杰误入歧途，还鼓励罗杰逃去斯卡莱阿，只是因为罗杰已经回来了他才略感欣慰而已。他的骑士和封臣现在都为了婚姻庆典而集结在他身边，他立刻把他们召集起来，想立刻向南方发动惩罚性的攻击，大家和往常一样，一致答应了。"没有诺曼骑士会拒绝同他

1　德拉科（Delarc）和奥斯本（Osborne）都认为罗贝尔·吉斯卡尔与西吉尔盖塔的婚礼直到 1059 年才实现，也就是说时间在梅尔菲会议之后。可以确信，尼古拉二世在 1059 年 4 月强化了血亲法，或许在此之后罗贝尔的立场才变得更加坚定。如果他的第一次婚姻事实上不符合教会法的话，这就可以解释为什么阿尔贝拉达没有怨恨他。罗贝尔去世后，阿尔贝拉达为他做了安魂弥撒。她最后葬在韦诺萨，葬在他的身边。但是这不能解释为什么她解除婚姻以后又嫁给了罗贝尔的侄子、德罗戈的儿子里夏尔。不过，马拉泰拉清楚地指出罗贝尔·吉斯卡尔与西吉尔盖塔在 1058 年于萨莱诺结婚，阿马图斯也支持他的说法，似乎我们只能接受他们的意见。

一起行动，只有（卡普阿的）里夏尔除外，因为罗贝尔和里夏尔之间长期存在的和谐关系出现了一丝紧张。"[1]

威廉被赶到既定位置之后，吉苏尔夫就不再反对这桩婚姻了。诸位读者，如果你读过沃尔特·司各特（Walter Scott）的作品《巴黎伯爵罗贝尔》（*Count Robert of Paris*），你可能还记得那位极不招人喜欢的伯爵夫人布伦希尔德（Bremhilde），她的原型就是这位新的普利亚伯爵夫人。司各特对她的描绘既不亲切又不公正。西吉尔盖塔就像从瓦格纳笔下走出来的人物一般，她肯定会受人欢迎。她是历史上最接近瓦尔基里的人物，她身材魁梧，体格健壮，是罗贝尔的完美配偶。从两人结婚的那天起，直到罗贝尔去世，她很少离开丈夫的左右——尤其是在战场上，战斗是她最爱的活动之一。吉本指出，安娜·科穆宁娜"带着些许恐惧赞赏她的男子汉气概"。安娜写道："她全副武装时，见之令人胆寒。"[2] 而且在多年之后，西吉尔盖塔在都拉佐（Durazzo）乘勇带头杀敌，拯救了一次就算不危急也很危险的情形。当时她情绪高昂，长发从她的头盔里飘了出来，她用震耳欲聋的声音发出鼓励或咒骂，带领诺曼人冲入战斗，她看起来一定——即使听起来完全不像——值得在奥丁的女儿中获得一席之地，位列瓦尔特洛德（Waltraute）、格里姆格尔达（Grimgerda），甚至布伦希尔德本人之中。

但是，无论妻子在战斗中那让人惧怕的勇猛能给他带来什么，罗贝尔迎娶她是基于外交原因，而不是军事原因，联姻在外交上

1　Amatus, IV, 20.

2　*The Alexiad*, I, 15.

能给他带来更持久的好处。他现在在伦巴第人心中获得的声望甚至超越他本身的能力给他带来的声望。如普利亚的威廉所言："与如此高贵的家族联姻，为罗贝尔那远扬的声名增添了新的光彩。在此之前只是迫于武力而服从于他的人，如今出于对古老法律的尊重而服从于他，他们记得，伦巴第人早就服从于西吉尔盖塔的先祖。"

罗贝尔无疑希望自己的后代能从他们的母亲那里继承伦巴第人的贵族品质，但是他在很大程度上失败了，却不是西吉尔盖塔的错。在这段时间里，她至少为丈夫生了 10 个孩子，其中有 3 个男孩，却没有一个显露出为他们的双亲在历史中赢得地位的重要品质。伦巴第血统冲淡了诺曼人的血统，罗贝尔的后代中唯一证明自己具有乃父之风的儿子是年轻的博希蒙德，当时他和母亲阿尔贝拉达一同被赶走，作为没有继承权的私生子而长大，后来却成为第一位"海外"（Outremer）的法兰克王公，成为他那个时代最强大的十字军领袖之一。吉斯卡尔的继承人和继任者相信，如果要让手下的伦巴第人保持忠诚，就要在一生中都表现得温和而软弱——这正是他父亲所鄙视的。只有他那彻头彻尾都是诺曼人的叔叔罗杰能够部分地弥补他的软弱所带来的后果。

10

调　解

罗贝尔·吉斯卡尔取得公爵头衔一事是一桩很好却鲜为
人知的买卖。

——吉本，第 56 章

1054 年 4 月利奥九世的去世使教会再次陷入混乱。他的改革
计划已经确定，但是它们没有时间在罗马那多石的土地上生根发
芽。教皇不在贝内文托的时候，旧贵族的家族得以重新组织起来。
教皇去世之后，担任图斯库鲁姆伯爵的克莱森提家族和其他人开
始继续以前的阴谋。改革的势力已经足够强大，足以阻止仓促的
选举，如果仓促举行选举，上台的必定是反对改革的候选人中最
舍得花钱的一位。不过，改革派最强大的两位领袖枢机主教安贝
尔和执事长希尔德布兰德（Hildebrand）都在国外，如果他们想
要胜选，均需要更强大的势力从旁支持。

教皇空缺的时间长达一年。最后，在两派都请求亨利三世做
出决定后，改革派获得了胜利，亨利任命他的主要顾问艾希施泰
特主教格布哈特为教皇，格布哈特于 1055 年 4 月 13 日在圣彼得
教堂即位，是为教皇维克托二世。很难相信教皇利奥的下一任居

然对诺曼人问题如此不感兴趣，格布哈特即位时距离奇维塔泰之战还不到两年，遑论他作为政治家的能力和经验，但他确实不感兴趣。我们早些时候在德意志见过他，当时他固执地阻止利奥组织军队。接下来发生的事情显然没有改变他的观点，他满脑子都是教会管理和帝国事务，在抵达罗马时，还未准备好深入考虑南方的问题。到1056年春，已有不少人向他抱怨过诺曼人的新暴行，他只好承认自己过去低估了他们。利奥的做法是对的，不能任由事态继续发展了。8月，维克托二世前往德意志，去同亨利协商——也许带有一些胆怯——应采取什么样的行动。皇帝毫无保留地信任他的老顾问，如果教皇认为需要发动一场战役，那么皇帝就会派兵出征。但是正如盘算对付诺曼人时经常发生的那样，向着诺曼人的命运插手干预了。亨利时年39岁，一生中很少得病，却在9月底突然被热病击倒，一周以内就去世了。

此时教皇维克托在德意志，对帝国而言可谓一桩幸事。亨利之位由他5岁的儿子继承，即亨利四世（Henry IV），由其母吉耶讷的阿涅丝皇后摄政。但是，新皇帝周围的顾问中没有一个能在学识和对帝国事务的理解上达到教皇的一半水平。维克托发现自己在接下来的6个月里不仅掌握着教皇的权力，也掌握着整个西方帝国的权力。现在他再一次面临比诺曼人的问题更加急迫的事，他无法分心，只好将诺曼人的事先放下来。直到1057年春，他才回到意大利，南方的不幸之事还没来得及吸引他的全部注意力，他也成了热病的受害者。7月28日，他在阿雷佐（Arezzo）去世。运送他的遗体回到德意志的卫队在拉文那被伏击和抢劫了，他被匆匆地埋葬在狄奥多里克（Theodoric）的陵墓里，葬礼随后在教堂中得以举行。

这一次的继承更加简单。没有皇帝可以咨询，因为德意志国王只有 6 岁，而执事长希尔德布兰德此时是教廷中最有权势和最有影响力的成员，他在罗马，准备迅速行使权力。他就是两年前劝说亨利三世任命维克托为教皇的人，现在毫不费力地便施加了影响，让枢机主教们支持了他提名的人：洛林的弗雷德里克。弗雷德里克曾经是教皇利奥的主要副手，此时正担任卡西诺山修道院的院长，他就任教皇后称为斯蒂芬九世。[1]对诺曼人而言，斯蒂芬的当选似乎是个灾难，因为在很久之前他就对利奥吹嘘说，他用 100 名骑士就能消灭诺曼人，诺曼人在奇维塔泰证明了他是错误的，他也没有原谅诺曼人。当时诺曼人知道他是难以和解的敌人，也知道他的兄长洛林公爵"大胡子"戈弗雷（Godfrey the Bearded）最近迎娶了孀居的侯爵夫人托斯卡纳的贝亚特丽斯（Beatrice of Tuscany），知道他已经获得了北意大利最强大、最有组织的力量。诺曼人听闻一则广泛流传的谣言，谣言说教皇斯蒂芬计划趁着亨利四世还年幼，想将帝国的皇冠从弗兰肯（Franconia）家族转移到洛林的家族。一旦戈弗雷成了皇帝，那么帝国和教皇的势力将联合起来，全力南下到南意大利，诺曼人活下来的机会就很渺茫了。教皇就职后的第一个行动似乎证实了他们最坏的忧虑。教皇在名义上仍然是卡西诺山修道院院长，他向修道院下令，让它立即交出所有的金银盘具，并保证随后以很高的利率支付。（修士们照办了，但是斯蒂芬认为这不得体，最终没有接受这些盘具。）接下来和我们之前讲的一样，他决定向君士坦丁堡派出新的使团，使团受命完成与拜占庭恢复盟友关系的棘

1　见第 122 页，脚注 2。

手任务。

在此情况下，斯蒂芬在圣彼得教皇宝座上待了不到 8 个月就去世了，诺曼人的领袖肯定被怀疑与他的死有干系。他们的动机确实很强，永恒之城的不少居民也一直都在参与复杂的阴谋诡计，但当时的诺曼人是否对这样重量级的政变有足够的手段和人际关系是值得怀疑的。随后在西西里的年岁里，他们将展示，他们在前厅和后殿中的不守信的艺术可以与他们的东方臣民相比肩。不过，他们现在还是北方人，日常穿着的甲胄上没有藏毒药的地方。更为可疑的是——若确实上演过什么丑恶的戏码——罗马贵族，和以前一样。罗马贵族更喜欢帝国那远距离、模糊不清的权威，而不喜欢更近、更强大的洛林家族。斯蒂芬患病已久，虽说可能有些无聊，但更有可能的是，他和中世纪的大多数人一样是自然死亡的。1058 年 3 月底，他去世的消息在佛罗伦萨公之于众。教皇逝世之后，诺曼人再次活跃起来。

罗马城内又一次少了改革派领袖的身影，安贝尔在佛罗伦萨，希尔德布兰德还没有从德意志回来，他之前去那里宣布教皇斯蒂芬当选一事，而保守派再一次看到了机会。根据过去数年的经验，他们知道需要在这种情况下迅速行动。托斯卡纳-克莱森提联盟快速地发动了一次政变，几天之内，韦莱特里（Velletri）主教约翰·明乔（John Mincio）被选为教皇，即本笃十世（Benedict X）。从希尔德布兰德和他朋友的视角来看这是个很糟的选择，新任教皇可能是个意志软弱的人，尽管利奥九世已经使约翰成为枢机主教，而且斯蒂芬也将他视为可考虑的下一任候选人。然而，希尔德布兰德一派不能接受选出本笃十世的方式，他们认为这是不合法的，是舞弊。改革派离开罗马，在托斯卡纳见到了希尔德布兰德，并且在此安顿下来，决定选出一位他们自己的教皇。

他们最后选出了佛罗伦萨主教热拉尔德（Gerard），热拉尔德是一位无可指摘的、杰出的勃艮第人，于 1058 年 12 月当选。当选之后，他立刻得到了皇后阿涅丝的支持，还有同样重要的洛林公爵戈弗雷的支持，新教皇即位为尼古拉二世（Nicholas Ⅱ）。尼古拉二世和他的枢机主教得到了戈弗雷公爵部分军队的支持，随后向罗马进军，罗马城中一位受洗过的犹太人利奥·迪·贝内迪克托·克里斯蒂亚诺（Leo di Benedicto Christiano）打开了越台伯河区（Trastevere）的城门，他们很快就占领台伯岛（Tiber Island），并在此建立了大本营。经过几天的巷战，改革派最后攻克了拉特兰宫，本笃好不容易才逃到加莱里亚（Galeria）。[1]

改革派再次获胜，但是代价是巨大的。本笃十世尚未被抓获，他还有一批忠诚的追随者。许多被迫向尼古拉宣誓效忠的罗马人举起他们的左手发誓，他们说，他们的右手已经被用来向他的对手发过誓了。更令人不安的是，人们知道如果没有戈弗雷公爵的军事支持，尼古拉二世是不可能获得胜利的。总之，在过去 10 年的所有努力之后，教皇的地位再次回到教皇利奥时的情况，他在罗马贵族和帝国之间摇摆，有时能够利用其中一个对付另一个，却无法强大到同时独立于两者。在这种情况下是无法完成改革的。无论如何，教会必须自立。

首先面临的是本笃的问题。13 年前，另一位令人讨厌的本笃已经证明一位背叛的敌对教皇能造成多大的危害。本笃十世比本

---

1 加莱里亚城在 1809 年被废弃，但是其废墟仍旧可以看到，就在罗马 20 英里外的维泰博的路边。

笃九世更加受人欢迎，这次没有皇帝能像亨利三世一样横扫意大利，恢复秩序。而戈弗雷公爵回到了托斯卡纳，不过这可能是件好事，因为他最近奇怪地表现出漠不关心的态度，让人怀疑他与罗马人有什么秘密勾当。因此，教会突然采取了关键的一步：向诺曼人求援。

虽然教皇可能之前接受过修道院院长德西德里乌斯的建议，但是最后拍板的人只能是希尔德布兰德，教廷中没有其他成员具有做这个决策所需要的勇气和威望，甚至尼古拉二世本人也没有。诺曼人在整个意大利依然被——不能说不合理——认为是一帮野蛮的强盗，比之前让南意大利感到战栗的撒拉逊人好不了多少，感觉最为强烈的便是罗马教士，很多枢机主教认为，诺曼人拥有臭名昭著的渎神经历，他们在9年前拿起武器对抗教皇，并将教皇囚禁了9个月之久，与这些人结盟的想法，甚至比与任何罗马贵族乃至本笃本人和解的做法都更加可怕。但是希尔德布兰德的想法则不同。他是托斯卡纳人，外表丑陋矮小，不讨人喜欢，可能出身于犹太人，学识和文化居于大部分同僚之下，但他知道自己的决定是正确的。教皇和枢机主教一如既往地听从了他的意见。1059年2月，希尔德布兰德亲自出发前往卡普阿。

见希尔德布兰德光临卡普阿，里夏尔由衷地感到高兴，热情地欢迎了他。一年前，教皇斯蒂芬威胁要消灭里夏尔和他的同胞，现在斯蒂芬的继承者则派出他最杰出的使者来寻求诺曼人的帮助。这是一个标志，也就是说，他最近在卡西诺山受到接待一事不像他所担心的是一个孤立的现象，而是说，教皇的所思所想发生了彻底的转变，这样的转变充满了希望。他立即派出300人，交由希尔德布兰德率领，枢机主教带着新的护卫队匆匆返回罗马。3

月中旬，他和尼古拉一起在加莱里亚城外安营，率军包围该城。诺曼人采用惯用的战术，在整个地区造成了骇人听闻的破坏，他们四处放火掠夺。加莱里亚人勇敢地抵抗，多次打退了冲击城墙的企图，却最终被迫投降。本笃被抓获，并被公开地免去圣职，因于罗马的圣阿涅丝教堂（Church of Sant' Agnese）。诺曼人与教皇相友好的时期开始了。

本笃十世的命运对罗马的保守派群体是一个巨大的打击，他们既没有料到反对本笃当选的枢机主教们竟如此有决心、如此团结，也没有料到本笃后来竟会这样被搁在一边。他们还未恢复过来，希尔德布兰德就再次打击了他们，他的手段从长期来看进一步削弱了保守派的力量。教皇选举的程序一直很模糊，当时的选举程序基于皇帝洛泰尔一世（Lothair Ⅰ）在824年提出的一项办法，10世纪的奥托大帝对它有所改动。按照该办法，教皇由罗马的全体教士和贵族选出，但是新任教皇只有在向皇帝立誓之后才能被祝圣。这样的法令在最初的概念上很宽松，200多年之后对它的解释依旧很宽松，这势必导致滥用。它除了赋予罗马贵族以权力，还意味着教皇对帝国有某种程度的依赖，尽管这份依赖因为每个皇帝都需要在罗马接受教皇的加冕礼而有所抵消，但它无论如何都不符合希尔德布兰德的教皇至高无上的观念。如今，罗马人乱作一团，而德意志的皇位上坐着一个小孩，若能确保得到诺曼人的武装支持，或许就能废除旧的选举办法。

1059年4月，教皇尼古拉在拉特兰宫召开宗教会议，他在130位主教以及总是站在他这边的希尔德布兰德的面前颁布了法令，该法令此后只有一两次修订，一直规范着教皇的选举，直至今天。将选举新教皇的责任交给枢机主教的做法，这是第一次。而且为了阻止贿选，枢机主教还被要求监督选举本身。只有教皇被选出来以后，才会寻求其他修士和民众的赞成。该法令还含糊地承诺，选举人应该尊重"始于亨利的荣耀和敬重，以此对待当今皇帝，以及今后的皇帝"，还说亨利的继承者们应该每人都从宗座之处获取类似的权利，这种与皇帝之间关系的空头支票依旧在开具。话虽模糊，其意义是明显的：教会将在未来处理自己的事情，不会遵从任何人的命令。

这是一个勇敢的决定，纵是希尔德布兰德也不敢违背它，但诺曼人除外。对帝国和罗马贵族而言，无论送来的是何种外交辞令，事实都不啻一记耳光，教皇和诺曼人都可能通过武力来恢复往日的地位。但是希尔德布兰德同卡普阿亲王之间的谈话，加上最近在加莱里亚所发生的事情，已经给他——以及他身边的整个教会——带来了新的信心。从卡普阿来帮他的诺曼人仅有 300 名，就已经让最前头的敌人陷入混乱，如果普利亚和卡普阿的所有诺曼人的力量也可以在教皇的旗帜下行动，还有什么别的事不可能完成吗？得此援助，教会便可以一劳永逸地摆脱最后一缕政治依赖，得以实施最深远的改革措施，而不用担心其后果。此外，1054 年事件的阴影已经笼罩在罗马和君士坦丁堡上空，完全不能指望两者就神学问题及早达成和解，而且希腊人那反常的教义最好能从南意大利被彻底清除，越早越好。诺曼人同他们的伦巴第封臣建立稳固的关系后，此时已经把拜占庭人赶回普利亚的一些孤立的地方，尤其是巴里，诺曼人已经进入靴尖处的卡拉布里亚。留给他们的工作很快就能完成。然后他们十有八九会最先处理西西里的异教徒。他们此时是整个半岛上最有效率的民族，尽管有各种缺点，却至少是拉丁人。是不是应该支持他们而不是反对他们呢？

里夏尔和罗贝尔要求同罗马的教会结盟。虽然他们和他们的同胞在过去曾毁坏过个别的宗教设施，却一直敬重教皇，即使在奇维塔泰也是如此，只是在所有和平解决争端的尝试都失败之后，他们才拿起武器，以自卫的方式来对抗教皇。他们还没有强大到无惧帝国和教皇联合剿杀的危险，或是其他时常面对的敌手——拜占庭、托斯卡纳或撒拉逊人——的危险。另一方面，他们的力量又足以让教皇以同等的政治基础与之协商。当尼古拉二世在1059年6月引人注目地带着大批枢机主教、主教和教士离开罗马——也许是在罗贝尔·吉斯卡尔的邀请下——向西南朝着梅尔菲前进时，诺曼人的希望相当大。

教皇的队伍缓慢而庄严地穿过坎帕尼亚，然后在卡西诺山稍作停留，德西德里乌斯在这里加入队伍，他现在是教皇在南方的正式代表，是派往诺曼人那里的大使。队伍一路穿过山区，抵达贝内文托，尼古拉在此处召开了一次宗教会议。下个目的地是韦诺萨，他显眼地在这里为新建的至圣三一修道院教堂祝圣，教堂里埋着最早的三位奥特维尔，它也是诺曼人在意大利的首个圣地。终点站是梅尔菲。当教皇在8月底抵达梅尔菲时，卡普阿的里夏尔和罗贝尔·吉斯卡尔正带领大批诺曼贵族在城门外恭候，罗贝尔从卡拉布里亚的战场匆匆赶回来迎接显赫的客人。

梅尔菲会议是教皇拜访这里的表面原因，这件事已经在很大程度上被人遗忘了。会议的主要目标是再次将贞洁的要求强加给南意大利的教士，或者至少要求他们保持独身，尽管教皇当着100多位南意大利教士的面罢黜了特兰尼主教，但是后来的记录显示这项要求的执行效果相当差。不过，尼古拉在会议现场，这表明，这是一个对诺曼人和教皇都具有重大历史意义的事件：他们正式和解了。教皇首先承认里夏尔为卡普阿亲王，接下来对罗贝尔正式授衔，首先是普利亚公爵，然后是卡拉布里亚公爵，最后——虽然吉斯卡尔从未踏足岛上——是西西里公爵。

教皇如此慷慨地把罗贝尔以及罗贝尔的前辈都没有主张过的领土授予诺曼人，这样做是否适当是需要打个问号的。关于意大利本土，文献显示，其依据是两个半世纪之前查理曼已将贝内文托公爵领作为礼物送给教皇。该领土的边界被错误地划出，而且一直都是有弹性的，教皇本可以宣称意大利半岛在该城以南的所有地区都属于自己，不过在 11 世纪没有这么做的条件。12 年前，亨利三世在教皇克雷芒在场的情况下将卡普阿再度交还给潘都尔夫，已经明确表明他认定公爵领是帝国的领地。对西西里的依据就更站不住脚了，教皇从未控制过该岛，尼古拉唯一的权威文件似乎就是所谓的"君士坦丁的赠礼"——在这份文件中，皇帝君士坦丁一世（Constantine Ⅰ）将"罗马城，意大利的所有行省、地区和城市，以及西部地区"赠予罗马教皇西尔维斯特（Sylvester）及其继承者以作为其世俗领地。这份文件长期以来被用于支持教皇对领地的主张，也是最受欢迎的武器。15 世纪时它被证明是伪造的，是教皇和教廷在 700 年前无耻地编造出来的，这让教会十分难堪。[1]

但是在那个 8 月，出席梅尔菲会议的人都不太可能站出来提出这种难堪的问题。无论如何，尼古拉都可以表现得大方一点，

---

1 这份文件保存到现在的最早副本藏于巴黎国家图书馆（M. S. Latin, No. 2777），该副本可以追溯到 9 世纪。

毕竟他获得的回报如此丰厚。诚然，他为南意大利所有政治势力中最危险、最有潜在破坏力的诺曼人提供了教皇的支持，但是他又对两位领袖（众所周知，他们两人关系不睦）进行授职，细心地不让该势力拧成一股绳。此外，罗贝尔·吉斯卡尔和卡普阿的里夏尔向他立誓，彻底而完全地改变了教皇的整个地位。我们有幸得到了罗贝尔誓言的完整文本（虽然很不幸，没有里夏尔的），它出自梵蒂冈收藏的档案，属于现存的这类文本中最早的一批。在誓言的第一部分，罗贝尔每年要为他领地内的每副牛轭向罗马支付12枚帕维亚钱的租金，这相对来说不重要。第二部分则至关重要：

> 我，罗贝尔，蒙上帝及圣彼得恩典的普利亚及卡拉布里亚公爵，若蒙两者相助，或未来亦会成为西西里公爵，我自此刻起，效忠于罗马教会和您，教皇尼古拉，我的领主。我永远不会参与害您性命、伤您身体、限您自由的阴谋或行动，也不会向任何人透露任何您向我吐露的事情或让我保守的秘密，以免伤害到您。我将一直是神圣的罗马教会的盟友，并在力所能及的范围内，在任何地方对付她的任何敌手，让她延续，让她获得岁入和圣彼得的领地。我将为您提供一切必要的帮助，让您尊荣又安全地坐稳罗马的教皇宝座。至于圣彼得的领地，以及［贝内文托］公国的领地，我将不会试图去入侵或者劫掠（原文如此），除非受圣彼得的荣耀祝福的您本人或者您的继承者事先允许。我将把我掌握的教堂及其所有财产交给您，并保证它们服从于神圣的罗马教会。如果您或者您的任何继承者先于我离世，那么我将接受枢机主教，

以及罗马的教士和平信徒的建议，努力工作，以保证教皇以
圣彼得的荣耀被选出、即位。我忠诚地保证，我会带着对罗
马教会和您的尊重，完成我所承担的义务。对您的继任者，
我亦会同样对待，他们因受圣彼得的荣耀的祝福而即位，并
会在您进行过的授职仪式上承认我。因此，上帝以及他的圣
福音，请助佑我。

仪式结束后，尼古拉返回罗马，诺曼军队极大地补充了他
的随从。其誓言很可能与罗贝尔相似的里夏尔返回卡普阿。罗贝
尔策马赶往他在卡拉布里亚的军队，这支军队正在围攻卡利亚蒂
（Cariati）。三人均对尼古拉所做的事情感到满意。

然而，还有别人不会感到满意。萨莱诺的吉苏尔夫的势力和
自尊又遭到了一次打击，他获得教皇支持以对抗可恨的诺曼人的
最后希望破灭了，他无法再指望什么，只能眼看自己的控制区域
慢慢衰退，只能寄希望于卡普阿亲王的仁慈，只能希望结亲的罗
贝尔·吉斯卡尔能偶尔支持他。罗马贵族愤怒而害怕地退回长霉
的宫殿里。拜占庭人眼见自己失去了保留剩下的意大利领土的最
后机会。西方帝国被剥夺了在教皇选举中的特权，面对军事和政
治都很强大的新联盟，尽管受到了极大的羞辱，却只能束手无策
地默默看着大片帝国领地被授予诺曼土匪，不消说他们对尼古拉
的行为会有何反应。意大利是幸运的，毕竟亨利四世只是一个孩
童，如果他再年长一些，就不会如此忍气吞声了。帝国只是让所
有帝国的礼拜堂和教堂此后在代祷中刻意忽略教皇的名号，不过
尼古拉或希尔德布兰德大概也不会很在意。

11

入 侵

没有西西里的意大利是无法想象的，此地是一切的关键。
——歌德《意大利游记》，1787 年 4 月写于巴勒莫

　　罗贝尔·吉斯卡尔在梅尔菲被授职时的措辞，以及他接下来对教皇尼古拉许下的结盟誓言，无疑都点明了他将来的野心。青翠而肥沃的西西里岛距离意大利本土仅三四英里之遥，它不仅是一个明显的目标，而且诺曼人从阿韦尔萨南下一路征服到卡拉布里亚顶端，自然会触及西西里岛。西西里岛又是撒拉逊海盗的巢穴。由于最近岛内持续的内部战争，海盗虽然不如以往胆大妄为、装备精良，却依然常年威胁着南部和西部的沿海城镇。若西西里仍旧握于异教徒之手，普利亚公爵怎能确保统治区的安全呢？无论如何，他现在都是教皇的忠实臣仆，尼古拉本人难道没有命令他去清除教皇领地上的异教徒压迫者吗？和他大部分同胞一样，罗贝尔基本上是一个虔诚的人，在其他不值得赞扬的动机之外，他心里的确有一种真正的十字军精神的火花。他从梅尔菲一路向南穿越卡拉布里亚，走上高耸的阿斯普洛山（Aspromonte），他在山上俯瞰，视线穿过海峡落在西西里岛。9 月的阳光温暖而诱

人，视野中只有白雪皑皑的埃特纳火山吐出阵阵烟云，仿佛发出警告。他心中的火花正在呼呼作响。

但是在吉斯卡尔展开西西里的地图之前，他必须先卷起卡拉布里亚的地图。该地区有一两个城镇仍旧被希腊守军占据，如果不迅速清除他们的话，一旦他前往西西里，希腊人可能会对他的交通和补给线带来严重的麻烦。他直接驰往卡利亚蒂城，他的军队已经包围该城达数周之久，尚未破城。但是罗贝尔抵达之后，该城几乎立刻就投降了。在他回到普利亚过冬之前，罗萨诺（Rossano）和杰拉切（Gerace）也被占领了，只剩下雷焦仍由拜占庭控制。1060 年初，吉斯卡尔对东南部进行了简短的巡游，将希腊人从塔兰托和布林迪西逐出，再率领军队折返，与罗杰会合。罗杰在罗贝尔不在的时候担任指挥，他预见性地在冬季建造了巨大的攻城器械。和他们的伦巴第盟友不一样，这是自诺曼人到意大利之后第一次使用大型攻城器械。雷焦毕竟是拜占庭在卡拉布里亚的首府，希腊人不可能简简单单地就放弃，这就是建造攻城器械的原因。最后雷焦被迫投降，普利亚公爵带领凯旋的队伍穿过城市，走过城中一长排著名的大理石别墅和宫殿。罗贝尔慷慨地答应了驻军的条件，让他们逃到了附近希拉（Scilla）[1] 山岩上的一座要塞里，他们在那里坚守了更长的时间。但是他们不久就意识到前景渺茫，因此全部在一个没有月亮的夏夜秘密地登上船，前往君士坦丁堡。那一晚，希腊人在卡拉布里亚的政治统治结束

---

[1] 这里对着西西里海岸的那边就是传说中的卡律布狄斯大漩涡（Charybdis）。夏朗东将马拉泰拉的"Scillacium"翻译为"斯奎拉切"，不确。若要抵达斯奎拉切，直线距离就有 70 多英里，希腊人必须穿过整个阿斯普洛山区，一路上全是诺曼人的控制区域。

了，再也没能恢复。

现在，罗贝尔和罗杰终于为出征西西里做好了准备。主要的障碍已经被克服，希腊人已被清除出意大利，只有巴里一城除外。巴里的希腊人很难被赶走，但是诺曼人可以轻易地限制该城，更何况巴里的位置很偏远。在别的地方，一直被用来描述拜占庭治下意大利的"大希腊"（Magna Graecia）一词可以说已沦为过时的历史表述了。教皇已对远征送出了祝福。西方帝国也无力干涉。即便是在西西里，情况似乎也向着诺曼人。很多地区的居民都是基督徒，有望会欢迎作为解放者的诺曼人，有可能向诺曼人提供所需的所有帮助和支持。撒拉逊人确实是勇敢的战士，这毋庸置疑，但是他们现在比以往任何时候都更加分散，难以与团结一致、纪律严明的诺曼军队相匹敌。此时有三个独立的埃米尔互相争夺该岛。第一位是伊本·提玛赫（Ibn at-Timnah），他控制了东南部的大部分地区，他的主要守军位于卡塔尼亚（Catania）和叙拉古；第二位是阿卜杜拉·伊本·豪克尔（Abdullah Ibn Haukal），他控制着西北角，从位于特拉帕尼（Trapani）和马扎拉（Mazara）的宫殿进行统治；第三位埃米尔是伊本·哈瓦斯（Ibn al-Hawas），他的位置在前两者之间，他的据点在恩纳（Enna）[1]。三位埃米尔现在已经摆脱了他们早期的盟友凯鲁万的齐里王朝的哈里发，后者在一两年前被人从首都赶走，现在正在北非的部落派系之中为自己的生存而战斗。三位埃米尔彼此争斗不休，这样一来，似乎诺曼人征服西西里不会花上很长时间。

---

1 1927 年以前，这座堡垒城市一直称为乔万尼堡（Castrogiovanni），这是阿拉伯语"Kasr Janni"的讹误。1927 年，墨索里尼恢复其原名恩纳，它在整个古代都叫这个。

事实上，征服从头到尾一共用了 31 年，比大部分参与征服的诺曼人待在意大利的时间还要长，甚至比其中很多人活的时间还要长。因为他们没想到在普利亚还会再生事端，罗贝尔·吉斯卡尔在那里的老对手拒绝服从，从而分化了他的力量，更重要的是抽走了他在西西里急切需要的资源。我们不必花费多少笔墨去描述他在普利亚与拜占庭对战、与反叛的臣民对战的细节。它们的重要性在于它们在征服西西里的过程中所造成的影响。这并不完全是坏事。在一方面，罗贝尔必须在两条战线上持续作战，这迟滞和阻碍了他在西西里的成功，让征服西西里变得比之前更危险、花费更大，这一点无须强调。诺曼远征军长期性地，有时是灾难性地缺乏人手、缺乏补给。但是在另一方面，正是因为吉斯卡尔在这一时期缠身于普利亚，西西里后来才能成为辉煌的、组织严密的王国。罗贝尔不得不花费更多的时间来对付他在大陆上的敌人，因此名义上归他统治的西西里远征军逐渐落入罗杰之手，最后罗杰获得了实际的最高权力。我们将看到，这导致罗贝尔的统治区域发生了分割，因此罗杰不用管普利亚的事情，可以将全部精力投入西西里岛。

罗杰肯定已经意识到，按照梅尔菲授职时的说法，整个西西里岛被征服后将会归罗贝尔管理，那么无论他个人完成了何种成就，按理说就只能期望他那反复无常的兄长会有所奖赏。不过，他一定在某种程度上预见到了未来事件的发生模式，他可能会想，自己的成功机会会不会比表面上显示的更大呢？的确，他开始表现得和普利亚公爵本人一样急切、一样热情。占领雷焦的数周后，他做了一次渡过海峡的尝试。一天夜晚，他率领五六十名精兵在墨西拿附近登陆，并向该城推进，但是撒拉逊人武装起来，迫使入侵者退回船上。与此同时，全面入侵的准备工作开始了。

他们准备得非常慢，而普利亚那边已经喧闹起来了。1060年10月，罗贝尔·吉斯卡尔被紧急召回。在前一年获得君士坦丁堡帝位的君士坦丁十世·杜卡斯（Constantine X Ducas）已经派出一支新的军队来到意大利，作为最后一次拯救伦巴第军区剩下的部分的努力。这支军队不是特别强大，但是他们突然发动袭击的时候诺曼人还是吃了一惊，因为吉斯卡尔远在卡拉布里亚。拜占庭军队最开始没有遇到什么抵抗。即使罗贝尔和弟弟莫热率领紧急召来的军队出现，他们也没能迅速阻挡希腊人前进的步伐。到年底，东海岸的大部分地区已经被再次占领，梅尔菲也被包围了。1061年1月，情况十分危急，以致罗杰和卡拉布里亚的其他军队也赶往那里。西西里的行动似乎被无限期推迟了。

但是罗杰不会如此轻易地推迟行动。2月中旬，他再次回到卡拉布里亚，及时抓住了一个突然的、没有任何征兆地出现在他面前的机会。伊本·提玛赫和伊本·哈瓦斯这两位西西里的埃米尔之间的长期争吵此时已经激化，演变为公开战争。一段时间之前，双方为平息论争而做了一次灾难性的尝试：伊本·提玛赫迎娶了伊本·哈瓦斯的妹妹。但是伊本·哈瓦斯现在将她控制在自己位于恩纳的防守严密的要塞中，拒绝将她交给她的丈夫。他不愿意交出妹妹可以理解，毕竟此举符合她本人的意愿：她最近同丈夫起了争执，她的丈夫醉酒后发起怒来，令奴隶割开她的血管，幸运的是，他们的儿子在紧要关头召来医生，救了她一命。她逃离之后不久，她的丈夫可能是想维护自己的自尊而不是婚姻，便赶到恩纳，要求归还他的合法财产，但是他无法对全西西里最坚固的堡垒造成任何伤害，反而自己在堡垒下面的峡谷中遭到惨败。他带领残部无序地撤退到卡塔尼亚，他的密探还向他报告说，伊本·哈瓦斯正在准备军队以发动惩罚性攻击，并公开发誓要一劳永逸地消灭伊本·提玛赫。

罗杰当时在米莱托（Mileto）。1061 年 2 月的第二周，伊本·提玛赫亲自前来向罗杰求援，据阿拉伯史家伊本·阿西尔（Ibn al-Athir）记载，他还为消灭敌人而许以高额报酬，其奖赏之丰厚，不亚于统治西西里全岛。罗杰无法忽视这个提议，便迅速集结了一支由 160 名骑士和数百名步兵组成的军队，加上一支由吉斯卡尔麾下能力超群的统帅杰弗里·里德尔（Geoffrey Ridel）率领的小舰队。军队数日后在该岛的西北角登陆。他吸取了前一次的教训，没有惊扰墨西拿的守军，并按照计划得到了伊本·提玛赫的援助。双方会合之后，一起沿着北海岸抵达米拉佐（Milazzo），再按照伊本·提玛赫指出的方向向内陆突击，一路上尽可能地破坏伊本·哈瓦斯的领地。随后，虽然所有的编年史在这一点上都没有表达清楚，但是罗杰的意图似乎是要保证米拉佐海岬的安全，以把它作为永久桥头堡，方便进行补给、接纳援军，方便军队主力最后在西西里登陆。[1] 事情开始进行得很顺利，他们占领了米拉佐，又兵不血刃地占领了罗迈塔。战利品很丰厚，其中有大量牛只，为了确保它们能被安全地运送到雷焦，全军返回舰队下锚的法罗角（Cape Farò）。然而就在此时，墨西拿发出了警报。守军迅速赶到海岸，在沙滩视线之外的山丘上集结。这一

1　盟军在 1944 年 6 月的诺曼底登陆时，利用瑟堡（Cherbourg）半岛的方式如出一辙。

次他们更加谨慎，毕竟这支诺曼军队比一年前他们轻易击退的那一支要庞大得多，守军打算先待命，到诺曼人开始登船的时候再发动进攻，到时候诺曼人会分散于沙滩和船舶上。这个主意不错，如果能依计而行，则会收效良好。而诺曼人交了好运，天上刮的逆风让登船变得很困难，因此诺曼人还没开始登船，罗杰已发现敌人在附近了。他同父异母的兄长塞洛（未到意大利闯荡的4个奥特维尔之一）有一个也叫塞洛的儿子，这个孩子最近到卡拉布里亚投奔叔叔，并且许下了不同寻常的誓言。他此时被罗杰派去攻打撒拉逊人的侧翼，罗杰嘱咐他，首先要阻止敌人沿着海边的狭道返回墨西拿。计划奏效了，阿拉伯人未能突袭入侵者，却发现自己陷入重围，仅有少数人得以幸存。

罗杰乘胜追击。如果幸运的话，墨西拿应该没有什么防御能力了。他率军在当天晚上抵达城外，并在次日凌晨发起进攻。但是现在轮到诺曼人惊讶了。尽管损失巨大，墨西拿城中的男女居民一起携手守卫城市。罗杰发现自己错估了形势，想要速胜完全不可能。而且，如果伊本·哈瓦斯从岛内派来援军，他这支小军队就是砧板上的鱼肉了。罗杰下令撤退，这正好激励了撒拉逊人，战局得以扭转。没过多久，诺曼人的撤退已经变成逃跑，墨西拿人则紧追不舍。这是一场灾难，但更糟的事还在后面。前一天的逆风是一场大风暴的前奏，风暴在舰队下锚的法罗角肆虐。此前登船很困难，而现在已变得不可能了。诺曼人等待了3天，在开阔的沙滩上挤成一团，撒拉逊人阻止他们去任何天然的避风处，诺曼人只能尽可能地在不断的进攻中保护自己。阿马图斯直率地记载："他们又怕又冷，处于最悲惨的境地中。"最终，海面平静下来，他们试图登船离开，但是船只出海还没多远，就被来自墨西拿的一支撒拉逊舰队所拦截，随后的海战一直打到雷焦港的入口处。诺曼人损失了一艘船，其他没有沉没的船也受到重创，船队挣扎着进入港口，卸下疲惫不堪、浑身发抖的乘客。此次远征开始时相当有希望，却最终以一场可悲的惨败而告终。

兵败之责完全该由罗杰承担。他勇敢归勇敢，却不知道在战争艺术中，谨慎和勇敢一样宝贵。诺曼人之所以能在过去的40年里获得成功，很大程度上是因为从不打无必胜把握之仗，仅在当雇佣军时偶尔为之。而且因为他们的战斗力依然主要依靠移民，所以他们也不必拿自己人冒险。在过去的一年里，罗杰将这两件不必做的事都做了。1040年马尼亚克斯远征军（罗杰麾下可能有几名老骑士参加过）的命运清楚地表明，无论撒拉逊人是否分裂，均会为保护自己的岛屿而进行艰苦卓绝的战斗，这个不言而喻的事实又在一年前让罗杰进一步证实了。只观察了区区几天，就为一位精神失常、奸猾的埃米尔而发动一次鲁莽、计划不周、缺乏装备的远征，这是一次不负责任的愚蠢行为，其结局纯粹是咎由自取。

罗贝尔·吉斯卡尔当年5月初在卡拉布里亚与罗杰会合时，他应当在这些方面严肃地与自己的弟弟谈过话，并尽可能地抽调军队与罗杰同去。罗贝尔在普利亚的春季战役非常成功，他解了梅尔菲之围，再次占领了布林迪西和奥里亚。靴跟处的一些城镇仍旧处在拜占庭的控制下，但是大部分希腊军队已撤退至巴里，暂时不太可能采取任何进一步的攻击行动。接下来有6个月的晴朗日子，适于发动战役。或许，冬季结束之前便能牢牢控制西西里岛。还有其他原因——除了天生耐不住性子——让罗贝尔急于入侵该岛。伊本·哈瓦斯完全意识到了诺曼人的入侵企图，已用800 名骑士和 24 艘船组成的舰队加强了墨西拿的防卫。很明显，诺曼人等待的时间越长，他们必须面对的抵抗就会越顽强。罗贝尔也担心他的普利亚封臣，他们在过去的数月里忙于应对拜占庭的入侵，但现在希腊人已经撤退了，他们又开始变得不安分了。封臣需要的是一项长期的任务，一项大胆的、令人振奋的、新的征服计划，这样罗贝尔就能将他们联合在自己的领导之下，对付共同的敌人。罗杰也非常恼怒，决心不让先前的敌手再阻拦自己，他整个春天都在准备，筹划主要的远征。如果战争再不开始，他就会自己发动远征了。

在罗贝尔抵达雷焦的数天内，军队准备登陆。即便按照当时的标准，这支军队也不算庞大，其人数约有 2000 人，骑士和步兵的数量大致相等。军队的规模实际上远远少于罗贝尔的期望，但是普利亚的状况让他在可预见的将来不可能率领更多军队了。若指挥有方，这些人也就足够了。然而在 2 月惨败之后，有一件事情很明显：如果无法保证同意大利本土的交通线的安全，任何远征都不可能成功。也就是说罗杰必须控制海峡，要控制海峡则需要占领墨西拿。这不是一个容易的计划，罗杰也知道会付出多大代价，但是他别无选择，更何况现在撒拉逊舰队已经大大加强了防御。最好的机会就是奇袭。

1061 年 5 月中旬，晚上漆黑而静寂，新月到 20 日才会出现。约莫在 18 日的黄昏时分，罗杰·德·奥特维尔率领由 270 名左右的骑兵组成的诺曼先头部队，乘坐 13 艘船从法罗的圣玛丽亚港（S. Maria del Farò）溜出，数个小时之后，他们在墨西拿以南约

5 英里的一个荒凉的海滩登陆。[1] 他们渡海经过的路程比较长，比罗贝尔·吉斯卡尔选定的最短渡海路线至少要长 10 英里，不过事实证明这个选择是明智的。撒拉逊人本以为即将到来的入侵部队会像罗杰在 2 月做的一样，选择最短的路线，在墨西拿城以北的某个地方登陆。他们在海陆不停巡逻，无休止地扫过墨西拿和法罗角之间的海岸。兵力集中于北方，海峡的南口便完全不设防了，罗杰率军未受阻挠地渡过海峡。舰队在日出之前又回到卡拉布里亚，准备接第二波军队登船。

先头部队的主要目的是侦察，但是罗杰不是谨小慎微之人。刚到黎明，他从滩头阵地向墨西拿前进，不久后就碰到了一支撒拉逊人的骡队，骡队驮着提供给墨西拿守军的金钱和物资。这是一次天赐良机，撒拉逊人被打了个措手不及，几分钟内便被屠杀殆尽。诺曼人还未重新集结起来，海岸外便飘舞起一张张白帆，宣告着入侵军队下一部分的到来。

罗杰此时手下的军力约有 500 人，这还没有他上次遭遇惨败时的军队多，但是此时他了解到罗贝尔·吉斯卡尔正率领 1500 人在赶来的路上。此外，没有迹象表明墨西拿的撒拉逊人已经获得诺曼人登陆的消息，因此这是个出其不意的好机会。太阳还未升高，他离墨西拿只剩一两英里了，他们谨慎地前进。他们在城外等待着，瞭望着。3 个月前由市民们聚集起来守卫的城墙，现在

1　在一篇有趣的文章《西西里的"联合行动"，1060—1078 年》（"Combined Operations" in Sicily, A.D. 1060-78）中，D. P. 瓦雷（Waley）认为诺曼人已经从拜占庭人那里学到了跨海运送马匹的技术，他们在 1061 年学会的这个经验在 5 年后的黑斯廷斯之战中证明了其价值，在那次战斗中，威廉公爵的入侵军队里就有来自南意大利和西西里的骑士。

空寂无人，十分宁静。在那个清晨，上帝再一次站在了诺曼人这边。再等待罗贝尔又有何益呢？罗杰自己便能执行攻击行动。他发动了进攻。

战斗刚打响便已接近尾声。带着大量军队的普利亚公爵还未渡过友好而安静的大海来到他的新领地，墨西拿就已握在诺曼人手中了。反而是撒拉逊人受到了过分谨慎之害，他们急于阻止诺曼人渡过海峡，不仅在墨西拿南方的道路不加设防，甚至对城市本身也不设防。驻军在北方的海岸巡逻，得知发生的事情时已经太晚了，他们正确地预计，如果返回墨西拿，必定会被马上抓获，因此他们逃向内陆。撒拉逊舰队也发现自己处于同样的境况下：墨西拿的港口已被敌人掌握，再向南航行进入海峡狭窄处就等于自寻死路。他们调转方向，迅速绕过法罗角，安全地向西离开。

抵达之后，胜利的普利亚公爵骑行在巨大而荒废的城市中。屠杀是不可避免的，不过规模比较小。马拉泰拉以敬佩的语气述说一位年轻的撒拉逊贵族的故事，这位贵族用剑刺透了他深爱的妹妹，以免她落入异教徒那淫荡的魔掌。但是大部分穆斯林人口设法逃去了内陆，未受伤害，也没费多大劲。吉斯卡尔很乐意看到他们离开。首先，他需要确保墨西拿的安全，最不想要的就是人口中有大量不可信任的因素。结果留下来的只有基督徒，其中主要是希腊人。少数人接近他，不知所措地做出谨慎的欢迎，并且按照他的命令在教堂中举行感恩活动。罗贝尔现在比以往任何时候都强调他的远征受神委派的属性，不仅他自己相信，城市被占领时的情况似乎真的说明上天有所偏爱。很明显，如果可以劝说当地的基督徒从宗教角度看待诺曼人入侵，就会起到有益的效果。

罗贝尔的下一项工作是根据自己的需要将墨西拿转变成坚不可摧的桥头堡。在一周时间里，他的军队不分昼夜、马不停蹄地加固城防，他们改建和扩建了城墙，筑起壁垒，加固了塔楼，又修建了新的土垒。一切准备就绪之后，他任命一支骑兵队伍为该城的常驻部队。此举将大量削减他在战场上能动用的军力，但他担心墨西拿的安危，无法拿它冒险。与此同时，他像以往一样迅速将诺曼人的野心转变为自己的优势。伊本·提玛赫那邪恶的身影再次出现，他表示自己将拥护诺曼人的决策。上一次罗杰在远征中陷入困境之后，他就立刻从危险中抽身而出，返回他在卡塔尼亚的城堡。现在，他比以往更加巧言令色、乐于奉承，并在西西里找到了另一位准备听他讲述的听众，那就是罗贝尔。伊本·提玛赫的计划没有改变：如果诺曼人帮助他对抗伊本·哈瓦斯，就把西西里的最高控制权交给他们。

不管罗贝尔个人对伊本·提玛赫的感觉如何，都不可能把他打发走。此人与伊本·哈瓦斯一样，都是西西里最强大的埃米尔之一。既然墨西拿安全了，他的友谊将会让诺曼人有效地控制西西里岛东部的所有地方，控制面朝意大利本土的全部至关重要的海岸线。他可以提供向导、翻译、武器和食物，还有欧洲人在穆斯林土地上严重缺少的各种专业人员。这似乎是上帝的仁慈的另一种体现，不过罗贝尔可能仔细地想过，在这种情况下，全知全能的上帝居然为了他的意图而选择这样一个不太可能的工具。一周之后或者更晚些，墨西拿的城防加固到罗贝尔感到满意的程度后，他便再次率领军队前进，同罗杰和伊本·提玛赫一起，前往西西里远征的下一个舞台。

从墨西拿出发，可以走两条道路接近伊本·哈瓦斯的统治区域。最便捷的一条路是沿着海岸向南行，到接近陶尔米纳（Taormina）的某个地点，再从这里向内陆进发，沿着阿尔坎塔拉河（Alcantara）的河谷，绕过埃特纳火山的北麓，来到中部的高原。但是，伊本·提玛赫选择带领着他的诺曼朋友走另一条道路，经过理论上忠于他的领土，这里最近显示出脱离他的迹象，当地人看见诺曼军队从附近经过的话，他无疑将从中受益。走这条路还有一项额外的好处，那就是让罗贝尔确保他与罗迈塔之间的正式结盟关系，没有这层关系，扼守在墨西拿以西的山隘将不再安全。

彼时的罗迈塔与今日一样，是一个极佳的天然据点，而且撒拉逊人大力加固了这里。对于 1038 年的乔治·马尼亚克斯来说，这里是一个难攻破的障碍，可能对 1061 年的罗贝尔·吉斯卡尔也是一样，然而幸运的是该地长官忠于伊本·提玛赫。4 个月里，这是伊本·提玛赫第二次用最愉快的姿势来欢迎诺曼人的到来，他在营帐中毫不迟疑地展示自己，跪在罗贝尔的脚边，摸着《古兰经》宣誓效忠，并赠送了许多礼物，其中包括城堡和城市大门的钥匙。这是吉斯卡尔在墨西拿周围组织的防御链上的最后一环，现在他终于可以自信地继续前进了。

虽然罗贝尔一如既往地因为步兵行军缓慢而发怒——阿马图斯告诉我们，他总是带着骑士在前面飞奔，随后不得不等待步兵赶上来——公爵设法保持可观的行军速度。他用了两天，从罗迈塔进军到弗拉扎诺（Frazzano），这里山口下的道路通往马尼亚切平原（Pianura di Maniace）——正是在此地，21 年前"巨人"乔治和奥特维尔家族的第一位年轻人展现了自己的才能。罗贝尔在此处让他气喘吁吁的军队进行休整。直到现在，他们一路上还没有遇到任何有效的抵抗。在他们通过的地区，大部分人都是基督徒，当地人真诚地带着热情来迎接他们，虽然当地人即将知道自己欢迎错人了。但是诺曼人抵达锡梅托河（Simeto）之后，他们就站在敌人的领土上了。探子报告说，伊本·哈瓦斯正准备从自己在恩纳的堡垒带领一支强大的军队来对付他们。吉斯卡尔继续前进，但是现在更加小心翼翼。他在琴图里佩（Centuripe）遭遇了第一次检验。他进攻该城时遭到了顽强的抵抗，为避免出现无法承受的损失，他便立刻放弃围城，该城未被攻陷。他往东的一次短途行军更加成功，帕泰尔诺（Paternò）未做任何挣扎便陷落了。按照阿马图斯的记载，穆斯林在诺曼人面前"像火焰前的蜡"一样消散了。因为虚张声势的撒拉逊军队还在很远的地方，不急于现身求战，罗贝尔便带领军队向右转，沿着迪泰诺河（Dittaino）的河谷前进，不断深入敌人的腹地，最后在恩纳城巨大峭壁下的水车边安营扎寨。

在西西里的山堡中，恩纳是最高、最难以接近的。两个世纪之前，撒拉逊人一个个地通过主下水道爬进城，才从希腊人手中攻下该地。很明显，这里无法被迅速占领，罗贝尔知道时间不够，自己必须在冬季到来之前退兵，于是急切地想避免进行围城战。因此，罗贝尔故意拖着自己的外衣，向城中的伊本·哈瓦斯挑战，叫他出来战斗，说诺曼人想尝一尝那号称可怕的应对手段。然而，撒拉逊人仍旧坚守不出。在 4 天的时间里，诺曼人在沮丧的情绪中等待，他们劫掠了周边的乡村，不耐烦地做坏事，以刺激埃米尔出战。在第 5 天，他们成功了。

与该时期历史中经常出现的情况一样，我们无法对接下来参战的人数做出可靠的估计。我们从马拉泰拉那里了解到，撒拉逊军队由 1.5 万人构成，这可能有所夸张，却不见得完全不可能。无论如何，有一件事是确定的：敌人是诺曼人一方的数倍。罗贝尔·吉斯卡尔开始只有 2000 人，他之前在墨西拿留下了一支强大的守军，可能在罗迈塔等地也留有驻军。伊本·提玛赫为诺曼军队提供过一些撒拉逊人的变节者，但是这些人不可能特别多，因为编年史没有提到他们。马拉泰拉估计罗贝尔的军队有 700 人，这个数字可能很接近真实情况。

恩纳之战对诺曼人来说是一次压倒性的胜利。地势和人数都对他们不利，他们没有可以用来休息或防御的有利地形，也没有充足的装备或补给。但是他们有勇气，还有最重要的纪律，他们这两项品质都很突出，而撒拉逊人此前从未遇到过他们这种对手。诺曼人现在又多了一种更强大的宗教热情，这驱策着他们。新近忏悔过而被赦免罪愆的人耳边回荡着罗贝尔的吼叫声，他们投入战斗。就这样，第一次主要的交战就在西西里岛的土壤上，在诺曼人和撒拉逊人的军队之间展开了，战斗以撒拉逊人的大溃败告终。伊本·哈瓦斯一方的 5000 人设法安全地逃回城堡，其余的人在夕阳时分躺在河岸上，或死或伤。诺曼人的损失微不足道。

除了战利品，胜利的结果很大程度上是间接的。伊本·哈瓦斯与他军队的主力（很可能还有伊本·提玛赫的妻子）在城堡中很安全，诺曼人永远也不能把他从这里赶走，尽管围攻的命令在诺曼伤员被运下战场之前就下达了，但是很明显，占领这样的地方将是一项长期而艰难的工作。不过与此同时，发生战斗的消息迅速传遍了山谷，没有几位当地的首领跟他们的埃米尔一样怀有同样的打算。不久之后，第一位首领就出现在吉斯卡尔的营帐中。

在接下来数周的时间里，更有大量首领前来，他们低着脑袋，双手抱在胸前，他们带来的驴子驮满了礼物和贡品。他们如此急切地正式表达服从并不奇怪，因为他们现在毫无防御措施，而诺曼人沿袭着发动围城战时的老习惯，每天派出掠夺小队进行恐吓，并将乡村毁弃。收获的季节已经临近，但是穆斯林农民不能指望能从烧尽的田地和被毁的葡萄园里获得什么收成。伊本·哈瓦斯在夏夜从那座被围困的城堡向外凝望，他肯定看到了附近田地中燃烧的火焰，它甚至比城堡下面诺曼人的篝火还要明亮。这一景象可能不会让他感到多么沮丧，毕竟他自己的损失更严重。但是他一定想过，对他和他的人民来说这只是刚刚开始，西西里再也不会回到从前了。

然而从短期来看，时间站在埃米尔这边。罗贝尔·吉斯卡尔现在的状况无法承担一场冬季的战役，他的扩张很危险，他还需要在他安全地返回意大利本土之前巩固所获的地盘。在西西里的酷暑天被围攻了两个月之后，恩纳没有表现出任何被削弱的迹象，但是诺曼人的耐心已经消磨殆尽了。和以往一样急躁的罗杰对这种无所作为感到厌倦，带着 300 名士兵疾驰而去，开始了一次他所谓的侦察活动，一路烧杀抢掠，直至阿格里真托（Agrigento），回来时带着足够分发给整支军队的战利品。这种甜头无疑是有价值的，但是如今，必须放弃围城而退。在 7 月或 8 月初的某个时间，罗贝尔发出信号，率领军队沿着来时走过的河谷撤退，围城者和被围者都舒了一口气。

手中只有如此少的军队，军中还有不少人都渴望回到在普利亚的家，吉斯卡尔没有希望确保伊本·提玛赫的领地任何部分的安全。然而更靠北的那片无人防守的地区虽然按理说归伊本·提玛赫统治，却无法长期抵抗其对手的入侵，希腊基督徒居民恳求罗贝尔在这里留下一支常驻守军，罗贝尔还轻松地说服了一些尚未安家的诺曼骑士定居在西西里。因此在 1061 年秋，在距离北部海岸数英里的地方、古典时代的阿伦提乌姆（Aluntium）遗址附近，岛上第一座诺曼人的堡垒建起来了。它位于内布罗迪山山麓，控制着撒拉逊人发动进攻的主要通道，为当地居民提供了有效的保护，也能时时刻刻让当地居民想到诺曼人的力量。在接下来的数年里，这座堡垒发展成一座繁荣的小城，人们直到今天还能见到它。罗贝尔不仅留下了一座最终沦为废墟的城堡，还有圣马科-达伦齐奥（San Marco d'Alunzio）这个名字，他取这个名字是为了纪念卡拉布里亚的另一个圣马科，也就是他 15 年前发家的地方。

返回墨西拿之后，罗贝尔·吉斯卡尔与西吉尔盖塔一起在新的统治区进行了短暂的视察，两人返回普利亚过圣诞节。罗杰陪同他们一起到达卡拉布里亚的米莱托，也就是他在意大利本土的大本营。但他无法休息，西西里在召唤他，他还有很多工作要做，或者说，有太多机会等着他。12 月初，他带着 250 名追随者返回岛上。他再次如旋风一般经过了阿格里真托地区，再折向北，到达特罗伊纳城下，这是一个比恩纳更高、更难控制的堡垒。幸运的是，这里的人口主要是希腊人，他们立刻为罗杰的军队打开了城门。他在这里度过了圣诞节，同时还欣喜地得知，他早年在诺曼底的旧爱已经抵达了卡拉布里亚，她在那里等着他，而且跟以前一样希望嫁给他。

埃夫勒的朱迪丝（Judith of Evreux）是征服者威廉父亲的堂

兄弟的女儿。她和罗杰第一次相识时，要她嫁给相对卑微的奥特维尔家族中最小、最贫穷的儿子是根本不可能的，但是很多东西到现在已经改变了。威廉公爵和罗贝尔·德·格兰特梅斯尼尔（Robert de Grantmesnil）发生了激烈的争执，后者是圣埃夫尔修道院（Monastery of St Evroul-sur-Ouche）的院长，也是朱迪丝同母异父的兄长兼监护人。争吵的结果是，罗贝尔带着朱迪丝、她的兄弟姐妹还有 11 位忠诚的修士一起逃走了，他们一行首先到了罗马，他在罗马试图从教皇那里寻求赔偿。随后，他们去南方投奔同胞。罗贝尔·吉斯卡尔很好地接待了他们，他之前担心他对卡拉布里亚的希腊修道院的控制会减弱，便鼓励拉丁修士尽可能地在此定居。他还提供了一笔丰厚的捐赠，在卡拉布里亚成立了圣欧费米娅隐修院（Abbey of S. Eufemia），以维持圣埃夫尔修道院那有名的宗教仪式和音乐传统。[1] 但是罗杰也有自己的计划。他目前已经在意大利获得了一定程度的权力和影响，仅次于吉斯卡尔本人。在欧洲不是统治者的家族中，没有几个会把他视作不值一提的新郎。在得知朱迪丝抵达的那一刻，他立即赶去卡拉布里亚见她，发现姑娘在圣马蒂诺–达格里（S. Martino d'Agri）小镇等着。他们在此处成婚。罗杰随后带新娘前往米莱托，夫妻俩在这里得到了正式的庆贺，举办圣埃夫尔修道院风格的仪式典礼，典礼上有大批乐手表演。毫无疑问，夫妻俩十分相配，他们相处甚欢，不过蜜月期太短了，罗杰有重要的工作要做。新年伊始，他没有被妻子的眼泪所打动，把她留在米莱托，而自己返回西

1　圣欧费米娅修道院是许多西西里修道院的起源，包括卡塔尼亚的圣阿加塔修道院（Abbey of S. Agata）——它现在是主教座堂。

西里。

　　1062 年有个好开头，却未能让这份希望持续下去。罗杰战斗了一个多月，其间彼得拉利亚（Petralia）小镇是唯一具有重要性的战果。然后他返回大陆，决定立刻解决经常令他担心的国内问题。普利亚公爵再次使用了老伎俩。早在 1058 年，他就承诺与弟弟公平地分享他在卡拉布里亚的征服成果，但是在那之后他被罗杰日渐增长的影响力而干扰，担心自己的地位，因此拒绝履行诺言。当罗杰把注意力集中于西西里的时候，他接受了罗贝尔提供的代替领土的金钱，但是既然现在他结婚了，他的地位就不一样了。数年前证实对卡普阿亲王有用的摩根加布传统现在已普遍地被意大利的诺曼人所遵守，而且如果某位伟大的贵族，尤其是奥特维尔家族的人，竟然不能为妻子和妻子的家族提供与之相称的等级和封地，那是难以想象的。因此，他向待在梅尔菲的公爵派去信使，信使带着罗杰的正式要求，同时还有一项警告：如果他的要求没有在 40 天内得到满足，他将用暴力来确保自己的权利。

　　所以诺曼人的两位伟大建设者为了战利品而发生争吵，诺曼人进军的整个动力受到了考验，这是 4 年里的第二次。和前一次一样，这次点燃火花的是兄长的嫉妒，而不是弟弟的野心。罗杰作为一位典型的奥特维尔，不可能是安分的封臣，但是无论是在 1058 年还是 1062 年，他的要求似乎都是合理的，错误出在罗贝尔身上。当然，就像罗贝尔在大多数情况下的政治直觉一样，每当他怀疑自己的权威正受到弟弟的挑战或损害时，他容易失去所有平衡感。在这种情况下，他无法承担与罗杰作对的后果。拜占庭军队在巴里的存在依旧稳固，他们无疑正准备发起新的攻势。如果罗贝尔希望在对阵拜占庭人的同时还能维持在西西里获得的优势，就肯定需要一位智勇双全的、足以托付的指挥官。不仅如此，现在情况变得更加紧急：就在罗杰设定的最后通牒的 40 天到期之前，西西里传来消息，正在沿着北部海岸继续春季战役的伊本·提玛赫已经被诱入埋伏而阵亡。他的死迅速提振了敌人的士气，而彼得拉利亚和特罗伊纳的诺曼守军担心自身安危，惊恐地放弃了岗位，逃回墨西拿。

　　如果普利亚公爵此刻能明白责任所在并平息争吵，时间还来得及。然而，他愤怒地朝卡拉布里亚进军，还在米莱托包围了罗杰。接下来的这个故事似乎处于音乐喜剧和通俗情节剧之间的荒谬世界。马拉泰拉记载此事时还记下了一些有趣的细节，它之所以值得在这里简述，与其说是因为它固有的历史重要性，还不如说是因为它反映了这两位杰出男人的性格，还反映了 9 个世纪之前的一些处理国家事务的方式。

　　一天晚上，在米莱托遭到围攻的时候，罗杰偷偷地从城里出来，去邻近的杰拉切城求援，却在不久后被愤怒的罗贝尔发现了，罗贝尔在罗杰后面紧紧追赶。效忠于罗杰的杰拉切居民在公爵抵达的时候重重地关上了大门，然而吉斯卡尔用厚厚的修士服掩盖了身份，设法躲开他人视线而溜进城。进城后，他到一个叫瓦西里的人家里，吉斯卡尔知道他很忠诚，想要和他一起讨论重新建立权威的方式。瓦西里和他的妻子梅利塔（Melita）不顾风险，请他们尊贵的客人待在家里吃晚餐。但是很不幸，罗贝尔在等上菜的时候被侍者认了出来，侍者迅速发出了警报。房子迅速被愤怒的暴民包围了。极度恐慌的瓦西里逃往最近的教堂避难，却在半路被抓住，随后被暴民杀害。梅利塔也被抓住了，她的命运更加恐怖，她被钉在木柱上，痛苦地死去。另一方面，所有麻烦的起因——罗贝尔保持头脑清醒，他的演说能力足以处理这场危机。他要求大家冷静，大家就冷静了下来。他对自己的敌人仅有一条忠告：为了他们自己，不要被发现普利亚公爵的喜悦冲昏了头脑。今天他运气不佳，但一切都是上帝的旨意，或许明日双方各自的位置就会轻易地调换。他自由地、自愿地、不带任何敌意地来到他们中间，他们曾向他发誓效忠，他也从未欺骗过他们。如果整个城市全然不顾誓言，毫无意义地殴打一个没有帮手、手无寸铁的人，那真是不知羞耻。他们应该记住，如果处死他，诺曼人将一直忌恨他们，而他们正有幸享受着诺曼人的友谊。如果处死他，他的追随者将愤怒至极，他们清清白白、深受爱戴的领袖竟惨遭毒手，他们和他们的儿子也会因此而蒙羞——追随者会毫不留情地为他报仇。

杰拉切的居民不可能完全听信他的话。15年来，只要听到罗贝尔·吉斯卡尔这个名字，农民会跌跌撞撞地从地里赶回家躲藏，修士会在修道院下面挖洞来埋藏财宝和器皿。罗贝尔现在才扮演受伤的羔羊已经略迟了。但是他的话起到了作用，人群在他讲话的时候渐渐平静下来。也许是考虑到最好不要仓促下决定，公爵被转移到一个安全的地方，整个杰拉切的居民都在考虑接下来该做什么。

罗贝尔的随从在城墙外等待，他们不久后知道发生了什么变故。只有一个办法行得通了，那就是抑制住骄傲去找罗杰求助，后者正在数英里之外的地方安营。罗杰怡然自得，他知道，自己不再需要担心人身安全了，他哥哥的性命掌握在他手上，他可以提出任何中意的条件。自然，他不允许罗贝尔受到任何严重的损伤。虽然他们有很多争吵，但是他多多少少对吉斯卡尔还有一些亲情，他还尊重吉斯卡尔的天赋。无论如何，他需要后者支持他的西西里行动。但是他也知道，自己没有理由不利用目前的局势。罗杰全速赶往杰拉切，他在那里召集所有年长者到城外一个空旷的地方来见他。人们抵达之后，发现他异常愤怒。他质问，为什么城镇不立即将他的哥哥交给他？吉斯卡尔欺骗行为的受害者是他，而不是他们，只有他有权利为这种行为而施加应有的处罚。快把所谓的公爵带到他跟前，否则居民们就跟他们的城镇、田地和葡萄园告别吧，因为明天一早他就要把它们统统夷平。

可怜的市民高兴地照做了，罗杰的威胁正好为他们提供了摆脱尴尬境地的方法。罗贝尔被送来，并且很快就被交给罗杰，所有人都屏息看着罗贝尔将接受什么样的惩罚。他们肯定吃了一惊。罗杰卸下愤怒的面具，向前迈出一步，伸出双臂迎接他的哥哥，这一刻两人抱在一起，马拉泰拉描述两人"如同约瑟和便雅悯一般"，因为达成和解而喜极而泣。罗贝尔立即表示满足罗杰所有的领地要求，兄弟俩喜气洋洋地一同前往米莱托。接下来的事件证明争吵并没有彻底结束。公爵一旦同妻子和主要军队会合，就开始后悔自己太轻易地许下了承诺。时隔不久，战争再次爆发，不过他不再专心于双方的争斗，不久之后，奥特维尔家族中最伟大的两位再次握手言和。

这次不愉快的争吵结束之后，罗贝尔和罗杰最终分割卡拉布里亚的方式依旧不清楚。似乎按照划分的方案，每个城镇和城堡都要分成两个单独有影响力的地区，以免这些地方支持兄弟中的某一个来对抗另一个。这样的机制暗示，现在双方之间业已建立的互信还不够深。这样的机制在实践中肯定非常复杂，并且运行缓慢，我们甚至怀疑它是否起过作用。不过，似乎两兄弟都对此比较满意。这确实以某种方式让罗杰把朱迪丝应得的摩根加布授予了她，还向她的家族授予了配得上新地位的地产。对罗贝尔·吉斯卡尔来说这是很昂贵的一课，但是他已经学得很透了。

　　罗杰也为争吵付出了高昂的代价。这场争斗耗去了他几个月时间，这段时间能拿来打仗的话更有意义，但他直到1062年盛夏才得以回到岛上。这一次，罗杰无疑想起了朱迪丝在他春天离开的时候流下的泪水，因此这次带朱迪丝和他同去。罗杰带着300名士兵登陆，在8月初径直前往特罗伊纳。尽管伊本·提玛赫遭到谋杀之后诺曼军队耻辱地逃走了，该城在罗杰不在的时候却没有遭到撒拉逊人进攻。即使他注意到了当地希腊居民欢迎夫妻俩的时候似乎没有第一次那么热情，他也没有特别在意。一切都似乎风平浪静。罗杰花了一两周时间将防御安排妥当，将朱迪丝交给新的守军照顾，之后便开始着手进行那拖延已久的战役。

　　这就是特罗伊纳的希腊人等待的时刻。许多希腊人和信仰同一宗教的人都发现，在诺曼人统治的前几年，他们的新主人甚至比旧主人还要糟糕。诺曼人索求的东西甚至比撒拉逊人索求的还多，他们获取想要的东西时更强硬、更贪婪。他们的基督教信仰让人费解，他们的做法很粗鲁，语言也聒噪难听，而且他们对待当地女子的方式自由又随便，其恶名全岛皆知。特罗伊纳人受苦最重的方面当数最后一个。特罗伊纳的第一批诺曼守军的快速撤离对他们而言是一种解脱，但是现在又来了一批新的诺曼军队，甚至比之前更多。他们小心地制订了计划：罗杰带着军队走远之后，他们就动手。他们的首要目标是朱迪丝本人，控制朱迪丝之后，便将她当作人质，让诺曼军队答应撤出城镇。但是他们没有考虑到新的守军，现在的守军以上一支诺曼守军所缺乏的勇气和决心进行反击。战斗在城市中持续了一整天，信使迅速去向罗杰通风报信。

正在围攻尼科西亚（Nicosia）的罗杰全速返回，返回之后，他发现情况比预想的还要糟糕。看到有机会能从诺曼压迫者手中获得解放，数千撒拉逊人从相邻地区赶来，涌入特罗伊纳，他们与希腊人达成了一致。面对这么多敌人，诺曼人已经无望守住整座城了，罗杰立刻命令诺曼人撤到城堡附近的街道上。诺曼人迅速设立路障，建立瞭望台，设置哨站。这一次轮到诺曼人被围攻了，他们在这里待了 4 个月的时间，这也许是西西里诺曼人历史中最受考验的时期。他们被打了个措手不及，给养已经严重不足，最坏的是，西西里不久就进入了时人记忆里最早、最严酷的冬天。特罗伊纳的海拔约为 4000 英尺，诺曼人没有保暖的衣物或者毛毯，在匆匆建好的防御工事后面缺少挡风的房屋，也缺少可以充当燃料的东西。不知为何，他们的士气依旧很高昂。马拉泰拉记载称，尽管被围困的诺曼人又饿又累，还缺少睡眠，但是他们仍互相打气，"掩藏悲戚之色，脸上和言谈中均表现出喜悦的样子"。可怜的朱迪丝白天和她的丈夫共用一条羊毛斗篷，晚上和他一起挤在这条斗篷下面，尽可能地表现得勇敢，然而"她只能用眼泪止渴，用睡眠来减轻折磨她的饥饿感"。所以有些人觉得她在勇气上不如西吉尔盖塔。

1063 年初，罗杰知道自己无法坚持更长的时间了。食物所剩无几，他的士兵也营养不良，而无法像刚开始那样坚定地抵御寒冷。幸运的是，有迹象显示，在街垒之外监视的撒拉逊人也遇到了同样的问题。这些人拥有一种诺曼人没有的抗寒之物：当地的

粗酿红葡萄酒。先知禁止穆斯林饮酒，但是它能带来热量，所以
它在穆斯林眼中暂时变得重要了起来。酒确实能让他们保持温暖，
但是诺曼侦察兵得知穆斯林大量喝酒之后，酒却给后者造成了更
严重的后果。罗杰在这里看到了机会。1 月的一个晚上，在逼仄
的街道上打着呼哨的风比往日更加寒冷，他带领手下发起最后的
攻击。诺曼人等待着。等撒拉逊人的岗哨陷入寂静之后，罗杰偷
偷越过路障。一切和他的设想一样，喝了酒的哨兵睡熟了，睡得
像婴儿一样甜美。他迅速向部下招手示意，诺曼人踩着雪前进，
悄无声息。希腊人和撒拉逊人守军还不知道发生了什么，他们的
前哨位置就被占领了，次日清晨，特罗伊纳再一次被诺曼人控制。

　　罗杰的复仇非常迅速。叛乱的头目被立刻施以绞刑，其同谋
者所受的惩罚也不比他轻多少。马拉泰拉没有讲多少行刑的细节，
他只是告诉我们，诺曼人举行了盛大的庆祝活动，庆祝他们所受
的折磨终于结束了。这确实应该庆祝，因为在过去的 4 个月里，
罗杰、朱迪丝以及他们的追随者所受的苦难比诺曼人出现在南方
以来任何人遭受的苦难都要大。他们了不起地度过了这段时间，
多亏了他们的勇气、积极性，还有最重要的忍耐力。但是他们也
看到，他们在西西里的立足是多么不稳定。

12

征 服

上帝的右手给我勇气，

上帝的右手将我托起。

——罗杰的座右铭，于切拉米之战后刻在他的盾牌之上

无可否认，进攻西西里岛的提议比罗杰——或其他任何人——的预想更加可怕。和以往一样，他的根本问题还是长期缺乏兵力。这在直接对阵中不是最重要的问题，诺曼人在恩纳等地方已经证明，至少在山区地形下，比起兵力优势，他们卓越的纪律和军事技术更有决定性意义。但是这数百人不可能分散得到处都是。如果政治上的统治无法维持，那么胜利带来的优势不久便会丧失。目前他们的力量甚至不足以一直有效控制东北地区。此外，西西里的行动差不多已经进行了两年，数量上处于劣势的军队所拥有的最有价值的武器"出其不意"也已不再见效。诺曼人在西西里岛的存在不可避免地对撒拉逊人产生了催化的作用，撒拉逊人一旦摆脱了伊本·提玛赫那带有威吓的支配力，便会在共同敌人的面前立刻放下分歧。齐里王朝的苏丹特曼（Temim）派出两个儿子阿尤布（Ayub）和阿里（Ali），两人各率领一支军队

前来，以帮助西西里的同教兄弟来阻挡基督徒的浪潮。当罗杰在特罗伊纳为生存而战时，两位年轻的王子已经分别在巴勒莫和阿格里真托登陆，立刻着手准备联合作战。

罗杰仍旧只有三四百人，罗贝尔·吉斯卡尔的精力完全放在普利亚的拜占庭人身上，没有余力来帮他。更糟的是，他在特罗伊纳失去了所有马匹，这些马或许是4个月时间里的主食。现在他不得不迅速返回大陆，再弄一些马，这说明他已经按照自己的预想彻底镇压了叛乱。如今他又一次在自己不在的情况下将朱迪丝留在城中，不过她在过去的数月里已经学到了很多，马拉泰拉赞许地写道，她现在承担了城防的指挥工作，她日夜在军营进行常规巡查，以确保士兵保持清醒和警觉。她这样进行巡查，更多地是因为紧张，而不是歉疚，尽管在900年后的今天这样说她或许显得没多少骑士风度，不过，想想上一次她被单独留下的时候发生了什么，就不会因为她的一些不安而谴责她。

她的丈夫不久就回来了，还带回了大量的马匹和物资，尽管一起回来的人还是很少。罗杰在特罗伊纳精心制订了计划，1063年的整个春季，他和年轻的侄子塞洛——这是为他所用的一位奥特维尔家族成员，也是他手下最能干的指挥官——从南部的布泰拉（Butera）到北部的卡尔塔武图罗（Caltavuturo）对撒拉逊人进行了一些小规模的战斗。他们的战果不错，特罗伊纳的仓库再一次被填满了。但是直到夏季中旬，他们才与撒拉逊军队主力交战。撒拉逊人与新来的非洲军队相处融洽，后者最近离开了巴勒莫，正打着先知的绿色旗帜向东行军，向基督徒的据点前进。

切拉米（Cerami）镇在特罗伊纳以西8英里左右，城镇被围在山丘之中，城外是切拉米河。河流似乎给诺曼人带来了好运气。

在大陆上，奥利文托河、奥凡托河以及最重要的福尔托雷河都被他们敌人那殷红的鲜血染红过，他们在西西里的迪泰诺河边也赢得过一次相似的胜利。在上个冬天的事件之后，罗杰认为无论付出什么代价都不能再次遭到围攻。另一方面，切拉米为他那稀少的军队提供了优良的集结点，还有大量视野良好的瞭望点。通过这些瞭望点，他可以看到对面山上敌人的部署。这一次又和恩纳的情况一样，敌军的人数再一次远超诺曼人，罗杰似乎没有获胜的希望。撒拉逊军队的规模不得而知，马拉泰拉估计其数量为"3万人，这还不算无数名步兵"。他和以往一样夸大了敌军的人数，但是敌军的主力包括从西西里岛各处集合而来的撒拉逊人，又有来自北非的重要增援，其总人数肯定有好几千。罗杰仅有100名骑士和塞洛手下的30名骑士，再算上相应的步兵，诺曼军队的人数顶多只有五六百。

诺曼人和撒拉逊人互相观望了3日，在第4天，马拉泰拉告诉我们，"看到敌人如此接近却不能发动进攻，我们的人按捺不住，带着极大的虔诚进行忏悔，相信仁慈的上帝会助佑自己，然后冲进战场"。听闻撒拉逊人准备围攻切拉米，罗杰迅速派遣塞洛带领他的30名骑士尽可能地把守该镇。他杰出而年轻的侄子再次圆满地完成了任务。当罗杰带着主力在不久之后赶到时，他发现第一波来犯之敌已经逃走了。切拉米仍旧在他手中。

然而，罗杰很清楚这一切只是个开头。敌人正在重新集结，准备发动主要进攻，诺曼人几乎没有时间在撒拉逊人发动进攻之前准备战斗。撒拉逊人忽略了侧翼的塞洛，他们将所有的力量都集中于中军，那里是罗杰坐镇指挥的地方。撒拉逊人打算用纯粹的冲击力和人数优势，以巨大而一致的力量粉碎诺曼军队。他们快成功了，但是诺曼人的阵线没有崩溃。同时塞洛率军出现，来支援他的叔叔。战斗持续了一整天，受伤严重、受到踩踏的厚厚一层尸体铺满了战场。夜幕降临之后，撒拉逊人突然撤出战斗，罗杰率人紧追不舍，一直追到撒拉逊人的营地。

> 诺曼人卸下战利品，安顿在穆斯林的营帐中，捕获了留下的骆驼等能找到的所有东西。次日，他们离开营帐，去寻找逃到山上避难的二万名步兵。他们杀死了其中的一些，将其余的掳去卖为奴隶，每名都卖了一个好价钱。但是不久之后，战场上腐烂的尸体所引发的传染病迫使他们离开，回到特罗伊纳。[1]

对罗杰而言，切拉米之战至关重要。现在，诺曼人终于掌控了特罗伊纳和墨西拿之间的整块地区。虽然在个别地区仍会发生零星叛乱，却不再有严重的挑战了。诺曼军队再一次依靠自己的力量对撒拉逊军队施加了毁灭性打击，比起两年前的恩纳之战，这一次战斗的规模更大，其结果更重要、更有决定性意义。但是诺曼人获胜的原因和以往一样，也就是结合了勇气和纪律——这当时还不为伊斯兰世界所知——而且因为他们越来越相信神在指引，所以内心注满了宗教热情。此时他们的信仰已如此坚定，所以马拉泰拉能毫不吃惊地记载说，就在诺曼人策马打响切拉米之战以前，他们的军阵中加入了一位相当年轻的骑士，这位骑士骑着雪白的牡马，全副武装，手中拿着长枪，枪上飘扬着一面白色

1　Malaterra, Ⅱ, 53.

罗贝尔·吉斯卡尔,梅里·约瑟夫·布隆代尔绘。

罗杰一世,梅里·约瑟夫·布隆代尔绘。

大天使山洞。据普利亚的威廉记载，诺曼人来到南意大利的缘由正是在这里的一次邂逅。

卡西诺山修道院。它在南意大利诺曼人的历史中扮演了重要的角色。

韦诺萨至圣三一修道院遗址。由教皇尼古拉二世祝圣。奥特维尔家族中数人的安葬之地。

马尼亚切的圣母教堂。位置是拜占庭将军马尼亚克斯有一次赢得胜利的地方，由当地希腊人修建。后来经过了罗杰一世的修缮。

圣天使堡。原是罗马皇帝哈德良的陵墓，后被教皇利奥四世改建为圣天使堡。

女伯爵塔（桥梁左侧）。扼守皮耶莱奥尼城堡的要地。

塞洛之岩。位于尼科西亚附近，是塞洛战死之地，已于20世纪被拆除。

罗杰·博尔萨之墓。位于萨莱诺主教座堂。

博希蒙德之墓。位于普利亚的卡诺莎。

罗杰一世的石棺。现藏于那不勒斯考古博物馆。

马扎拉主教座堂。正门的雕刻展现了罗杰一世打倒一个撒拉逊人的画面。

马扎拉的一座城堡。由罗杰一世建于 1073 年，现仅存遗迹。

麻风圣约翰教堂。曾是撒拉逊人的叶海亚城堡，被罗杰一世改建成教堂。

帕尔泰诺的城堡。由罗杰一世修建于 1073 年。

的三角旗，旗上有一个闪闪发光的十字架。不久之后，人们就说他是圣乔治本人，他来带领基督的士兵获得胜利。后来许多人证实，在战争正酣之时，他们也看到罗杰长枪的枪尖上出现了圣乔治的标志。罗杰也承认这些迹象，因此准备了一批丰厚的礼物，想要送给教皇亚历山大二世（Alexander II）。所以在战斗结束的一两周之后，诺曼人从撒拉逊人的厩舍中找出的最好的 4 只骆驼排成一列在罗马大街上踱步，罗马市民目瞪口呆地在一旁观看。

教皇亚历山大收到礼物后应该很高兴，对他而言，在奇异的特征和基于动物学的兴趣之外，这些骆驼还是鲜活的象征，象征罗杰站在他一边，他在必要的时候可以求助于奥特维尔家族，这个意义更为重要。教皇正经历一段艰难的时期。尼古拉二世的选举改革对设计时想要避免的状况已经起到了作用。这次教皇继位出现争议是不可避免的，因为摄政的皇后阿涅丝可以接受任何依照教会法在罗马选出的候选人，却没有给予任何含蓄的承认。尼古拉二世于 1061 年去世，之后出现的混乱状况更为严重，两人争夺教皇宝座的情况再次出现了。亚历山大的地位更为强劲，因为他是由枢机主教（如以往一样，由希尔德布兰德领导）选出来的，合理合法，无可挑剔。另一方面，他的对手对立教皇霍诺留二世（Honorius II）由阿涅丝选出，并受到伦巴第主教们（如同圣彼得·达米安［St. Peter Damian］所评价的，他们更适于宣布女人的美而不是宣布某人就任教皇是否合适）的支持。霍诺留在罗马有坚定的拥护者，他支付了大量金钱，提高了这些人的热情。应希尔德布兰德的第二次请求，卡普阿的里夏尔提供了军事支持，亚历山大二世才得以坐上宝座。即使如此，霍诺留也没有放弃。1063 年 5 月，阿涅丝不再担任摄政，帝国会议宣布支持霍诺留的对手，霍诺留甚至试图重新在一段时间里控制利奥城（Leonine）[1]，虽然他在次年就被正式废黜，但是他直到去世都一直坚称自己是教皇。在这整个时期，亚历山大四处寻找任何可以去争取的支持。作为骆驼的回礼，他送给罗杰一面教皇的旗帜，罗杰可以把旗帜放置在阵前，以在未来的战争中激励部下。另一件举措更为重要：教皇宣布赦免那些加入罗贝尔和罗杰的从异教徒手中夺回基督徒土地的神圣事业的人。因此，西西里征服不仅在诺曼人心中是一次十字军活动，而且在基督教世界的眼中也是如此。

战争持续的时间比参战人员以为的时间要长得多，这是战争的特点。1061 年 5 月的一个没有月亮的夜晚，罗杰率领军队溜过墨西拿海峡，他们不是第一批希望战斗能在圣诞节前结束的战士，也不是最后一批。我们看到，到当年圣诞节，诺曼人只是守卫住了桥头堡而已。1062 年底，圣诞节对特罗伊纳城内的倒霉蛋们来说可能仅仅是个节日罢了。1063 年，他们取得了一些进展，但是远征开始之后的第三个秋季即将到来的时候，罗杰肯定已经察觉到同胞之中正在滋生挫败和失望的情绪。诚然，他们在西西里的三个季度里已经赢得了约四分之一的岛屿的控制权，不过即便是这样的小成功，也是由于他们在早期运气相当好，还有一些特殊环境的影响，而这些特殊环境是无法重现的。如果他们没有设法出其不意地拿下墨西拿，围攻墨西拿的行动不一定会比围攻恩纳或阿格里真托更顺利。在早期，他们经过的大部分地方都是基

1　利奥城是台伯河右岸罗马城的一部分，包括梵蒂冈和圣天使堡。圣天使堡是撒拉逊人洗劫罗马城之后不久于 9 世纪由教皇利奥四世下令修建的。

督徒的土地，他们已经习惯于接受当地代表的欢迎，而不是遭到武装抵抗；他们一直享受着伊本·提玛赫的保护，他能够保证他们向岛屿中央进军之时敌人不会从南方和东南方发动进攻。但是现在，他们面前尚未被征服的土地则完全是穆斯林的地盘了。伊本·提玛赫已经去世，而他损失惨重的敌人伊本·哈瓦斯依旧坚守在恩纳，而且，撒拉逊人现在比一个世纪之前更加团结。诺曼人不断深入，他们的补给线也在不断拉长，而且越来越脆弱。最近的经历证明，即便是本地的基督徒也不能信任，无法保证他们能一直支持诺曼人。最后一个原因和通常情况一样：他们的人数少得可怜。这个因素或许能提高他们取胜后获得的荣耀，但是从现实来看，这预示着不好的将来。仅凭他们现在的数量，他们或许可以征服，却永不能实现控制。

切拉米之战的兴奋劲头过去之后，一定是占据罗杰脑海的一些昏暗想法让他抛去其他思绪，彻底拒绝了前进道路上的下一个机会。这个机会来自比萨，它来得很突然，也让人意想不到。比萨人有可能仅仅是被以西西里为基地的撒拉逊海盗的不断侵袭所惹怒，也有可能是用他们的慧眼发现了机会，便意图与诺曼人联手，他们的意图究竟是哪一个，不得而知。比萨人当时的记录和马拉泰拉的报告相印证：1063 年 8 月，该城向西西里派出了一支舰队，它想同罗杰联合行动，合兵一处，从海陆进攻巴勒莫。罗杰的回复令人失望，他说自己还有其他未完成的事务，无法对接下来的事做出承诺。比萨人以为事情还有转机，便停船待命。比萨的海军统帅与罗杰争论，但徒劳无功，罗杰只是重复说自己还没有准备妥当，更何况也不能在这种情况下拿自己的人冒险。最后，海军统帅没有从诺曼人那里获得任何帮助，他深感失望，便怀着怒气离开，进攻巴勒莫。缺乏陆上的支援，攻城的企图注定要失败，而幸运的比萨人没有受到多少伤害就撤退了。按照马拉泰拉的记载，他们唯一的战利品就是巴勒莫人用来封锁海港进口的大铁链。他告诉我们，比萨人得到大铁链之后，"和真正的比萨人一样，相信他们已经完成了一些重大的成就，便返航回家了"。[1]

对罗杰来说，这不是一个容易的决定。他对比萨人没有特殊的偏爱，还很有可能憎恨他们的干涉；同时，这样的行动中有一支全副武装的舰队相照应，对一个野心勃勃而缺乏耐心的统帅来说肯定是个诱惑。但是此时他可能收到了另一条消息：罗贝尔·吉斯卡尔正计划在来年发动一场新的战役。普利亚的情况最近有所改善，布林迪西、奥里亚和塔兰托已回到诺曼人手中，公爵能再次将他的注意力放在西西里。罗杰知道这一点，自然不情愿拿手头不多的资源为比萨冒险。更好的做法是保存资源，以待与兄长一起进行一场大规模的、只有诺曼人参与的进攻活动。

因此他等待着。1064 年初，罗贝尔带领由约 500 名骑士和约 1000 名步兵组成的军队出现在卡拉布里亚。罗杰在科森扎与他会面，两人筹划战役。这一次的战略有所不同，他们不再把精

---

1 比萨主教座堂的一则铭文提到，比萨人确实试图让一小支军队在奥雷托河（Oreto）的入海口附近登陆，他们在那里蹂躏了附近的庄园和花园。该铭文还记载，比萨人俘获了 6 艘撒拉逊船只，并烧毁了其中的 5 艘。以上记载可能是真实的。马拉泰拉可能对于所发生的事情没有第一手资料，而是想方设法地将他们的成就降到最低程度。可以确信错误的是《比萨编年史》中的片段（Muratori, *R. I. S.*, vol. VI, p. 167），按照该书记载，比萨人占领了巴勒莫，并且带着可以用来修筑他们主教座堂的大量战利品返回。虽然此事发生于 1063 年，但是巴勒莫一直未被攻破，它直到 9 年后才被诺曼人占领。

力浪费在恩纳或者内陆，而是沿着岛屿的北部海岸直接前往巴勒莫。一旦他们拿下首府，其余的——即便是西西里这样一块分散的土地——就不在话下。奥特维尔家族的人指挥军队的时候，总是进军神速，这次也一样，他们没有遇到任何抵抗。罗贝尔跨过海峡的数天之后，诺曼军队在一个俯瞰巴勒莫的山头上安营，这里看起来是个合适的安营地点，但后来证明这个选择差点造成灾难。46 年前，第一次出现在意大利的诺曼军队的残部从坎尼撤退之后，就是被大群青蛙从营地赶走的。上回的经历让人丢脸，却未带来损害。这次自然又带来了新的危险，不仅让人难堪，还造成了实际损害。

塔兰托毒蛛（tarantula）长期以来一直都是南意大利的灾害，尤其是在作为它名字来源的塔兰托周边地区，但是它在此时罗贝尔·吉斯卡尔选择的这个山冈上数量最多，毒性最强。幸运的是，这种西西里的蜘蛛咬过人之后，人的身体不会出现剧烈而歇斯底里的抖动——这种抖动在后来变得很闻名，也是中毒的唯一症状和唯一治疗方法，这种治疗方式被称为"塔兰泰拉舞"（tarantella），是欧洲唯一一种为治疗疾病而发展起来的舞蹈。马拉泰拉笔下蜘蛛带来的伤害无论如何都极其令人不舒服：

> 这种塔兰塔（taranta）虫长着蜘蛛的样子，有着残忍且带毒的刺，受它攻击的人会被有毒的风充满。这种毒风从他们后背喧闹又粗暴地袭来，他们的痛苦不断增加，直到他们难以承受。除非为患者盖上热的敷布或其他更强的热的东西，否则他们的生命就很危险了。

这个开头可不吉利。诺曼人迅速转移到环境更好的地方，但是他们的勇气明显受到了动摇，斗志消失了。包围着巴勒莫城的庞大群山——黄金盆（Conca d'Oro）为城市在陆地方向提供了极佳的防御，进攻的部队从城堡和瞭望塔下通过的话，是不可能不被发现的。即便罗贝尔能抵达城墙之下，他也不能对城防造成什么伤害。在 3 个月的时间里，他那差劲的围攻一直在继续，却没有任何效果。撒拉逊人的船只继续自由地进出港口，巴勒莫人似乎很少感到有什么不便。这几乎等于恩纳的事情又重演了一遍，只是这一次甚至连挽回自尊的阵地战都没有。这样一来，吉斯卡尔只能在 3 年的时间里再次率领沮丧的军队返回意大利，而意大利的局势再次恶化，因此他再也不能长期离开意大利了。他在西西里只占领了一个无足轻重的小镇（布加莫［Bugamo］，早已不存），除此之外一无所获。甚至他在回程的路上试图攻击阿格里真托以安慰自己，也未能成功。他现在不得不面对这样的事实：他面对的西西里岛西部的穆斯林，比他或者他的家族成员之前遇到的敌人——伦巴第人、法兰克人或拜占庭人——更为强大、更为坚定。1064 年行将结束，诺曼人的进展似乎已经到顶了。

在 4 年的时间里，西西里的诺曼人宛如一艘无风海面上的帆船，处于孤立和无力的境地，它所有的动力都消失了。没有激战被记录下来，没有新的征服，没有显著的进展。关于这一时期诺曼人获得成就的故事，我们需要把目光转向北欧，转向肯特的海滩和黑斯廷斯的原野。对于我们提到的西西里诺曼人而言，1066 年前后的数年是他们历史上最乏味的时期。

这对罗杰来说也是一段令人发狂的挫败时期。他从未减轻过

对敌人的压力，但是由于自己军队的数量极少，他唯一能采用的
战术只剩下消耗战，也就是通过不断的游击活动来折磨撒拉逊人，
不断给他们的神经施加压力，让他们因突袭或伏击的危险而觉得
不安全。带着这种想法，他将首府临时迁移到彼得拉利亚，这里
是他于 1062 年征服的一个小镇，但是最近加固了它的岩石悬崖之
后，它便成为一个极佳的进攻据点，从这里出发，他可以很轻易
地进攻巴勒莫周围的所有乡村。从这里向北面、南面、西面出兵，
他可以保证撒拉逊人处于守势，但是他也只能做到这样了。仅有
一件事能带来些许慰藉：他的对手现在再次处于绝望的分裂之中。
起初，伊本·哈瓦斯欢迎由阿尤布和阿里率领的北非军队，但是
在切拉米之战后不久，他逐渐开始怀疑年轻的王子在提升其力量，
接下来出现了纠纷，并很快发展成内战。即便罗杰尚未强大到足
以让撒拉逊人吃到什么大败仗，但是他至少可以满足地坐观撒拉
逊人拼尽全力地闹内讧。

对罗贝尔·吉斯卡尔而言，这些年里也没有什么收益。在
1064 年流产的远征之后，他在卡拉布里亚沿海岸进军，对付
他在普利亚的封臣所发起的叛乱。他不得不承认这是他遇到
过的最严重的叛乱。叛军领袖是莫尔费塔（Molfetta）的领主
乔斯林（Jocelin）和他的 3 个侄子，即孔韦尔萨诺的杰弗里
（Geoffrey of Conversano）和蒙特斯卡廖索的罗贝尔（Robert of
Montescaglioso）这两兄弟和他们的表兄弟——7 年前被吉斯卡尔
在其父汉弗莱公爵去世后夺去继承权的阿伯拉尔。这 3 位年轻人
通过都拉佐公爵佩雷诺斯（Perenos）与拜占庭——它一直通过亚
得里亚海向他们提供金钱和装备——达成一致，之后于 1064 年 4
月，即吉斯卡尔前往西西里之后发起叛乱。在吉斯卡尔不在的数

月里，他们肆意横行。罗贝尔在夏末回归，一定程度上减缓了他们的攻势，尽管他努力地镇压，叛乱仍在蔓延。1066年，从君士坦丁堡前来的瓦兰吉卫队加强了叛军的力量。当年年末，除了巴里，普利亚的其他两个主要港口布林迪西和塔兰托也被牢牢地控制在希腊人手中。

1067年，普利亚和西西里的状况均处于僵局。接下来在1068年，罗贝尔和罗杰面临的情况都有所缓解，而且几乎是同时缓解的。就吉斯卡尔面对的局势而言，改变局势的因素来自一个意想不到的地方。在过去的数年里，拜占庭帝国一直焦虑不安地看着塞尔柱突厥人向西推进，在不到一代人的时间里，这些从阿姆河之外的地方来的部落已经征服了波斯和美索不达米亚。他们先在1055年攻占了阿拉伯哈里发居住的巴格达，接着占领了亚美尼亚和奇里乞亚（Cilicia）。现在他们正势不可当地通过小亚细亚，直逼君士坦丁堡。皇帝君士坦丁十世·杜卡斯于1067年去世之后，拜占庭处于无皇帝的状态中，帝国的权力落入他的遗孀尤多西娅（Eudoxia）之手。但是面对塞尔柱人的威胁，很明显她需要立即找到一位领导者，所以在紧急的劝说之下，尤多西娅勉强地与罗曼努斯·戴奥真尼斯（Romanus Diogenes）——按照普利亚的威廉的说法，如此称呼是因为他分叉的胡须——成婚。罗曼努斯是卡帕多西亚人（Cappadocian），是一位经验丰富、勇气超群的将领。1068年1月1日，他被宣布为皇帝。罗曼努斯即位之后，迅速对塞尔柱人发动集中攻势，希腊人在意大利的行动暂停了，叛乱的封臣因此接二连三地失去了所有外部支持，也失去了勇气，所以一个接一个投降了。到2月中旬，仅有孔韦尔萨诺的杰弗里还在坚持。他在蒙特佩罗索的山堡里坚守了数月之久，被他以前所有的希腊盟友和诺曼盟友抛弃了。随后在 6 月，吉斯卡尔设法贿赂了杰弗里的一位军官，许给他一块封地，他便秘密打开了城门。罗贝尔的军队涌入城里，杰弗里非常震惊，别无选择，只得投降，背叛者得到了封地，反叛结束了。

罗贝尔·吉斯卡尔在普利亚的敌人瓦解了，自己的权力也得以重建，如果他还知道围攻蒙特佩罗索时，他的弟弟正在对西西里所有有组织的军事抵抗做最后的致命一击，可能会感到更加满足。在前一年，撒拉逊军队曾一度归于统一的指挥之下。阿尤布率领的齐里军队在最后的激战中对阵伊本·哈瓦斯的军队，可敬的老埃米尔在战斗中阵亡。阿尤布宣布继承埃米尔之位，这在阿格里真托、恩纳和巴勒莫得到了正式承认。这给了他统治所有撒拉逊军队所需的一定程度的权威。他不再被内部争斗所束缚，便决定先发制人，将诺曼人带入切拉米之战后他和他的同胞们一直避免的公开冲突。1068 年夏天的一个上午，诺曼军队正准备前往巴勒莫南郊的乡村发动常规劫掠，却发现通往小镇米西尔梅里（Misilmeri）的道路被大批撒拉逊人阻断了。[1]

敌人的战术变化得如此之快，罗杰必定吃了一惊，却也没有感到特别不安。马拉泰拉给我们留下一份记载，记下了罗杰在战斗开始前对军队发表的演说。他笑着对他们说，没有什么好怕的，这仅仅是被他们打败过好多次的敌人而已。撒拉逊人换了统帅又如何？诺曼人的上帝没有变，如果他们和以往一样信任他，那么他会同样让他们取胜。诺曼人是否需要这样的话来激励他们，值得怀疑。他们熟悉撒拉逊人的军事手段，这更加重了他们的轻蔑

1　这里在阿拉伯人时代名为 "Menzil el Emir"（埃米尔之村）。

之情。他们毕竟是上帝的士兵，实现的是他的旨意。这一次能获得的战利品也会非常丰厚。他们都等着罗杰发令。号令既发，他们便冲向敌人。

战斗不久就结束了。按照马拉泰拉的说法，甚至没有留下一个活着的撒拉逊人将这糟糕透顶的消息带回巴勒莫。事实证明，这也没有必要。在战斗的战利品之中，如同在切拉米之战中被捕获的骆驼一样，诺曼人得到的几笼信鸽引起了罗杰的兴趣。信鸽的使用在古典时代很著名，但是和其他一些古代艺术和科学一样，似乎在黑暗时代绝迹，又被撒拉逊人复兴了。罗杰不太可能在之前拥有信鸽，但他现在无法抵挡为自己的目的而使用它们的想法。他下令，把每只鸽子的脚上都绑上沾有撒拉逊人鲜血的铁片，再把信鸽放飞，信鸽带着可怕的信息飞回巴勒莫。通过这种方式，罗杰在过去4年进行的行动以心理战告终。这在首府所造成的影响似乎如他所愿。马拉泰拉写道："空气中弥漫着女人和儿童的悲号，其悲伤之切与诺曼人的得胜之喜程度相同。"

米西尔梅里之战打败了西西里岛上撒拉逊抵抗军的主力。阿尤布不仅把他所有的军队都押在此战之上，还包括他的政治声誉和军事名誉，但是他失败了。他带着残兵逃回非洲，再也没有回来。他留下的岛屿完全处于混乱之中，岛上的穆斯林居民陷入绝望。他们的军队四散逃开，首领逃走了，他们没有继续抵御诺曼人的希望了。巴勒莫距离米西尔梅里仅有10英里左右，它将全力防御，但是毫无疑问，这座首府注定要陷落。一旦它落入基督徒的手中，岛上剩下的一些阿拉伯人据点也会在不久后被攻破。

但是罗杰还没有做好进攻首府的准备。当地居民在投降之前必定会抗争，而且他自己的兵力虽然适于在山地打遭遇战，却不适合实施围城战。此外，占领巴勒莫等于征服整座岛屿，这将牵涉到控制和管理的问题，但他只有数百兵员，无法做到掌控全岛。幸运的是，他不必急着攻城，因为撒拉逊人意志消沉，无法迅速重新集结。更好的做法是等待，暂停所有进一步的进攻行动，等待罗贝尔将普利亚的事务安排妥当。之后，两人便可以一起专心地去解决西西里问题。

叛乱得以平息，罗贝尔·吉斯卡尔以惊人的宽容对待反叛他的封臣。其中有些人的领地被没收，但是很多人似乎都免于受罚，甚至孔韦尔萨诺的杰弗里也是如此，而他应该对发起叛乱承担最大的责任。吉斯卡尔的做法同以往一样，有很充分的理由：他现在需要团结所有能团结的力量，一起对抗希腊人。目前拜占庭专注于对付塞尔柱突厥人的威胁，这给他提供了一个绝好的、期盼已久的机会，他可以趁此机会将帝国最后的势力从半岛上驱逐走。既然内部的困难得以解决，他便可以腾出手来抓住机会。他首先向意大利所有的诺曼人和伦巴第人发出呼吁，让他们加入自己。而希腊人的占领长达 5 个世纪，他们城防坚固，即使没有来自君士坦丁堡的增援，诺曼人也难以将他们都赶走。然后，他没有等待呼吁得到回应，就率领所有的军队向巴里进发。

巴里是拜占庭伦巴第军区的首府，是半岛上希腊军队的大本营，是所有普利亚城市中最大、最富庶，并且防御也最好的城市，也是吉斯卡尔浩大的入侵活动唯一可能针对的目标。然而，罗贝尔清楚地意识到，如果要成功包围该城，就会是诺曼人抵达意大利之后所采取的最庞大的一次军事活动。巴里老城位于一个狭窄的海岬上，海岬向北伸入亚得里亚海。因此，罗贝尔既有必要使用针对大规模陆上城墙的常规围城手段，还需要用大量海军在海上进行封锁。然而很明显，他的海军是最大的劣势。诺曼人几乎没有海上作战的经验，他们拥有的船只主要用于运输，即便是在运输上，他们也大量依赖卡拉布里亚的希腊船员。另一方面，对于普利亚的希腊居民来说，大海是他们生计的一部分，不可或缺。他们的繁荣昌盛，他们的食物，他们的城防，他们的交流交往，甚至他们的语言和文化，都依赖着大海。所以，他们以航海技术可靠、导航准确而闻名于整个地中海。巴里拥有各类船只，如有需要，公爵佩雷诺斯可以提供更多船。因为有这种压倒性的优势，该城的居民毫不畏惧。

他们展示着这种不惧，在城墙上来回走动，挥舞可以夸耀的最值钱的宝物，用他们的金银盘具向城墙下的诺曼人反射太阳光。这些诺曼人的处境不算舒服，他们待在城墙下新挖的壕沟里。巴里居民嘲笑吉斯卡尔的贪婪臭名在外，向他挑衅，叫他上来取手里的东西。但是马拉泰拉告诉我们，罗贝尔忍住了，他高声向这些市民答话，向他们如此仔细地保存他的财产而道谢，并且向他们保证，他们保管这些东西的时间快结束了。

普利亚公爵因此时常被低估，不过这也持续不了多久了。一支诺曼舰队突然出现在海平面上，这是巴里人第一次感到震惊。罗贝尔在西西里的经历，尤其是4年前对巴勒莫的那场失败的进攻，已经使他意识到了海军的价值。自那时起，他就在亚得里亚海沿岸组织海军。虽然他最初的目的是对付撒拉逊人而不是希腊人，但是他最近召集了所有能用的船只前往巴里。虽然比起几年之后的海军，他现在的海军力量还处于初创阶段，却已足够实现他的目的了。他命令船舶排成一条线，用专门铸造的铁链将这些船互相连起来，将城市所在的海岬围了起来，构成一道坚固的屏障。这条线两端的船都系泊在加固过的栈桥上，这样的话，陆军士兵便可以很容易地登船，在船舶之间穿行，可以在某一艘船遭遇袭击时立马赶去救援。同时军队已沿着城墙部署，封锁了陆地一侧的所有道路。巴里市民极为震惊：巴里被包围了。城墙上的嘲笑声骤然停止。1068 年 8 月 5 日，大型围城战开始了。

这场围城战对双方来说都是长期而消耗巨大的。希腊人的领袖拜占提乌斯（Byzantius）不久设法从诺曼人的封锁线溜过去，甩开追兵，抵达君士坦丁堡，他在那里劝说皇后派出援军。（幸运的是，他到达的时候皇帝不在城中，而是去小亚细亚了。皇帝罗曼努斯可能不会管他，因为对皇帝而言，700 英里之外的诺曼人不会比就在他家门口驻扎的塞尔柱人更重要。）1069 年初，希腊人的船出现在亚得里亚海。诺曼人拦截了它们，在最初的败绩之后，最终于莫诺波利海面击沉了 12 艘运输补给的船。但是他们在巴里周围的封锁线未能经受住一次直接的进攻，一些援军的船舶突破封锁进入港口，为受到围困的城市带去了武器和补给，这些船上就有拜占提乌斯和新任卡塔潘斯蒂芬·帕特拉诺斯（Stephen Pateranos），后者是一位杰出的军事将领。对诺曼人来说，他们的败绩不只是丢脸而已，更使他们士气受挫。如果他们不能维持封锁，巴里或许就会永远坚持下去。但是，普利亚公爵拒绝放弃。在整个 1069 年，围攻拖延着。在整个 1070 年都没什么进展，尽管拜占提乌斯在 7 月遭到暗杀。在秋季的某个时间，帕特拉诺斯日渐担心发生饥荒，也担心城里不断增长的亲诺曼派系，便计划反过来暗杀吉斯卡尔。一天晚上，当罗贝尔在靠近城墙的小木屋中享用晚餐之时，一个受雇的杀手悄悄走近，将一支涂毒的标枪穿过墙上的缝隙向他掷去。如果我们相信普利亚的威廉的记载，恰在此时罗贝尔犯了严重的鼻炎，他正将头低到桌下吐痰，这救了他一命。多亏这次好运，他安然无恙地逃走了。次日的早晨，诺曼人开始建筑一座没有墙缝的石头房子，以让他们的领袖安全地生活，免得再遭暗杀。

1070—1071 年的冬天，对于围攻者和被围者来说都很艰难，身体上的折磨和伤亡人数都打击了他们的士气。僵局毫无缓和地持续了两年半之久。巴里之前经受住了围城战，这一次也有望解围，但是食物供应已经极为缺乏了。帕特拉诺斯决定做出最后的求救。他知道突厥人的威胁依然很严重，但他自己在首都还是有一定影响力，趁时间还不算太晚，他尚有一丝机会去劝说最近在战役中获胜的皇帝罗曼努斯把部分资源用来拯救普利亚。诺曼人的封锁再一次被证明是不足的。不久后，帕特拉诺斯乘船急速驶往君士坦丁堡。

罗贝尔·吉斯卡尔同样决定打破僵局。他的封锁线表面上强大无比，却没有取得显著的成功。在陆地上，他的军队也没有对城墙造成哪怕最轻微的伤害。此外，他的无数攻城塔每次推到预定位置后就被烧毁了。可以确信，他在外交方面取得了更大的进展：他在城里的主要代理人阿吉里佐（Argirizzo）正在利用从诺曼人那里定期获得的大量金钱来给城里的穷人免费发放食物，再加上别的手段，他让城中的大多数非希腊居民转向亲诺曼人的立场。即便是在希腊人之中，也正在滋长一种持续抵抗无用、是时候谈判的情绪。但是这样的想法对城市的统治者来说没有任何影响。抵抗派依旧掌握所有权力，如果能再来一支拜占庭援军，便能立刻恢复士气。罗贝尔也感到需要一些新鲜血液，需要注入一些想象力和新想法以恢复其军队的动力。他派人去叫罗杰。

罗杰在 1071 年初率领人马和船只从西西里赶到，他的出现适逢其时。尽管皇帝罗曼努斯忙于对付塞尔柱人，却被帕特拉诺斯的求救所感动，便命令援军立刻在都拉佐集结，由吉斯卡尔的主要敌人莫尔费塔的诺曼统帅乔斯林率领。乔斯林是最近暴动的主要煽动者，他此前在帝国的统治区内避难，皇帝将科林斯（Corinth）公爵领封给了他。与此同时，帕特拉诺斯带着援军将至的消息返回巴里，他还命令市民密切注意拜占庭船只的动向，一旦发现，就沿着城墙点起火，以引导救兵安全而迅速地进入港口。经过如此长时间的围攻之后，援军到来的承诺在巴里人的脑海中不断回响。马拉泰拉提醒我们："对于那些等待的人来说，再快赶到也不够好。"当天夜里，虽然地平线依旧黑暗，空气中却充满了庆祝的欢呼声，城墙上闪耀着火把。对于下面的围攻者来说，这样的迹象只能代表一件事，于是罗杰迅速加强了对海上的监视。过了一段时间，在某天晚上，罗杰的瞭望员报告说海面出现了很多灯光，"像桅杆顶上闪耀的星星一样"。他立刻下令出发，诺曼舰船出海迎敌。

马拉泰拉称——虽然看似不太可能——希腊人错把诺曼人的船当作出来欢迎他们的同胞，所以放松了警惕。无论如何，接下来的海战虽然激烈，却是一边倒的。有一个大灾难降临到诺曼人身上：有 150 名身穿沉重胸甲的诺曼人冲到自己船舶的一端，让船发生侧翻，他们都溺死了。不过，纵是这场灾难也无法挽救拜占庭人的命运。主攻的方向指向希腊人的旗舰，旗舰可以通过桅杆上的两处灯火辨认出来。没过多久，可怜的乔斯林便成为阶下囚，被送到罗杰的座舰上，并被迅速送往诺曼人的大营，呈给等待的罗贝尔·吉斯卡尔。马拉泰拉继续谈道：

> 罗贝尔非常担心罗杰的安全……当他听说伯爵安全返回
> 并取得胜利时，他在还没有亲眼见罗杰之前仍不相信这是真
> 的。他见到罗杰之后，确信他的弟弟没有受到任何伤害，所
> 以喜极而泣。罗杰让乔斯林穿上华丽的希腊式服装，将他作
> 为俘虏呈给公爵。

诺曼人为他们的第一次海战大捷付出了巨大的代价，但是胜
利是决定性的，也是彻底的。在参与海战的 20 艘拜占庭舰船中，
有 9 艘沉没了，并且没有一艘能驶入巴里的港口。又过了数周时
间，城里的领导者越来越绝望，他们知道无法再坚持了。阿吉里
佐和他的追随者控制了主要塔楼中的一座，尽管这些人更害怕诺
曼人的复仇，而非出于饥饿，却还是向罗贝尔·吉斯卡尔投降了。
1071 年 4 月 16 日，公爵得意扬扬地骑马穿过巴里的街道，罗杰
陪在他身边。罗贝尔对待巴里人很友好，这让他们十分惊讶。和
平协议很合理，他还将最近诺曼人在城外占领的部分土地还给了
市民。但是他的宽宏大量也仅限于此了。巴里自查士丁尼时代起
就属于希腊人，它有时是伟大又繁荣的行省的首府，有时是一片
动荡的敌对土地上唯一一块飘扬着拜占庭旗帜的地方，但是在这
一天，在这个棕枝主日之前的星期六，这些旗帜飘扬了最后一次。

13

巴勒莫

如同你的血泪一般哭泣，

噢，阿拉伯文明的一座坟。

曾经这里和沙漠中的人一起生活，海洋是他们船只的游

乐场……

哦，西西里，你是大海的荣光……

你是这个民族文化的摇篮——

你的美灼烧着这个世界；

设拉子的夜莺萨迪为巴格达的毁灭而哭泣；

达科为德里的毁灭而泣出血来；

当老天毁灭了格拉纳达，

是伊本·巴德伦那悲伤的心在哀悼它；

难过的伊克巴尔注定要为你书写挽歌……

把你的苦痛告诉我，我也深陷苦痛之中，

我是商队的一粒尘，你是那目的地。

将过去的图画绘上颜色，再给我看；

诉说过去的故事令我伤悲。

——伊克巴尔《驼队的铃声》

诺曼军队的主力现在已经无间断地作战达3年之久。从攻陷蒙特佩罗索并终结封臣叛乱，到在巴里赢得对拜占庭帝国的最后胜利，在此之间他们没有歇息的机会。最后的巴里围城足以列入意大利历史上最艰难的几场围城战之中，此战结束之后，诺曼人最古老、最顽强的敌人被消除了，诺曼人可能希望得到一次休息的机会。如果这样想的话，他们就要失望了。夏日将至，而罗贝尔·吉斯卡尔眼中的夏天只代表一件事情：征战。南意大利最后已经安全了，西西里的行动已经拖延了太久。他与希腊人的交涉结束之后，该轮到撒拉逊人了。

罗贝尔作为领袖，最大的天赋之一就是善于用自己的活力和热情感染下属。备战立刻开始。这次的备战在规模和性质上与他在7年前为上一次西西里远征所做的准备不同，因为在这期间，诺曼人已经成为一支强大的海上力量。他们的祖先在上一个世纪从维京人转变为法国人，同时还有一项不寻常的变化：他们迅速丢掉了斯堪的纳维亚的海上传统。即使在诺曼底，他们似乎也没有意识到强大海军的潜力，那些来到意大利定居的诺曼人，都是步行或骑马翻山越岭地抵达的，在前50年里，他们似乎从未在新家乡下过海——仅有渡过狭窄的墨西拿海峡除外，毕竟这是不可避免的。突然之间，所有的一切都改变了。在西西里岛，罗贝尔和罗杰都意识到，如果不参照陆军训练和纪律的标准组建一支有效率的海军，就无法进一步完成征服。巴里的经验已经证明，拥有海军之后，他们便能在迄今为止无法想象的冒险中经受考验，并取得成功。在这种认识下，便产生了新的、更宽广的政治前景，西西里王国的伟大也基于它，该王国不久后就得以建立。

占领巴里之后，罗贝尔立刻派遣弟弟回到西西里，而他自己则急速沿着海岸南行，前往奥特朗托。他的舰队已经在此处开始集结，让亚得里亚海对岸的都拉佐警觉起来，都拉佐的佩雷诺斯公爵紧急下令加强海上防御。吉斯卡尔在这里待到 7 月末，便派遣不少于 58 艘全副武装的舰船，跟往常一样由希腊人操纵，驶往卡拉布里亚。他没有随船离开，而是带着陆军取道陆路，在途中平定了位于斯奎拉切的一些较小的敌对势力。一两周之后，他在雷焦与舰队会合。1071 年 8 月初，会合的军队渡海前往西西里。

罗杰在墨西拿等待着商讨进攻计划。诺曼人的首要目标自然是海陆协同进攻巴勒莫，但是作为预备行动，他还有一个主意，他认为兄长可能会对此感兴趣。这事关卡塔尼亚，它是一个战略上的重要港口，大致位于该岛东部海岸中间的位置，而诺曼军队集中于墨西拿的话，它就在合适攻击的距离之内。此外，它还是伊本·提玛赫的驻地，对诺曼人比较友好，诺曼人或许能比较容易地攻下该城。罗杰的计划很简单：他先前往卡塔尼亚，必定会在那里得到体面的接待，然后他会请求让前往马耳他（Malta）的诺曼船只在此停泊，而卡塔尼亚人很难拒绝这样的请求。这样罗贝尔就会率舰队抵达，不用战斗便能入港。进入港口之后，诺曼人将会毫不费力地占领该城。

这个计划不光彩，但是罗杰知道它对吉斯卡尔来说很有吸引力。计划完美地奏效了。卡塔尼亚人非常震惊，在毫无抵抗希望的时候才意识到被耍了。他们勇敢地战斗，却在 4 天之后被迫投降。诺曼人重新加固了城池，留下一支强大的守军以确保它不会作乱，再前往巴勒莫。罗杰急于在特罗伊纳见到朱迪丝，就率领一些军队从陆路前进，而罗贝尔没有同他一起。虽然他还是像从前那样身体强壮、富有活力，但他现在已经 55 岁左右了，从卡塔尼亚到巴勒莫的路程漫长且艰辛，尤其是在 8 月西西里的骄阳之下。他上一次登陆的记忆依旧是痛苦的，另外，必须有人领导他的新舰队。这一次他决定走海路。

11 世纪中期，巴勒莫是伊斯兰世界最伟大的商业和文化中心之一。无疑，它在规模上比不过开罗，在辉煌壮丽上不及科尔多瓦，但是在构成阿拉伯"甜蜜生活"（Douceur de vivre）的优越的环境、完美的气候、广泛便利的生活设施方面，巴勒莫是最厉害的。我们没有详细资料去了解它被诺曼人占领时是什么样子，但是中世纪的变化十分缓慢，城市的模样肯定和一个世纪之前阿拉伯地理学家伊本·豪克尔（Ibn Haukal）拜访时一样。按照他描述的城市图景，这是一座繁忙的商业都市，城内有不少于 300 座清真寺，其中最大的一座之前是基督教堂，据传里面保存着亚里士多德的遗骸，遗骸放在悬吊于屋顶上的箱子里；城内还有无数市场、交易所，有充斥着工匠和手艺人的街道，还有欧洲最早的造纸场中的一座。[1] 城中四处都是公园和美丽的花园，周围有汩汩涌流的喷泉和缓缓流淌的小溪，这些是伊斯兰世界喜爱的东西。其人口规模我们只能推测，但是勤勉的德拉科相信伊本·豪克尔的保证，认为仅仅屠夫行会就有 7000 名成员，以此计算，11 世纪的巴勒莫肯定有 25 万左右的人口。

大概在 8 月中旬，罗杰率领大批诺曼军队抵达巴勒莫城外。

1　中国人在公元 2 世纪改进了纸。该技术在 707 年撒马尔罕被占领后由阿拉伯人掌握，随后在 11 世纪上半叶由摩尔人传到西班牙，又从西班牙传到西西里。罗杰在 1102 年签署的一份契约保存到今天，它也是目前在欧洲发现的最古老的有确切日期的纸质文献。

从卡塔尼亚来的路上,他没有遇到任何激烈的抵抗,现在他在城东一两英里的地方安营扎寨,奥雷托河从附近流入大海。这里有富庶的宫殿和令人愉悦的穹顶式建筑,还有花园和柑橘林,大商人可以在此地躲避首都的炎热和喧嚣,这里和诺曼人7年前安营的山坡很不一样。他们在这里也没有遭到抵抗。罗杰和部下动起手来,阿马图斯愉快地写道,他们分配"宫殿以及所有他们在城外发现的东西,将满是水果和水道的花园分给贵族,纵是骑士也跟国王似的获得了名副其实的地上天堂"。

然而,诺曼军队没有充足的时间享受田园诗一般的环境,这相当于提前体验了在前面等着他们的快乐,它是一种物质刺激,刺激士兵更加奋勇地去拼搏。与此同时,还有别的工作需要完成。他们急切地等待罗贝尔·吉斯卡尔和他的舰队,他们必须找到一个适于靠岸的地点,以便让他安全登陆。在奥雷托河口矗立着一座名为叶海亚(Yahya)的小城堡,它有两方面的作用:一是可以保护向东前往巴勒莫的道路,二是可以阻拦河道里的敌船。叶海亚城堡没有造成很大麻烦,城堡守军被罗杰的辱骂所激怒,出来作战,数分钟内就阵亡了15名士兵,还有30余名士兵被俘虏。这里成为诺曼人的据点,被改名为圣约翰城堡。不久之后,罗杰为表达对胜利的感恩而将它改为教堂。[1]

普利亚公爵不久率舰队抵达,并迅速下令进攻。舰队向前行驶,封锁了港口的入口。军队在陆地上以弧形分散,左边的由罗杰率领,向西北推进,右边的由罗贝尔率领,向西沿着海岸推进,

---

1 1150年时这里成为一所麻风病院。这座教堂保存到今天,被称为麻风圣约翰教堂(Church of San Giovanni dei Lebbrosi),在它东边的花园里还保留着一些原来的撒拉逊城堡的遗迹。

诺曼军队慢慢向城市的设防区域移动。巴勒莫人已经做好了准备，现在他们没有多少获胜的希望，但是他们知道，他们的抵抗决定了伊斯兰教在西西里的未来。他们不仅是为了巴勒莫而战斗，更是为了先知的荣光而战斗。如果他们放弃尝试，那么他们在天堂的奖赏是不是就得不到保证了？数年来，他们一直在等待这一刻，所以加强了城防，除了两三个城门，其他城门都被封了起来。诺曼军队的先锋接近城墙时，迎接他们的是大量箭矢和石块。

因此，在巴里陷落仅仅4个月之后，诺曼人又专注于另一场围城战，这一次是为了最丰厚的奖赏而来。这次的围城战比上一次有更多变故。撒拉逊人比之前的希腊人更大胆、更敢于冒险，他们一直试图突围，经常主动打开城门以引诱围攻者与他们近身肉搏，但是他们的勇气并未见效。他们在海上的运气也不好，罗贝尔·吉斯卡尔已经放弃了之前用船舶连成屏障、永久封锁港口的旧策略，该计策在巴里没有获得什么成功，在巴勒莫的地形状况下也不适用。反之，他让舰队主力停泊在奥雷托河口，准备在必要时迅速采取行动。事实证明，这决定很明智。普利亚的威廉以不间断的六步格诗告诉我们，有一天——肯定是1071年晚秋的某一天——西西里和非洲的联合舰队出现在巴勒莫城外。罗贝尔立刻命令所有属下，诺曼人、卡拉布里亚人、巴里人以及被俘的希腊人进行圣餐礼，圣餐礼结束之后，他们出发迎敌。刚开始，他们处境艰难，有些时候，这些用红色毛毡包覆船舶以抵挡投射物的穆斯林看似要在海上获得他们在陆地上难以取得的胜利。然后慢慢地，诺曼人占据了上风。那一天结束时，剩余的撒拉逊舰船上的所有桨手竭尽全力，全速向巴勒莫划去。巴勒莫人及时拉起巨大的铁链——用以替代 8 年前被比萨人夺走的铁链——封锁港口，但是吉斯卡尔拒绝放走猎物，诺曼船只以某种方式冲了过去，在巴勒莫的港口中用熊熊燃烧的火把完全消灭了西西里海军。

在中世纪时期，任何遭受围攻的城镇面临的最大危险是饥荒，而饥荒正在巴勒莫迅速蔓延。过去经常保护首府的"黄金盆"山区现在成了一个障碍，因为它能够令诺曼军队——比之前更庞大，不过人数也不足一万——封锁面积大得多的区域。所有通往南方和东方的主要道路都被罗杰的军队阻断了。他的机动队伍在西方截获救援物资，罗贝尔停在北部锚地的船舶也遵循此法，两者的效率都很高。在这种环境下，诺曼人可能以为只需耐心地等待，城市必然投降。不过，他们也承受着压力。12 月，信使带着沉重的消息来见罗贝尔，让他得知他的封臣再一次起兵叛变。他的侄子阿伯拉尔还记着旧怨，趁吉斯卡尔一直不在，再次发起叛乱，阿伯拉尔的兄弟埃尔曼以及焦维纳佐和特兰尼的领主们也在一旁怂恿。他们一起争取到了处于权力高峰的卡普阿的里夏尔、萨莱诺的吉苏尔夫，以及有可能出兵的拜占庭人的支持。始于普利亚的暴乱现在迅速蔓延到卡拉布里亚。罗贝尔面前摆着艰难的抉择：是立刻回去，让巴勒莫再一次从他的手中溜走，还是冒着意大利的统治区丢失的风险，继续围城呢？他决定留在西西里，但是不再等待疾病和饥荒慢慢把被围城市的抵抗给消磨掉。他现在只能强行解决这个问题。

巴勒莫老城的中心是卡斯尔区（Al-Qasr，即城堡），这个区域有喧闹的集市和露天市场，分布在宏伟的聚礼日清真寺周围。卡斯尔区之外围着城墙，城墙上有 9 座城门。1072 年 1 月 5 日拂晓，罗杰的步兵对这里发动了进攻。[1] 接下来的血腥战斗持续了很久。守军怀着绝望的意念，从大门中涌出，扑向来犯之敌。守军开始利用数量和冲击的优势击溃了诺曼步兵，但是就在此时，罗贝尔·吉斯卡尔派出待命的骑兵，用强大的一击挽救了战况。现在轮到撒拉逊人逃走了，诺曼人紧追不舍。守军本可以逃出生天，但是墙上的岗哨见他们无法摆脱追击者全身而退，便在他们面前重重地关上了大门。就这样，巴勒莫守军中最勇敢的一群人发现他们被困在诺曼骑兵和他们自己的坚固城墙之间。他们继续搏斗。

现在，吉斯卡尔的 7 架巨大攻城梯已经缓缓放到预定位置。城墙下的诺曼人已经领教过撒拉逊人的钢箭，钢箭造成过一些死伤，所以兵员普遍不肯带头攀登。而罗贝尔用有效的手段激励下属，在激励之下，一位名叫阿奇弗莱德（Archifrede）的人开始登梯，其他两人紧随其后。他们到城墙上时没有受伤，却在接下来的搏斗中被打碎了盾牌，无法继续前进。他们爬回城墙下，活着享受荣耀，至少阿奇弗莱德把自己的名字留在了史书的小角落里。但是，卡斯尔区还没有被征服。

吉斯卡尔知道自己必须改变战术。到现在为止，根据徘徊于城墙上戴头巾的人来推测，城里其他地方的防御工事可能缺少人手。他让罗杰继续保持进攻的压力，自己率领 300 名精兵向东北赶去。这里位于卡斯尔区和大海之间，是更为现代的哈勒萨区（Al-Khalesa），它是巴勒莫的行政中心，多由公共建筑构成——军火库和监狱、议会（divan）和政府部门，在它们中间是最重要

1　卡斯尔区包括的区域，大致在现在的王宫（Palazzo Reale）和四角广场（Quattro Canti）之间，一侧以卡斯特罗门大街（Via Porta di Castro）为界，另一侧以塞尔索大街（Via del Celso）为界。

的埃米尔的宫殿。该区也有布防，却不如邻区严密。[1]和吉斯卡尔的预见一样，这里实际很缺少防御。诺曼人的小队登梯上墙，经过小规模血战，愉快地进入城里，向罗贝尔和其余的人打开城门。[2]前面还有抵抗等着他们。城堡的守军听闻敌人进城，惊慌失措，他们因知道被耍而愤怒异常，便前来迎战。接下来又是一场恶战，撒拉逊人抵挡不住诺曼人的剑锋，直到夜幕降临，最后的幸存者才沿着布满尸体的狭道逃往仍在反抗的卡斯尔区。

当天晚上，巴勒莫的守军明白大势已去。一些人还想着为信仰而战，但是谨慎的意见占了上风。次日清晨，市民派出一支显贵的代表团，要求同普利亚公爵商谈城市投降的条件。罗贝尔再次显示了得胜后的大度，他承诺，不会有报复行为，也不会再行掳掠，所有撒拉逊人的生命和财产都会得到尊重。他想要保持友谊，并且只要求居民效忠并支付年贡，作为回报，诺曼人不会干涉穆斯林的宗教行为，也不会干涉穆斯林教法的施行。

尽管西西里远征有十字军的特性——吉斯卡尔从最开始便知道并强调这一点——他此刻的宽容和和蔼也毫不奇怪。他没有道理再挑起撒拉逊人对新领主的敌意。此外，他必须尽快抽身返回大陆，因此希望避免旷日持久的谈判。卡斯尔区仍旧没有投降，还能继续制造数天甚至数周的麻烦。无论如何，他不是天生就爱

---

1 城墙沿着广场的四周延伸，现在由卡尔莎广场（Piazza della Kalsa，仍然保持着阿拉伯语的旧名）、费利切门（Porta Felice）、阿西西的圣方济各教堂（Church of S. Franceso d'Assisi）和马焦雷广场（Piazza Magione）构成。

2 据说罗贝尔进城的城门直到数年前还可以看到。它位于胜利圣母教堂（Church of S. Maria della Vittoria）这座小教堂的第一祭坛的后面，就在斯帕西莫广场（Piazza dello Spasimo）的旁边。但不知为何，我发现这座教堂已被拆除了。

报复——孔韦尔萨诺的杰弗里和巴里的所有希腊人可以为此担保——他现在授予穆斯林的权利，仅仅是他过去向统治下的基督徒团体所授予的权利。不过，这样的容忍越来越罕见——仅仅 27 年后，第一次十字军东征的士兵进入耶路撒冷，屠杀了所有穆斯林，将所有犹太人在大犹太会堂中焚烧——撒拉逊人本以为会受到更严厉的对待。谈判拖延了好几天，这样才保住了脸面和礼节，他们最后接受诺曼人提出的条约时，必定长舒了一口气。即便如此，无论是撒拉逊人还是罗贝尔·吉斯卡尔都不明白这份协议的全部重要性。对于西西里的撒拉逊人来说，这标志政治独立结束了，却也标志一个前所未有的秩序井然、和平安稳的时代开始了，在这个时代，在一个强力而仁慈的中央政府——撒拉逊人从未达到这种程度——的统治下，他们的艺术和科学天赋将得到前所未有的鼓励和称许。对诺曼人而言，这成为他们新的政治哲学的基石，让他们建立的国家在接下来的 100 年间成为世界上文化和启蒙的典范，为他们提供了包容和宽广的前景，这前景让欧洲的文明国家羡慕不已。

1072 年 1 月 10 日，普利亚公爵正式进入巴勒莫，罗杰、西吉尔盖塔、萨莱诺的居伊跟在他后面，再后面是同他一起作战的诺曼首领。他们骑马穿过城市，到古老的圣母教堂[1] 匆匆地举行祝圣仪式，这座教堂已被用作清真寺达 240 年之久了。在这里举行了感恩活动，用的是希腊礼，由老迈的巴勒莫大主教主持——忠

1　最初的教堂的遗迹还留存在如今附属于主教座堂的道成肉身礼拜堂（Incoronata Chapel）。

实的拉丁人马拉泰拉说："虽然他是一个胆怯的希腊人，却还是竭尽所能地遵从基督的宗教。"而且如果我们相信阿马图斯，天堂中天使们的声音也混杂在教堂会众的声音之中。

他们最大的目标终于完成了，诺曼人确实应该高兴高兴：由于巴勒莫陷落的消息传播开来，其他几个地区也主动投降，尤其是西南部的马扎拉。全岛还未彻底降服，独立的埃米尔国家还在特拉帕尼和叙拉古继续斗争。更不用说恩纳了，年轻的塞洛在过去的6个月一直在此处进行游击活动，不断骚扰当地统治者，并且成功地阻止了所有派往巴勒莫纾困的部队。但是最终的和平只是时间问题。同时，封建归属的问题需要解决。它没有造成什么麻烦，因为早在13年前，罗贝尔·吉斯卡尔就被教皇尼古拉任命为西西里公爵，现在他宣称对整个岛屿都拥有宗主权。然而，由他直接保有的地区只留下巴勒莫、一半的墨西拿以及一半的德莫纳谷地（Val Demone）——位于他参与征服的东北山区。其余地区由他的直属封臣罗杰——现在的西西里大伯爵（Great Count of Sicily）控制，罗杰在将来可能获得的领土也归他自己所有，他的两位主要副手塞洛·德·奥特维尔和波佐利的阿里斯戈特（Arisgot of Pozzuoli）也享受此待遇。

唉，塞洛没能活到获得封地的时候！1072年夏季的某个时间，他和手下被诱入埋伏圈，位置在尼科西亚的不远处，附近是切拉米河和萨尔索河（Salso）的交汇之处。面对兵力数倍于己的撒拉逊骑兵，他知道自己注定要丧命了。他和手下跳上一块巨大的岩石，勇敢地战斗到最后一刻，献出了他们的生命。马拉泰拉说，抓到他的人把他的心挖出来吃掉了，他们希望借此获得塞洛的勇敢；他的头颅被当成礼物敬献给"非洲之王"。悲伤的消息传到巴勒莫之后，非常了解其侄子、一直同他作战的罗杰悲痛欲绝。根据记载，罗贝尔"表现得很有男子气概，他忍住泪水，以避免加重弟弟的悲伤"。塞洛是所有年轻的诺曼骑士中最受爱戴的，也是最勇敢的。他再也没有机会完成自己光辉的诺言了，到我们今天还要面对一个更不相称的对手。本书即将付印之际，一家承包公司正在拆除他去世时的地方——塞洛之岩（Pietra di Serlone），岩石上有为纪念他而雕刻的大十字架，大十字架至今已经存在了9个世纪，了无修饰地从地面上立起。

罗贝尔·吉斯卡尔到秋季才返回大陆。最可能的解释是，他从自己的探子那里知悉，普利亚和卡拉布里亚的局势没有他先前担心的那么严重，预计不会进一步恶化，这样下去，按他的速度在明年年初应该就能恢复秩序了。无论如何，1072 年的整个夏天他都待在巴勒莫，与他的弟弟一起修建两座坚固的城堡，一座在卡斯尔区，另一座小一点的在哈勒萨区控制港口的入口。他还在巴勒莫建立了诺曼人的政府，以此来补充业已存在的撒拉逊机构。在此之前，他以自己的名义任命了一位主要副手为巴勒莫总督，并向他授予了埃米尔的头衔。这是西西里岛上第一个诺曼统治者愿意采取当地的形式和习惯的例子，这种兼收并蓄将为他们的新国家提供许多特色和力量。

罗贝尔在离开西西里的一两天前召集所有撒拉逊贵族开会。他解释说，巴勒莫的围攻和占领是一次花费巨大的长期行动，花掉了他一大笔钱，特别是折损了大量战马。听者心领神会，他们知道罗贝尔接下来会进一步提出要求，便急忙抢在前头，为罗贝尔提供各种礼物，包括他需要的所有马匹和黄金，更有甚者，将自己的儿子送给他当随从，以作为忠诚的保证。由此，在 1072 年末，罗贝尔带着他那新公爵领的财富，率领他的得胜之师——由南欧的大多数族群组成，并点缀有年轻的撒拉逊男子汉——骄傲地回到意大利。在他不断获得成就的一生中，这是最伟大的胜利。

从 9 世纪上半叶开始，西西里的全部或大部分地区就被掌握在穆斯林手中，形成了伊斯兰世界最前沿的前哨，侵略者、海盗以及远征军从这里出发，对基督教世界的南方防线造成持续不断的压力。征服他们的任务困扰了世界上两个最大的帝国，无论它们是单独作战还是联合作战，都未能完成。已经差不多有 250 年了。这项任务却被罗贝尔用少量人手和 10 年时间完成了，只剩下几处零星的抵抗，它们不成气候，无法给他和欧洲造成麻烦。他必定十分满意，若他能看见未来，得知他的工作能带来多大的历史影响，他可能会更满意。诺曼人征服西西里岛，加上同时代西班牙的收复失地运动，是基督徒对南地中海穆斯林控制地区迈出的巨大的第一步，而这种反应是之后中世纪的里程碑之一，不久后发展为宏大的十字军的史诗——尽管最后落空了。

第二部

王国的建立

14

两极分化

东方教会已经远离了信仰，正四处受到异教徒攻击。无论我看向哪里……我发现那些任职时不合规定的主教，其生活和言谈同他们的神圣使命有着奇怪的分歧……不再有王公将上帝的荣耀置于他们自己的私利之上……我经常对生活在我周围的罗马人、伦巴第人和诺曼人说，他们甚至比犹太人或异教徒更坏。

——格里高利七世致克吕尼的休的信，1075 年 1 月 22 日

罗贝尔·吉斯卡尔再也没有回过西西里岛。他的天赋是士兵的天赋，而不是管理者的天赋，一块领土一旦被他安全地控制在手中，似乎就对他失去了吸引力。事实上，当他于 1072 年底离开该岛时，它还未被征服。在西部的特拉帕尼、东部的陶尔米纳，撒拉逊埃米尔根本没有要投降的迹象。塞洛之死为中部地区的抵抗提供了新的动力。此时在阿格里真托到卡塔尼亚一线以南，诺曼人甚至连渗透都很少。但是这些想法对罗贝尔而言并不重要。巴勒莫在他手里，他现在是名副其实的西西里公爵。现在是时候考虑他在大陆的统治区域了，一旦那里的秩序得以恢复，他就能

在欧洲的舞台上得到正确的位置。幸运的是，罗杰似乎对自己留在西西里的安排很满意，他可以轻松地完成安抚的工作，这使他有事可做。

罗杰不再继续要求什么。虽然他缺少吉斯卡尔的潇洒气质，但是他比哥哥更聪明，当然还更敏感。西西里从开始就吸引着他的想象力，并且在10年的时间里一直令他魂牵梦萦。或许是伊斯兰世界那经常用来蒙骗毫无戒心的北方人的奇怪咒语起了作用，让他着了道。不仅如此，罗贝尔看到的只是他冠冕上的一颗闪闪发亮的宝石，是意大利半岛的延伸区域，只是被窄窄的水道隔断了而已，而罗杰意识到这是一个挑战。这些狭窄的海峡可以保护岛屿，让它隔绝于南意大利那些永无止息的争吵，为西西里提供了超越大陆的可能性。这也为他提供了一个机会，让他可以一劳永逸地从哥哥的阴影中逃离。

摆在他面前的所有任务里，最重要的是将诺曼人的权威扩展到整个岛上，他知道这需要时间。吉斯卡尔离开之后，可倚靠的兵力远远比以前少，只有数百骑士归他领导，这样一来，罗杰只能巩固之前征服的成果，没有办成其他事的希望。除此之外，他只能依靠外交手段去化解撒拉逊人的抵抗，直至其消失，或是减弱到他可以用军事手段来对付的程度。换句话说，必须尽可能说服穆斯林接受新的宽容政策，必须以宽容和理解的态度对待他们。诺曼人确实也如此做了。诺曼·道格拉斯（Norman Douglas）在他的《老卡拉布里亚》（Old Calabria）一书中荒唐地诋毁诺曼人，他宣称："占领该国之后，他们立即夷平了成千上万的阿拉伯庙宇和礼拜所。单看巴勒莫的数百座，就无一幸存。"这完全对不上罗杰的政策。虽然在征服之初，他确实竭尽全力地鼓励意大利人和伦巴第人前来殖民，但是他的撒拉逊臣民依旧远远多于他们的基督徒邻居，并且对他而言，毫无必要地引起他们的对抗是非常愚蠢的。更何况，如果道格拉斯所言不虚，那么罗杰和他的继任者就不可能创造出和谐的氛围，下个世纪西西里王国互相尊重的特点也不可能存在。

很自然，最先施行的是安全的指令。基督徒和撒拉逊人承担的税赋都很高，并且征税比以往更有效率。为加强自己的军事力量，罗杰每年征兵一次，毫无疑问，那些受到直接影响的人并不会更喜欢新政策。在偏远的村庄和乡下，不可避免地出现了一些零星的情况：当地的统治者对统治的居民进行了不同程度的迫害。但是对绝大部分人口，也就是居住在巴勒莫和主要城镇的人口来说，撒拉逊人似乎找不到抱怨的理由。从前是基督教堂的清真寺现在被恢复为基督教堂，但是其他清真寺依旧向虔诚的信徒开放。伊斯兰教法仍旧由当地法庭执行。阿拉伯语被宣布为官方语言，地位与拉丁语、希腊语和诺曼法语相同。在当地政府中，许多首府以外的埃米尔仍继续任职。其他可能制造麻烦的人被撤职了，但是被撤职的人往往可以上交可被接受的贿赂，或是自行上交土地，以迁移到追随他的人变得更少的地方。在西西里岛，诺曼人完全没有任何残暴的行为，而同时期征服英格兰的诺曼人却表现出残暴的特点——这非常招人讨厌。结果是，巴勒莫被征服之初，有很多证据能证明撒拉逊人之中存在怨恨情绪，但是罗杰赢得了他们的信任，怨恨逐渐地平息了，很多逃到非洲或西班牙的撒拉逊人在一两年内又回到西西里，继续以前的生活。

伯爵的新基督徒臣民给他带来了另一个问题：他不得不面对日益增长的幻灭感。西西里的希腊人一开始将诺曼人当成把他们的岛屿从异教徒的桎梏下拯救出来的解放者，这份热情日渐消退。法兰克骑士可能在他们的纹章上添加了十字架，但是他们中的大部分似乎比穆斯林更野蛮、更不文明。此外，他们遵从希腊人瞧不起的拉丁礼仪，他们画十字的方式是用 4 根手指从左至右画，而且最糟的一点是，他们在巴勒莫定居之后，让讨厌的拉丁教士和修士涌进来，这些拉丁人甚至将刚恢复的希腊教堂据为己用。历经一代人时间的教会分裂使希腊人和拉丁人之间的反感日益强化，这种反感正在西西里达到前所未有的不妙程度。

罗杰完全意识到了危险。他没有忘记 10 年前特罗伊纳的那个可怕的冬季，那时希腊人同撒拉逊人联手对抗他的军队，而他和朱迪丝差点死于寒冷和饥饿。这让他明白，最重要的一点就是不能把他们的忠诚视为理所当然的事。他已经向他们完全保证，他们的语言、文化和传统都会得到尊重，但是这还不够清楚。他现在必须提供物质上的帮助，以让他们重建自己的教会。西西里的东正教系统已经完全崩溃了，只剩下年老的巴勒莫大主教，他从首都被驱逐出去，居住在邻近的圣西里阿卡（Santa Ciriaca）村，心中一直在战栗。瓦西里安[1]修道院这些幸存下来的机构则气息奄奄、一贫如洗。

罗杰以他一贯敏锐的洞察力看到，这可能是他最容易重新获得希腊人支持的地方。他向东正教团体提供资金，让他们重建教堂，不久之后，伯爵个人也捐建了一座新的瓦西里安修道院，这是第一座，他在余生又修建或重修了另外的 13 座。新修的房子让谁来住不是问题。卡拉布里亚的希腊修士生活处境日渐艰难，在

1　见第 84 页脚注。

那里，罗贝尔·吉斯卡尔和教皇（以及罗杰自己，这里有他控制的地盘）急于尽快完成拉丁化的进程。无疑有不少希腊修士都非常乐于移居到西西里，西西里不仅有信仰相同的人士欢迎他们，政府也欢迎他们——因为此举能有效补充当地的基督徒人口。罗杰仅仅提出了一项条件：任何西西里的希腊人都不得认为自己应受君士坦丁堡牧首的管辖，也不得以任何方式向拜占庭皇帝效忠。在管理上，他们必须服从于在岛上快速成型的拉丁教会制度。虽然西西里和君士坦丁堡之间的联系事实上早已不复存在，但是对许多希腊人而言，接受罗马的最高权威就像吞下一粒苦药丸一般，不过罗杰很细心地用奖赏和优待去安抚他们，甚至偶尔安排特殊的豁免，[1]让他们不用接受当地主教的管辖。他们不久便接受了这难以回避的事实。

如此一来，罗贝尔·吉斯卡尔将诺曼人在西西里控制的地区交由罗杰管理，就在巴勒莫的最初几天之后，伟大的伯爵开始为多民族、多语言的国家打下基础。在这里，诺曼人、希腊人和撒拉逊人在中央的稳固管理下，可以自由和谐地按照他们自己的文化传统去生活。在这种环境下，这是唯一可能行得通的政策。但是罗杰那辉煌的成功，只有结合卓越的管理天赋，宽广的视野，11 世纪时很罕见的兼收并蓄的智慧，才有可能实现。他由衷地钦佩他所见到的穆斯林文明，尤其是穆斯林建筑，而他对希腊教会的明显兴趣一度使新的东正教主教认真讨论让他改宗的可能性。西西里是幸运的，她在这个历史上的关键时期，获得了一位个人

1　类似的豁免在东正教世界早就为人所知。例如，阿索斯山的修道院最初独立于君士坦丁堡牧首，只服从于皇帝本人；西奈山的圣凯瑟琳修道院后来被提升到自治教会的地位。

能力能够满足该岛需要的统治者。

这些倾向确实让罗杰的工作比原来更容易完成，但是还有其他因素让它变得无限复杂：其一是在诺曼领土边境沿线持续不断的游击战，它不断提醒人们，在三分之一的土地还未被占领的情况下，就不会有和平或任何大规模的经济发展；其二就是罗贝尔·吉斯卡尔，他的力量虽然强大，却满足不了他的野心。在此后的几年里，罗杰会不得不一次次将他在西西里的工作搁置在一边，然后迅速赶过海峡去援助他的兄长。

我们之前谈到，普利亚公爵并不急于回到大陆。他的侄子们及其盟友的反叛已经证明没有他最初想的那么危险，他从不怀疑自己处理该问题的能力。事实证明他是正确的。他径直奔赴梅尔菲，在那里将所有忠诚的封臣召来见他，然后在 1073 年到来之后领军向东前往亚得里亚海滨。特兰尼于 2 月 2 日陷落，接着科拉托（Corato）、焦维纳佐、比谢列（Bisceglie）和安德里亚（Andria）也快速陷落了。叛军领袖埃尔曼和特兰尼的彼得被捕，然后被投入监狱。3 月，罗贝尔将注意力转向小镇奇斯泰尼诺（Cisternino）。起初，它似乎倾向于做出激烈抵抗，但是吉斯卡尔急于攻下它。他知道这城镇属于他的囚犯特兰尼的彼得，就命人迅速用枝条编好一张巨大的帘，将不幸的彼得绑在上面，让诺曼人躲在帘后面进军。守军不能杀害他们的领主，便无法反击，而彼得本人也只是哭号着劝他们投降。他们服从了。

随着奇斯泰尼诺的陷落，罗贝尔迅速地平息了普利亚的叛乱。这花了他不到 3 个月的时间。卡诺莎（Canosa）[1] 还有守军在抵抗，他们是之前被卡普阿的里夏尔安排在那里的，但是罗贝尔的军队抵达之时，城镇已陷入缺水状态，未经抵抗便投降了。吉斯卡尔得胜回到特兰尼，在那里，他再次展现了他最长久的特征之一——突然出现的宽宏大量。他不会为他在奇斯泰尼诺对特兰尼的彼得所做的事感到任何悔恨，他的行为已经达到了预期的效果，对他来说，结果是好的，手段就是正当的。但是他明显感觉到，他那可怜的犯人已经吃了够多的苦了。他现在把之前没收的所有土地和城堡都归还给彼得，除了特兰尼城。

罗贝尔的仁慈并没有惠及他以前的全部敌人。对一个小小的普利亚贵族，他可以如此慷慨，但是卡普阿的里夏尔对他的位置造成了更严重的长期威胁。在 14 年的时间里，自两位首领一起在梅尔菲接受教皇授职开始，里夏尔就一直在提升自己在西方的影响力。他现在在坎帕尼亚甚至往北远及罗马的地方都享有最高权威。在罗马，他让教皇亚历山大——以及希尔德布兰德——与对立教皇霍诺留争夺权力的时候离不开他。但是自那时起，他就违背了他的封臣誓词，并于 1066 年进军罗马。虽然他当时被托斯卡纳的军队所阻止，但是大家都知道他依然在关注罗马城的贵族。和普利亚公爵一样，他在处理不服从的封臣上也有过一些困难。而就在一两年前，他甚至为镇压叛军而向他的对手寻求帮助，罗贝尔则派出一支他无法负担的部队去帮助他。再往后，吉斯卡尔询问他能否为远征巴勒莫出力时，里夏尔许诺派出 150 名骑士，

---

1 这是普利亚的卡诺莎，位于梅尔菲和巴莱塔（Barletta）之间，不要与托斯卡纳的卡诺莎相混淆。后者不久后将会在历史上获得让人难忘的位置。

却未兑现诺言，这些兵反而可能是被派去支援普利亚的叛军了。妹夫报答旧恩的方式居然如此古怪。总之，卡普阿亲王太强大、太狡猾，而且太危险。罗贝尔必须着手应对。

但是过去 3 个月的势头不会再继续。罗贝尔在特兰尼忙于准备对付卡普阿的大军之时——他巨人般的身躯通常会摆脱掉发烧等毛病，跟抖掉身上的雨滴一样——却被严重的疾病打倒了。他以为空气的改变或许能拯救自己，便要求把自己送回巴里。但是他的情况愈发糟糕，一直在他身边的西吉尔盖塔也对他的身体不抱希望了。她迅速召集她能找到的封臣和诺曼骑士，并且命令他们推选她的长子罗杰为她丈夫的继承人。罗杰的绰号是"博尔萨"（Borsa），意思是"钱袋子"，这来自他之前根深蒂固的反复数钱的习惯。他是一个虚弱的、性格犹豫的 13 岁孩童，人们对他的印象是，他在罗贝尔身边度过了童年，而且西吉尔盖塔很宠爱他。这确实可以理解，但是这没有使得他成为未来的普利亚公爵的最佳人选，尤其是因为他还有一位同父异母的哥哥博希蒙德，博希蒙德是吉斯卡尔跟被抛弃的妻子布纳尔伯格的阿尔贝拉达的儿子。博希蒙德在战场上表现突出，而且他明显是他父亲的孩子中唯一一个继承了奥特维尔家族品质的儿子。另一方面，博希蒙德此时似乎不在巴里，而西吉尔盖塔在。她指出，她的儿子有一半伦巴第血统，会比那个完完全全的诺曼人更容易被普利亚的伦巴第人所接受，而她自己也不想惹出争斗。因此罗杰·博尔萨被选为继承人，唯一不赞成的是他的堂兄阿伯拉尔，阿伯拉尔依然对旧日的委屈耿耿于怀，声称自己作为汉弗莱伯爵的子嗣，理当继承公爵领。封臣完成义务后就离开了他们卓越的领袖，他们以各种方式同他作战了很久，尽管他在所有人心里所占的地位都不同，但是每个人的心里都有一种感觉，那就是事情不会再像以前一样了——普利亚将来会成为日渐衰落的地方。的确，在他们各自回家的数天内，消息就像野火一样传遍了整个半岛：罗贝尔·吉斯卡尔去世了。

　　消息在 4 月底传到罗马，该城正在悼念另一位逝者——教皇亚历山大。至少这一次在继承问题上没有出现麻烦，因为人选太明显了。执事长希尔德布兰德已经在教廷中有效地掌权了 20 年，在这期间他已经获得了至高权力，只有名义上不是而已。按照事先的精心安排，人群在亚历山大的葬礼活动中抓住他，将他带到了文库里斯（Vinculis）的圣彼得教堂，在那里欢欣鼓舞地拥立他为教皇。他们做的事情不过是把业已存在的状态合法化，接下来按照教会法的选举纯粹是走过场。他被迅速地任命为神父，这是担任教皇所需要的资格，却在他职业生涯的早期被忽视了。随后他迅速登上最高宗座，登基为教皇，称为格里高利七世。

　　在 11 世纪的三位教皇（利奥九世、格里高利七世和乌尔班二世）里，格里高利是最不迷人的一位，却是最卓越的一位。其他两位是贵族，拥有贵族血统，受过一流的教育，而他是一个托斯卡纳农民的儿子，在族群上是伦巴第人，他的言谈举止透露了他低下的出身。[1] 他们几乎是理所当然地当上了教皇，而他在教廷经

1　希尔德布兰德，又叫希尔德普兰德（Hildeprand），这是一个普通的伦巴第人的名字。他父亲的名字是伯尼佐（Bonizo），是伯尼帕特（Bonipart）的缩写形式，我们发现它在 7 个世纪后又以波拿巴（Buonaparte）的形式出现。拿破仑·波拿巴也是伦巴第人的后裔，他和希尔德布兰德有很多共同之处。

过了一段漫长而艰苦的、尽管影响力越来越大的见习期之后，才坐上教皇的位子，其原因无非是他强大的能力和意志力。另外两位都很高大，拥有出众的外表；他则身材矮小，皮肤黝黑，有明显的大肚子，声音细小，所以他的罗马同僚就算能容忍他浓重的地方口音，却很难明白他说的话。他缺乏利奥那样明显的圣洁，也没有乌尔班那样灵活的政治直觉或外交天分。他不是学者，也不是神学家。不过，他有一种能说服人的特质，这让他几乎可以自然而然、毫不费力地统治他自己所从属的群体。

他的力量首先在于意图的专一。在他的一生中，他受到了一个压倒性的理想的指引：让整个基督教世界，自皇帝以下，都服从罗马教会的权威。正如教会在大地上拥有最高地位，教皇又在教会中拥有最高地位。他是所有人的裁决者，他自己只对上帝负责。他的话语不仅是法律，而且是神律（Divine Law）。对他不从，约等同于死罪。在他之前，教会的专制从没有达到如此极端的程度，此前教会也没有以如此坚定的决心去追求它。这种极度的极端主义最终被证明会导致自我灭亡。相比起来，他的对手亨利四世和罗贝尔·吉斯卡尔和他一样坚定，却非常灵活，格里高利则不愿妥协，甚至在不直接涉及原则的情况下也不愿意——他将为这个教训付出代价，也最终因此而走向失败。

教皇就任之后，便马上向西吉尔盖塔送去正式书信以表示慰问。这封信没有被收录在他的个人书信集中，但是阿马图斯提供的版本精准地表达了我们所了解的格里高利的想法，因此它可能是基于真实文本的。内容如下：

罗贝尔公爵作为神圣的罗马教会最亲爱的儿子，他的去世使教会处于深深的、难以治愈的悲伤之中。枢机主教团以及整个罗马元老院都沉痛地悼念他的离世，他们自己的心情也变得极为痛苦……但是为了使您了解我们的良好愿望，了解我们对您丈夫的完美的爱，我们现在请您告诉您的儿子，神圣的教会很乐意见到他接过他父亲从我们前任教皇那里得到的所有东西。

无论以什么标准，这都是一封极其伪善的信。格里高利没有喜爱罗贝尔的理由。公爵甚至没有在最近的苦难中哪怕动一根指头来帮助教皇，他的哥哥杰弗里和杰弗里的儿子洛利特罗的罗贝尔（Robert of Loritello）现在仍在蹂躏阿布鲁齐那价值非凡的教会地产。另一方面，教皇确实急于让吉斯卡尔的继承者接受领地和头衔的正式授予仪式。奥特维尔家族的人是教皇的封臣，格里高利无意允许他们忘记这一点。罗杰·博尔萨在各方面都是一个文静而虔诚的年轻人，他应该比脾气暴躁的父亲更加顺从。既然这样，在一两周之后收到回信的格里高利居然没有感到惊喜。因为写这封回信的人不是悲伤的寡妇，而是罗贝尔·吉斯卡尔本人，他现在快要完全康复了。他很高兴地通知教皇——无疑还要通过教皇告知枢机主教们和元老院——他去世的消息根本没有任何根据。他继续高兴地说，教皇对他说的好话让他很感动，他还请求继续做教皇最听话的臣仆。

罗贝尔口述书信时必定很高兴，但是他也很想要一个正式的再授职仪式。在西西里的战役中，教皇的祝福除了提高军队士气之外没有别的意义；现在他再次把心思放在他在意大利的领地，也许他已经开始为在领地之外实现伟大的事业而构思计划，而与格里高利更新契约只会加强他的力量。这将产生心理作用，让他的封臣更加顺从。更重要的是，如果罗贝尔要求教皇支持他，教皇很难拒绝。因此，在卡西诺山修道院院长德西德里乌斯的安排下，格里高利和吉斯卡尔的会面提上了日程：两人将于1073年8月10日在贝内文托见面。

这次会面完全失败了。事实上，这两人似乎连见面都没能做到。刚开始，礼仪上的安排就有严重的问题。教皇希望在贝内文托的宫殿中接见罗贝尔，而提前收到暗杀警告的公爵拒绝进城，并且提议两人在城外见面——格里高利认为这个方案不符合他作为教皇的尊严。可怜的德西德里乌斯肯定承担着吃力不讨好的任务，在这两个坚定而相互怀疑的人之间来回穿梭，在坎帕尼亚的太阳无情炙烤大地的炎热8月，对两人又劝又哄。如果他的努力成功了，公爵和教皇最终会面了，他们的相见似乎也是弊大于利的。唯一的结果却是双方关系走向完全破裂——双方都认为联盟难以为继，必须安排替代它的方案。

整个贝内文托的事件有些地方让人难以理解。两人之间最近的通信或许不是特别真诚，但在表面上是很热情友好的——甚至恭维得有些过头了——它还显示双方都真诚地想要讨论下去。到底发生了什么，竟如此彻底地改变了状况？关系的破裂不能完全归咎于吉斯卡尔的疑心，也不能归咎于格里高利的骄傲。作为达成任何协议的基本前提，可能教皇坚持让罗贝尔命令他哥哥和侄子停止入侵阿布鲁齐，而且公爵必须宣称自己没有能力、也不会采取必要的行动。格里高利的确在此事上表现得很强硬：他不久后向受影响的地区派出了一位主教，该主教以强硬的手段而臭名昭著——两年前他除去了一些叛乱修士的眼睛和舌头而受到了教皇的赞扬。但是没有证据表明有人在贝内文托提起过阿布鲁齐的问题。我们只知道，教皇离开贝内文托之后径直前往卡普阿，他在卡普阿确认了亲王里夏尔的领地，接着两人组成了对付普利亚公爵的军事联盟。

于 1073 年秋回到罗马后，教皇格里高利很担心。数月之前，刚上任的他收到了一份求救信，书信来自君士坦丁堡的新任拜占庭皇帝米哈伊尔七世（Michael Ⅶ），这份求救秘密而急迫。东方帝国正面临史上最严重的危机。两年前，在罗贝尔·吉斯卡尔占领了希腊人在意大利的最后堡垒巴里而声势日隆之时，罗曼努斯四世·戴奥真尼斯率领的拜占庭军队在亚美尼亚城镇曼兹科特（Mantzikert）遭到了塞尔柱突厥人的致命打击，罗曼努斯沦为塞尔柱突厥人的囚徒。整个小亚细亚向入侵者敞开，而从小亚细亚到首都仅有一步之遥。塞尔柱突厥人的领袖阿勒卜·阿尔斯兰（Alp Arslan）不久便释放了罗曼努斯，但是罗曼努斯在返回君士坦丁堡的路上发现他的继子米哈伊尔已经代替自己登上了帝位。经过短暂却徒劳的努力，他在得到生命安全保证之后向新政权投降了。鉴于他曾长期生活在君士坦丁堡，他本该更清楚情况才对。保证遭到遗忘，老皇帝被烧红的钢铁烫瞎，5 周之后便去世了。米哈伊尔本人在其中没有起到什么积极作用。他热爱学术，喜欢独处，对政治阴谋没有兴趣，乐于听从他的主要顾问和大臣——杰出却可憎的米哈伊尔·普塞勒斯（Michael Psellus）[1]。可能是在

1　普塞勒斯的性格在他写给垂死的罗曼努斯的一封信中得到了绝佳体现。作为这位老人下台的主谋之一，他在信中祝贺罗曼努斯即将完成吉利的殉道，他说，全知全能的上帝夺去了罗曼努斯的双眼是因为他发现罗曼努斯值得拥有更高的光明。

普塞勒斯的建议下，他写信给教皇，央求教皇组织一次十字军运动，这样东方的基督教世界方能最终从异教徒那可怕的阴影中被拯救出来。

格里高利被这份求救信深深打动了。或许两个教会仍旧处于分裂状态，但是他认为自己在上帝面前对整个基督教世界负有责任。而且，这是一个将拜占庭重新纳入罗马怀抱的天赐良机，他决定不让这次机会从手中溜走。另一方面，他在罗马不断受到罗贝尔·吉斯卡尔和他的诺曼人的威胁，他不可能去东方发动一次有效率的十字军运动。必须把诺曼人一劳永逸地根除。但是怎样才能做到呢？他不能寄希望于新盟友卡普阿的里夏尔，因为与他结盟的主要目的是阻止两位诺曼领袖联手。罗贝尔·吉斯卡尔无疑比里夏尔更强大，但是从他们多年断断续续的战争中可以很明显地看到，任何一方都无法决定性地胜过另一方。教皇在南意大利剩下的唯一一个盟友是萨莱诺的吉苏尔夫，但是更不能指望他，他的公爵领一度是半岛上最强大的，现在诺曼人几乎已经将他所有的领地都夺走了。而且在 1073 年冬季即将到来的时候，又传来一条严重打击他命运的消息：阿马尔菲自愿归于普利亚公爵的庇护之下。这是吉苏尔夫自己的错。他从未忘记阿马尔菲在 21 年前他父亲遭暗杀的事件中起到的作用，虽然他没有强大到足以用军队占领该城，却总是想尽办法让该城的居民生活得不愉快。有不少让人毛骨悚然的故事，讲的就是不幸的阿马尔菲商人落到他手里之后受到了怎样的对待。[1] 1073 年，阿马尔菲公爵塞尔吉乌

---

[1] 阿马图斯提到了一位不幸的受害者，吉苏尔夫把这位受害者关在一个冰冷的地牢里，先剜去他的右眼，然后每天都割掉他的一根手指或脚趾。他提到，皇后阿涅丝——她现在的大部分时光在南意大利度过——提供 100 磅黄金以及她自己的一根手指来为此人赎身，但是没有人听她的恳求。

斯去世时，继位者只是一个孩子，因此他的封臣利用了这一良机，而罗贝尔自然接受了他们的投诚。罗贝尔憎恶他的妻舅吉苏尔夫，并且长时间盯着萨莱诺——他早就可以发动进攻，但是囿于西吉尔盖塔的家族感情，他一直没有这么做。当他着手进攻之时，他拥有的阿马尔菲让他的工作更加简单。

吉斯卡尔的这项始料不及的新成就让教皇格里高利感到十分不安，教皇立刻着手组织一支军队。随着 1074 年的到来，教皇的信使已经准备好从罗马赶往北方——去找托斯卡纳的贝亚特丽斯、她的女儿玛蒂尔达（Matilda）、玛蒂尔达的丈夫洛林的"驼背"戈弗雷（Godfrey the Hunchback of Lorraine）[1]、埃斯特（Este）侯爵阿佐（Azzo）、勃艮第伯爵威廉。威廉还将请求送到图卢兹（Toulouse）伯爵雷蒙（Raymond）和萨伏伊（Savoy）伯爵阿马德乌斯（Amadeus）那里。教皇打消了他们对教皇意图的疑虑，也消除了他们对执行任务的优先顺序的疑虑。他谨慎地强调，他将人们召集起来，不是只想简单地让基督徒去洒热血，事实上，他希望召集的军队能对敌人起到足够的威慑作用。他还说："此外我们相信，一旦征服了诺曼人，我们便可以继续前往君士坦丁堡，去帮助那经常遭到撒拉逊人袭击的基督徒，他们一直在恳求我们伸出援手。"

教皇迅速收到了对自己有利的回信。3 月，教皇在四旬期会议（Lenten Synod）上宣布，他的军队将在当年 6 月靠近维泰博（Viterbo）的某地集结，并向普利亚公爵及其追随者进攻，而罗

1　此刻托斯卡纳和洛林的家族关系都牵涉其中，贝亚特丽斯的继子也是她的女婿。人物关系详见正文前面的家谱。

贝尔已受到教皇的绝罚。随着时间一周一周地过去，越来越多的军队在约定的地点集结，格里高利再次振奋了起来。6月初，他感到自己已经足够强大了，可以再给他的敌人一次机会。他一如既往地强硬，召罗贝尔来贝内文托与他会面，以进行最后的商谈。

现在轮到吉斯卡尔感到警觉了。一代人之前，在奇维塔泰，他和兄弟们以及阿韦尔萨的里夏尔一道成功击溃了教皇的军队。但当时诺曼人是团结一致的，这一次却分裂了，卡普阿亲王坚决与教皇结盟，而罗贝尔一方没有盟友，不得不谨慎行事。但是，或许还有达成协议的机会，他对格里高利的回复表现出近乎谄媚的谦卑。他的良心是清白的，他从未对教皇有过违抗或不从以致给教皇留下口实，无论何时何地，他都能身负荣耀地出现在教皇陛下面前。因此，他带着众多护卫——因为他仍然不信任格里高利——回到了贝内文托。

在他长期的、横冲直撞的生涯中，罗贝尔·吉斯卡尔经常有出奇的运气，但是命运女神从未像此刻一样如此眷顾他。他在贝内文托的城门外等待了3天，教皇一直未现身。正当格里高利开始实施所有计划，准备率军进攻时，内部纷争打乱了他的军队。这一次引发问题的人还是萨莱诺的吉苏尔夫。近几年来，他的船在公海上的行为已经恶劣得几近海盗了。大概阿马尔菲人受苦最深，但是很多比萨商船的遭遇也好不到哪里去。因此，军队中由玛蒂尔达女伯爵提供的比萨军队发现他们面前就是吉苏尔夫本人时，难掩愤怒之情。格里高利看到发生的事情后，迅速让萨莱诺亲王去罗马，但是这太迟了，军队已经选边站队，分裂已形成了。数天里，军队就陷入混乱。

这对教皇来说是一次灾难，在他与吉斯卡尔的关系中，这是一次强烈的个人羞辱。似乎一切都对他不利。他所信任的军队还没有进入诺曼人的领土便已经分化，他向拜占庭皇帝承诺的，并且将自己的名声寄托其上的十字军运动比以往更遥远，将东西方教会重新组织在他权威下的机遇再次从手中溜走了。最坏的是，他，这个基督耶稣在人间的代理人，在敌人面前显得像个傻瓜。这还不是全部，一帮罗马贵族和往常一样心怀不满，正积极密谋脱离他的控制。他不知道其中有一位是他自己的枢机主教，这位枢机主教最近已经与罗贝尔·吉斯卡尔接触，想向他提供皇帝的皇冠以作为回报，但看到整个计划没有实现的可能性的罗贝尔拒绝了。即便他同意参与，该消息也不会给他带来多少安慰。

1075 年圣诞节的前一天，教皇的敌人发起了攻击。教皇在圣玛丽亚马焦雷教堂地下室做弥撒的时候，被人从祭坛上拖了出来，随后被投入秘密监狱。不久他被人发现，并被愤怒的民众所释放，幸好之前的劫持者没有对他施以私刑。但是不久之后，事实会证明他宝座的根基是多么不稳。

现在他还没有做好准备，最沉重的打击正在隐隐袭来，而他永远无法从打击中恢复。罗马人的国王、当选的西方皇帝——年轻的亨利四世，正准备进入意大利废黜教皇，想让自己加冕为皇帝。

15

绝罚和授职仪式

凭上帝的神意而不是篡位成为国王的亨利，致不是教皇而是假修士的希尔德布兰德。

这番问候是你应得的，你这个纷争的煽动者，你这个不会受到教会的律令祝福的、受诅咒的人……你把大主教、主教和教士踩在脚下，就像对待缺乏自我意志的奴隶一样……基督已经来帝国召唤我们，而不是去找教皇。你通过玩手段和欺诈而获得教皇宝座，你蔑视修士的斗篷，却利用黄金，利用倾向你的军队，用和平装点你的宝座，又坐在宝座上破坏了和平……

我，亨利，得到上帝垂青的国王，和我们所有的主教一起要求你：下台！下台！！

——亨利四世致教皇格里高利的信，

沃尔姆斯，1076 年 1 月 24 日

亨利四世登上德意志国王的宝座时还不满 6 岁，现在已 25 岁了。他统治的开端不是很吉利，他的母亲、摄政的皇后阿涅丝无法控制他，他经历了狂野的童年和声名狼藉的青春期之后，在 16

岁那年获得统治权，还留下了邪恶和荒淫的恶名，这一恶名预示了他的未来。他的恶名最后渐渐减轻，但是在不愉快的生活中，他依然暴躁易怒、极度专横。因此他渐渐长大，也越来越憎恨罗马教会的傲慢，尤其憎恨它试图摆脱最后一点帝国控制的措施。亨利年纪还小的时候，无法反对尼古拉二世颁布的规范教皇选举的法令，但是他下定决心，不能让分离的趋势进一步发展了。在希尔德布兰德登上教皇宝座之前，教会和帝国之间的冲突已经明显不可避免，而且冲突不久后就发生了。

发生地是米兰。在意大利，没有任何地方能比这个古老的北方首都更能体现教会独立于罗马的精神，独立的礼拜传统从700年之前圣安布罗斯（St. Ambrose）的时代一直被小心翼翼地沿袭下来；也没有别的地方比这里的守旧派更痛恨罗马新近的改革，他们尤其痛恨有关圣职买卖和教士独身的内容。另一方面，该城市被左翼派别"帕塔里那派"（Patarines）所把持，他们是改革的狂热支持者，部分原因是真正的宗教热情，部分原因是憎恨教会长期以来享有的财富和待遇。就算没有帝国的干预，局势也已经够危险了，但是在1072年，在关于空缺米兰大主教的争论中，亨利在知道亚历山大已经批准了按照教会法选出的一位帕塔里那派人士的情况下，又正式任命了一位反对改革的候选人。这是教会无法忽视的公开对抗行为，在1075年的四旬期会议上，希尔德布兰德——现在的教皇格里高利七世——直截了当地谴责了由俗人操作的所有教会叙任仪式，违者将遭咒逐。亨利怒火中烧，立刻任命其他两位德意志主教为意大利的教区主教，并进一步任命了下一任的米兰大主教，尽管前一任米兰大主教还未去世。教皇召唤亨利去罗马解释自己的行为，遭到亨利拒绝，亨利随后召集所有德意志的主教参加会议，并于 1076 年 1 月 24 日在沃尔姆斯正式废黜了教皇格里高利。

国王早就想去罗马为自己加冕，但是他同几任教皇关于叙任权的争执让他无法前往。沃尔姆斯会议之后，他觉得自己的行程不能再拖延了。格里高利没有像传言一样对自己遭到废黜一事表现得粗鲁，[1] 但他显然不打算就此罢休。就算皇帝不召开沃尔姆斯会议奚落教皇，也会用武力赶他下台，再任命一名继任者。亨利需要快速、顺利的军事行动，在准备过程中，必须采取措施，尽可能地除去教皇在意大利当地的支持。这在罗马以北难以实现，因为强大而虔诚的托斯卡纳女伯爵玛蒂尔达坚决拥护教会，她对格里高利的忠诚不可动摇。但是在南方似乎更有希望。尤其是普利亚公爵似乎对教皇没有什么特殊的喜爱，如果他觉得值得，就会忽略封建义务。一旦能够劝说他带领手下进攻罗马，格里高利就没有任何机会了。

吉斯卡尔的友谊对亨利的重要性可以通过亨利挑选的使臣来判断：韦尔切利（Vercelli）主教格里高利，这位主教反对教皇的

1　阉割和损坏身体之刑在君士坦丁堡很常见的时候，安娜·科穆宁娜用近于病态的迷恋反复谈论格里高利的行为："他把自己的怒火发泄到亨利的大使身上。他首先残忍地折磨他们，随后用剪刀剪去了他们的头发……最后对他们做出了最下流的暴行，这甚至比野蛮人的傲慢还严重，然后才送他们离开。我那女性的尊严和贵族的尊严不允许我直呼加诸他们身上的暴行，因为这真的不符合高级教士的身份，也不符合任何背负基督徒之名的人。我厌恶这种野蛮人的想法，更讨厌这种行径，如果我把事情写得清清楚楚，那么我的笔和纸都会被玷污。但是若能展示一种野蛮的傲慢行径，能证明人随着时间的流逝而变得不知羞耻，变得邪恶，就算我揭露或讲述他行为的话仅留下只言片语，也已足够了。以上就是一个高级教士做的事。呜呼，正义啊！"（*The Alexiad*, I, 13）

要求，是亨利最坚定的支持者；埃伯哈德（Eberhard），这是他的意大利大臣。他们在梅尔菲见到了罗贝尔，时间可能是1076年初，他们以皇帝的名义正式把罗贝尔的领地授予他，而且可能提到了给他一项王冠的可能性。但是公爵不为所动，他自己的地位此刻很安全，比以往大部分时间都安全。他现在在自己的领地内行动完全不受约束，如果他答应亨利，反而可能让亨利抓住日后插手南意大利政局的口实，他没有理由去冒这个险。他的回答是坚定的，尽管有些伪善。上帝已经把他征服的地盘给他了，这是他从希腊人和撒拉逊人手中用昂贵的代价——诺曼人的鲜血赢来的。为了属于他的一小块帝国领地，他愿意做皇帝的封臣，并"永远保留对教会的义务"——他知道，这一限制性条款会使他对亨利的效忠毫无价值。至于其余的领地，他将像以往一样，从全知全能的上帝手中持有。

很难相信使臣只会在表面意义上理解吉斯卡尔对教会的忠诚声明，但是他们满载礼物而回，并且对受到的接待很满意。即便罗贝尔不准备从自己的位子上妥协以效忠于亨利，亨利也不想在此刻与他作对。这两位西欧最有权势的人物之间直接对峙的舞台正在搭建，其结果仍无法预测，但是有件事是确定的：即将到来的巨变将为诺曼人的发展提供不容错过的机会。吉斯卡尔匆匆向卡普阿的里夏尔送出消息。他们之间经常性的冲突常常起不到决定作用，而且徒劳无益，对双方来说都不值得。若诺曼人想要在接下来的危机中获利，那么所有的诺曼人都必须站在一起。为什么两位统帅不现在会面，来讨论一下结束敌对状态的事情呢？

罗贝尔的信使赶往卡普阿，在路上遇到了里夏尔的信使，后者前往梅尔菲也是为了相似的目的。于是双方筹办会面，地点或许是中立的卡西诺山，因为我们知道修道院院长德西德里乌斯此时充当中间人。他对自己修道院的土地被当作战场而感到疲惫，一直以来都为实现双方和解而努力。[1]事实上这次会面没给他带来多少麻烦——远远小于 3 年前吉斯卡尔和教皇在贝内文托度过的那段噩梦般的日子。任何一方都不想以牺牲对方的利益为代价而获得巨大利益，都真诚地渴望达成谅解，因此达成的协议很简单。两位统帅均同意归还之前赢得的一切，恢复之前的边界。上述问题解决之后，签订盟约的障碍就不存在了。

同时，教皇格里高利正以一贯的精力采取行动。1076 年 2 月的四旬期会议上，他废黜了所有反对他的主教，并大声怒喝，宣布对国王亨利本人处以绝罚。该手段在德意志造成了灾难性的影响。自狄奥多西大帝之后，已经有 7 个世纪没有正在统治的君主遭受教会禁令的判罚了。绝罚令曾让皇帝屈膝下跪，现在同样威胁到了亨利。纯粹精神方面的事不会使他过分担心——此问题一般可以通过适时的忏悔轻松解决——而政治的后果很严重。按理说，该禁令不仅解除了所有国王的臣民对国王的效忠，而且如果他们与国王有任何关系或者向他效忠，也会招致绝罚。因此，如果严格遵守这一规定，那么亨利的政府就会解体，他也无法继续待在宝座上了。他突然发现自己被孤立了。他的手伸得太长了。

眼看对手正在竭力维持周围人的忠诚，可以想见教皇心中那种冷酷的满足感，但是南方的消息传到罗马之后，他的满足感必定有所减轻。里夏尔再次和罗贝尔联手，教皇在意大利的地位又

1　夏朗东认为（I, 243），德西德里乌斯是按照教皇的指示行事的。他的说法不太可能是真的，因为格里高利不会乐意看见诺曼人在此时联合起来，也不会鼓励教会中的头面人物与受绝罚的人进行协商。

变得岌岌可危了。眼下还有机会，若亨利能摆脱困境并向永恒之城进军，诺曼军队必定会坚定地站在教皇一边。不过令人不安的是，普利亚公爵也处于被绝罚的状态，这使情况变得更为复杂。格里高利受到高度崇敬的自我感觉不会允许他首先采取行动，但是他至少可以做一些放下姿态的暗示。早在1076年3月，我们就发现他在给阿切伦扎主教的信中指示他在罗杰伯爵及其封臣回到西西里之前赦免他们，并且补充说——这可能是该信真正的重点——如果罗杰询问他兄长的情况，就要提醒他，教会的大门永远向真正悔改的人敞开，罗贝尔也包括在内。教皇准备"以父亲之爱来接受他……为他松开绝罚令的束缚，将他再次列入神圣的羊群之中"。

但是南意大利入春之后，天气变得适合战斗，这样安慰人心的考量和罗贝尔的想法相差太远了。国王亨利很明显必须推迟行程，他在封臣中恢复地位之后才可能出发。与此同时，诺曼军队再次联合了起来，尽管因为没能完全利用事态而显得有些遗憾。普利亚公爵和卡普阿亲王是时候将注意力转向萨莱诺了，他们越来越难忍受萨莱诺亲王吉苏尔夫，吉苏尔夫知道自己无力对抗亲戚，但他自己越来越傲慢，越来越自大。他的所作所为让盟友一个一个离开，而且剩余的几个朋友——包括修道院院长德西德里乌斯和教皇，后者不想看到他最后的南意大利支持者被消灭——徒劳地请求他为了自己的利益而变得谦逊一些。最终，西吉尔盖塔知道罗贝尔的耐心快要消磨殆尽了，便做出最后的尝试，让她的兄长理智一些，但是阿马图斯——提及吉苏尔夫时存在偏见——写道，亲王暴怒起来，并且警告他的妹妹，说她不久后就要变成寡妇。

这是最后的机会，却被他丢弃了。1076 年初夏，诺曼人在萨莱诺城外安营扎寨，一支诺曼舰队围住了港口。萨莱诺之围开始了。

吉苏尔夫的处境从一开始就毫无希望可言。在中世纪的围城战中，被围困者通常将希望寄托在 3 种可能性上：一、可能有外国的盟友派出援军来解围；二、被围者坚持到围城者的食物或时间缺乏的时候，围城者就会撤围而去；三、他们可以发起突围行动，并在激战中击败敌人。但是在 1076 年的萨莱诺，这些机会都不存在。南意大利其他所有伦巴第人的国家已经被诺曼人征服了，而且吉苏尔夫很久之前就疏远了他的意大利邻邦。只有教皇还对他抱有一些同情，可教皇没有军队，即便他有，也不会想在此刻准备与诺曼人对抗。第二个可能性也很难实现，因为被围攻的地区很富有、很肥沃，此外，诺曼军队还可以一直从它的舰队那里获得补给。最后，没有成功突围的希望，围城的军队不仅包括全半岛上最有经验的、训练有素的诺曼军队，还包括普利亚和卡拉布里亚的希腊人、西西里的撒拉逊人构成的重要部队——自此之后，撒拉逊人成为吉斯卡尔所有军事行动中不可或缺的一部分。面对这样的对手，萨莱诺士兵在数量上也远远不及敌人。不久之后，该城还陷入了饥荒。

多年来，吉苏尔夫一直是南意大利最受人痛恨的人物之一，但是唯有在此刻，在他掌权的最后一个灾难性的年头，他才完全显示出性格中黑暗的一面。预见到诺曼人的攻击之后，他要求每个萨莱诺居民储备两年的粮食，违者将被驱逐出城。这不是一个特别明智的行为——如果吉苏尔夫一直坚持他极端的反诺曼政策，遭到这样的袭击是在所难免的，这谁都明白——不过至少可以稍微缓解围城开始之后萨莱诺城中的粮食问题。相反，敌人到达城外的预定位置之后，亲王就夺走了每家储备粮食的三分之一，送进自己的粮仓。他后来又发现这也不足，便派人在城中到处征收剩下的粮食，结果发生了饥荒。阿马图斯告诉我们，最开始市民吃马、狗和猫，但是不久动物也吃完了。随着冬季的临近，死亡率直线上升。吉苏尔夫打开他的粮仓，但是他的动机似乎是唯利是图而不是体恤人民，因为按照阿马图斯的说法，原本卖 3 拜占特的小麦转卖的时候以 44 拜占特售出。瘦得皮包骨的尸体遍布街市，"但是亲王看也不看，兴高采烈地走过去，好像他不应该受到责备似的"。很少有人抱怨，因为大家都知道抱怨的人要受到惩罚，可能会被刺瞎，或者接受其他吉苏尔夫喜欢的惩罚。如果他的人民要死，最好还是死得安静些。

在这种情况下，长时间抵抗是不可能的。萨莱诺又坚持了 6 个多月，然后在 1076 年 12 月 13 日，因为内部的背叛，城门被打开了。营养不良的守军见苦难走到了终点，于是未作抵抗，欣然投降。南意大利最强大的伦巴第人的国家从此不复存在。吉苏尔夫和他有能力保持力量的一位兄弟，率领一部分手下撤退到城堡——这里的遗迹被不准确地称为"诺曼城堡"（Castello Normanno）——之中，仍旧从西北的高处控制着城市。他们在那里坚持到 1077 年 5 月，但是在最后不得不投降。

罗贝尔不准备谈判。他已经决定，从此以后，萨莱诺将成为他的都城。萨莱诺是罗马以南规模最大、人口最多的意大利城市，骄傲的亲王国在此存在了 200 多年，欧洲最负盛名的医学院也在这里。他将恢复它在古代的荣誉，引领它进入一个强大而

辉煌的新时期，他还计划修建一座卓越的主教座堂以作为该时期
的标志。因此，他要求得到萨莱诺亲王和他的两个兄弟兰杜尔夫
（Landulf）、盖马尔统治下的所有领土。此外，他还需要一样东
西。萨莱诺最宝贵的圣遗物是圣马太的牙齿，它是一件神圣却不
好看的东西，普利亚公爵一直想要得到它，他知道吉苏尔夫将它
一起带去城堡了，这也是他现在命令亲王投降的原因。但是吉苏
尔夫到最后还不诚实，他交给征服者的干枯牙齿由丝绸包裹，却
不是福音书作者马太的牙，而是城内一位新近病逝的犹太人的牙。
这是一个笨拙的骗局。罗贝尔立刻委派一位熟悉该圣遗物的教士
前往，教士毫不犹豫地宣布他得到的物品是假的。罗贝尔告诉吉
苏尔夫：如果真的牙齿不在次日奉上，就撬下他自己的所有牙齿。
吉苏尔夫再也无法搪塞了。我们只能希望，我们在欧洲主教座堂
的宝物库中穿行时，供我们瞻仰的所有其他圣遗物都经过了严格
的鉴定。

吉苏尔夫离开萨莱诺之后，径直前往卡普阿。罗贝尔·吉斯
卡尔以一直以来的大度招待了他，不仅给他了自由，还给他了金
钱、马匹、家畜，尽可能地照顾他，可是亲王的情绪没有那么容
易缓和。现在他想在两位统帅之间挑起新的争端，以图破坏诺曼
人之间的团结，却未能奏效。卡普阿的里夏尔不会怨恨萨莱诺落
入普利亚公爵的手中一事，他最开始就明白。里夏尔甚至对萨莱
诺没有特别的兴趣，他需要的是那不勒斯。那不勒斯紧紧地夹在
他和罗贝尔·吉斯卡尔的领地之间，而且还保持着独立。罗贝尔
曾经保证，因为里夏尔协助对抗吉苏尔夫，作为回报，会帮他攻
取该城，而普利亚的舰队确实抵达了海边，开始围攻。简言之，
卡普阿亲王对这位盟友很满意，而不在乎拜访他的人。吉苏尔夫

别无选择，只能继续往西北走，去找他最后一位朋友——教皇。

格里高利七世还远在托斯卡纳，他在这里获得了他那不愉快的任职期间最大的胜利，事实上也几乎是唯一的胜利。他对亨利的绝罚判决比他所预想的要成功得多。德意志的王公们在 1076 年10 月于特里布尔（Tribur）会面之后，答应给他们国王一年零一天的时间，让他寻求被教皇赦免，时间从绝罚生效的时间算起。他们预计在次年 2 月于奥格斯堡开会，如果绝罚令在 2 月 22 日还未消除，他们就会正式宣布放弃对亨利的效忠，并推选另一位国王来代替他。亨利只能屈服于他们的决定。亨利眼中的情况可能更糟，原因很简单，因为这需要他在教皇面前展现谦卑。如果这是保住王国的代价，他还是愿意付出的。幸运的是，还有一条穿越阿尔卑斯的通道——塞尼山口（Mont Cenis）——未被大雪封住，他在深冬带着妻子和幼子穿过这里，匆匆穿过伦巴第地区，最后发现教皇位于卡诺莎城堡。教皇作为玛蒂尔达女伯爵的朋友待在此处，等待出现一支卫队陪同他到奥格斯堡。亨利像一位谦卑的忏悔者一般等着会面，就这样过了三天。或许格里高利不知道怎么办才是上策，却无疑在每分每秒都品味着对手的窘迫，他拒绝接受亨利的坦白。最后教皇发现自己别无选择，只能让步，给予了亨利所需的赦免。

卡诺莎的故事一般由于一幅巴结逢迎的画面而变得生动起来，故事中国王光着脚，穿着粗布衣，在城门紧闭的城堡外冻得瑟瑟发抖，这是儿童历史书作家的最爱，故事中关于世俗野心的内容，在改变了对象之后，正好适合教给孩子。事实上，格里高利的胜利是空洞而短暂的，亨利也清楚。亨利的受辱与悔过无关，这是保护王冠所需的冷血政治手段。达成目的之后，他无意继续保持诺言。教皇也没有妄想国王能有多少诚意，如果基督徒的良心允许他收回赦免，他无疑会高兴地照办。按照事情的进展，他确实明白无误地赢得了道德上的胜利，但是这个胜利有什么用？事情过后，被征服的人不知羞耻地返回了他的王国，在国内针对还在反叛他的封臣发动了一场血腥的内战，而胜利者仍旧被禁锢在一座托斯卡纳的城堡中，因为伦巴第诸城市的强烈敌意，加之教皇无力插手，便无法干预德意志的事情。他的胜利足够甜蜜，余味却特别苦涩。

教皇到9月才返回罗马。和往常一样，坏消息在等着他。首先是吉苏尔夫告诉他萨莱诺陷落了，接下来是来自那不勒斯的重要消息：里夏尔的陆军和罗贝尔的海军正在无情地围攻该城。更严重的是东部的情况，在那里有两支诺曼军队，分别由吉斯卡尔的侄子洛利特罗的罗贝尔和里夏尔的儿子约尔丹（Jordan）率领，正在深入阿布鲁齐的教会领地。但是最严重的打击即将袭来。12月19日，普利亚公爵对贝内文托发动进攻，教皇极为愤怒。严格来说，该城从查理曼的时候开始就是教皇的领地，这份赠礼在20年前贝内文托人驱逐了他们毫无价值的统治者，自愿归于格里高利的老主人利奥九世的保护之下时就已经得到了确认。自那时起，这里就是教皇在南意大利的主要堡垒，他的宫廷也曾位于此处的教皇宫之中。这一次无缘无故的进攻比重新宣战更坏，这是对教皇的无端侮辱。

这还不算完，罗贝尔·吉斯卡尔不仅对教皇表达了蔑视，还包围了贝内文托，把教皇对他的绝罚变成了嘲笑。那迫使西罗马帝国的继承人亨利四世在一年前哭着去卡诺莎的绝罚，现在同样针对着这个自命不凡的诺曼强盗，却没对他产生任何负面效果。

若说有什么效果的话，那也是滋补身体一般的效果。的确，萨莱诺、那不勒斯、阿布鲁齐（因为洛利特罗的罗贝尔及其追随者明显被包括在禁令之中）和贝内文托的居民要修正他们之前关于教会的力量和权威的看法了。他们是正确的，教皇没有军队，而且明显也没有威望。教皇能做的事情只有一件。因为或许吉斯卡尔及其可憎的同胞们从未听说过他，所以在 1078 年 3 月 3 日，他再次对他们处以绝罚。

通常情况下，新的绝罚令可能会像上一次一样被忽略，但是教皇公布它的时机恰到好处。在绝罚令于卡普阿公布后的数天后，里夏尔亲王病了。一个月后，在与教会经过 11 个小时的和解协商之后，他去世了。一夜之间，南意大利的整个政局都发生了改变。里夏尔和罗贝尔·吉斯卡尔一样，也是教皇的封臣，他的儿子约尔丹知道自己还承受绝罚的话就无法继承父亲之爵位。因此他紧急取消了对那不勒斯的包围和在阿布鲁齐的行动，然后匆匆赶往罗马，同他的宗主议和，承诺永远效忠。

罗贝尔·吉斯卡尔本质上不是一个多愁善感的人，但是他妹夫去世的消息不可能完全让他不动容。他们两人在 30 多年前同时从诺曼底来到这里，而且都迅速发展起势力。很长时间里，他们的封臣都记得他们一起控制着南部的两大诺曼人团体，将位于阿韦尔萨和梅尔菲的早期定居点发展成今天富裕强盛的国家。如同所有优秀的诺曼贵族，他们一生的大部分时间都处在战争中，但是他们并肩战斗的时间和互相对抗的时间一样长，若说承诺有时遭到背弃，友谊会被背叛，那也都是博弈罢了，他们知道，这是生活中不可缺少的部分。两人都没有一直忌恨对方，彼此都尊重对方的能力。在过去的两年里，他们维持着快乐、轻松的合作关系，事实证明这对二人都有利。吉斯卡尔此时 62 岁，对他而言，里夏尔的死意味着一个时代的结束。

罗贝尔的野心和精力并未消退，他甚至计划进行一场比之前更大胆、更远大的征服行动。但是此刻，他知道必须先收起号角。年轻的约尔丹做出了愚蠢的决定，他想卑躬屈膝地前往罗马，完全破坏了诺曼人的进军势头，让自己变成实现教皇意愿的工具。难道格里高利不会迫使约尔丹调动他无事可做的军队，来解贝内文托之围？冒险无益。罗贝尔命令他的军队撤退，攻击贝内文托还需缓一缓。

他的担心是对的。教皇终于找到了一个盟友，而且是握有一支军队的盟友，他决心充分利用起来。里夏尔去世后不到 3 个月，我们发现格里高利就已经待在卡普阿了。他可以将自己强大的意志毫不费力地施加在年轻的亲王身上，后者独自一人，还缺乏经验，可怜地意识到自己已经暴露在愤怒而掠夺成性的普利亚公爵面前。教皇并未执行至关重要的授职仪式。约尔丹也许不喜欢格里高利现在给他的建议，但他没有争辩的余地。

这两人很幸运，罗贝尔·吉斯卡尔在当年的早些时候激起了他所有主要封臣的强烈反对，因为他要把女儿嫁给埃斯特侯爵阿佐的儿子休，所以逼迫封臣们支付他参加复杂的庆祝仪式的费用。在北方的封建社会，这样的摊派被公认为封臣的义务，但是对普利亚的贵族来说，他们有很多人知道吉斯卡尔的出身，认为他在出身和血统上并不比他们更高，因此他的索求被视为不可饶恕的傲慢行为。他们支付了费用，因为他们别无选择。但是约尔丹——他肯定受到了教皇的煽动，或许还收了教皇的钱——成为新一轮针对普利亚公爵的叛乱的中心之后，罗贝尔的封臣们便准备响应他的号召。

叛乱组织严密，范围广泛。从1078年秋季开始，反叛同时在卡拉布里亚和普利亚的几个地方爆发，迅速扩展到罗贝尔·吉斯卡尔在大陆上的所有统治区。细节不必详述。反叛在南方是地方性的，罗贝尔从来没有十足的把握去完全镇压它们，也从来没有软弱到束手无策。正因如此，每一次叛乱都很相似，甚至其领袖（如阿伯拉尔、孔韦尔萨诺的杰弗里或特兰尼的彼得）都差不多是同一批人，这很大程度上是因为罗贝尔缺乏报复之心。这一次，9个月的时间足以让吉斯卡尔通过一直以来的调停者德西德里乌斯让约尔丹与他单独媾和，从而恢复他的权威。约尔丹事实上几乎没有积极参与所发起的叛乱，或许是因为他从未真正把心思放在上面，他很快就对自己轻易屈服于教皇的压力而感到后悔。罗贝尔现在可以把精力集中在普利亚了，他在1078—1079年的冬天发动了一场旋风式的战役，其中的亮点是西吉尔盖塔在她丈夫进攻塔兰托之时率军成功攻下了特兰尼。没过多久，罗贝尔就消灭了剩余的叛军，到1079年夏天，平定的工作结束了。

远在罗马的教皇格里高利看到自己的希望破碎了，而不幸继续伴随在他身边。将毕生精力投入侍奉上帝事业的他，却在担任教皇的7年里，处处有身负罪孽的势力阻挠他。亨利四世如今已经不同于那个在卡诺莎的卑躬屈膝的悔罪者，教皇第二次发出的绝罚令被证明没第一次那么有效。亨利威胁要南下意大利获取自己的皇冠，似乎不久之后他就会出发。教皇再一次陷入极度危险的境地，罗贝尔·吉斯卡尔成了问题的关键，毕竟约尔丹明显靠不住。罗贝尔也像亨利一样两次遭到绝罚，不过他是同时承受两次绝罚的，但他受到的绝罚并没有阻止他在有争议的地方重塑自己的权威。他的根基现在比之前更加稳固。过去教皇考虑过重获罗贝尔的效忠，自尊和以前害怕丢脸的情感让他退缩了。而现在再顾虑的话，他无法承受之后的代价。如果他不快点去找普利亚公爵达成协议，亨利四世就会去找罗贝尔，如此一来，格里高利不久就会丢掉教皇之位。1080 年 3 月，我们发现教皇对诺曼人的唇舌已经略有软化。在当年的四旬期会议上，他颁布了一则针对所有教会土地的"入侵者和劫掠者"的进一步警告，但是这次加入了一条有和解之意的注释：如果这些领地上的居民想要提出控诉，则应该向当地的长官提出；如果正义仍然得不到伸张，他们可以自己采取措施来恢复应该属于他们的东西，"不得以偷窃的方式，而应以符合基督徒精神的方式"。

教皇马上调转帆桁。在春季，他指示德西德里乌斯开始与罗贝尔·吉斯卡尔进行严肃的协商。协商成功了，在1080 年 6 月29 日的切普拉诺（Ceprano），普利亚公爵在格里高利七世面前跪下，并且就他之前从教皇尼古拉和亚历山大那里获得的土地宣誓效忠。而对新近获得的有争议的领土，也就是阿马尔菲、萨莱诺、马尔凯的费尔莫（Fermo），则暂时悬而不决，但这不是罗贝尔非常担心的事情。对他来说，格里高利在授职仪式上的话语算是在事实上承认了他征服的土地，这就足够了，法律上的技术问题可以留待以后解决。同时，切普拉诺的会面是吉斯卡尔的又一次外交胜利，双方都心知肚明。格里高利最后肯定明白了，7 年前他在贝内文托的时候，地位还比较强大，当时拘泥于自己尊严的做法是多么不明智。但是如今，谴责自己已经太晚了。他需要罗贝尔的支持，并且必须付出应有的代价。他唯一的希望，就是能在即将到来的暴风雨中幸存下来。

　　的确，当普利亚公爵将他的大手按在教皇的手上，并以洪亮的声音表示效忠时，乌云汇聚之快超越了他们的了解。4天前，在布里克森（Brixen，今布雷萨诺内［Bressanone］）小镇，即布伦纳山口（Brenner Pass）以南的地方，亨利四世召集他的德意志和伦巴第的主教举行了会议。参会人员公决，再次宣布废黜格里高利七世，拉文那大主教吉伯特（Guibert）被立为教皇，即克雷芒三世（Clement Ⅲ）。

16

对抗拜占庭

噢，所有人之中最睿智、最博学的人……那些与你谈过
话，并且熟知你的人，均高度称赞你的聪颖，称赞你在宗教
信仰和个人事务的处理中所表现出来的虔诚。众人都说你是
一个极为谨慎的人，同时你又以一种简单又富有生气的精神，
热爱着行动。于是，我在你的性格和习惯中看见了我自己，
因此，让我们为友谊干杯……

——皇帝米哈伊尔七世致罗贝尔·吉斯卡尔的信

1080 年 7 月，吉斯卡尔从切普拉诺南行，前往他位于萨莱诺
的新都城，生活应该看起来如同他周围的乡村一样，丰饶而绚烂。
他所有的统治区都宁静安全，他所有的敌人都被降服了。他在普
利亚和卡拉布里亚的封臣正在舔舐伤口。在他们的最后一次战争
中，他对待他们的方式比以往都要严厉：他希望该地区在此刻不
要再带来麻烦了。教皇和卡普阿亲王也表现得非常好。诚然，皇
帝亨利可能很快就会以长期威胁的面貌出现在罗马，但罗贝尔不
畏惧亨利，而且亨利在让教皇保持规矩的问题上起到了很大作用。
尽管公爵最近对格里高利立下了誓言，但他没有坐下来无所事事

地等待可能永远不会到来的德意志军队，他有更重要的事情要做。他已经 64 岁，不能再浪费时间了。

罗贝尔很早就梦想组织诺曼人进攻拜占庭帝国，在过去两年的时间里，他的梦想逐渐形成实实在在的计划。希腊人是他最古老也是最持久的敌人，他已经将他们驱逐出意大利了。但即便到现在，希腊人也没有放弃斗争，如果罗贝尔在普利亚的封臣图谋造反，君士坦丁堡总会送来同情和支持，而且在意大利之外流亡的诺曼人和伦巴第人会选择亚得里亚海对岸属于拜占庭的伊利里亚行省作为集结地，罗贝尔的侄子阿伯拉尔现在就在他们中间。这在罗贝尔的眼中不仅是一场正当的惩罚性战役，他的真实意图隐藏得更深。

事实上，公爵在大陆上的所有地盘都是从希腊人那里征服得来的，这些地方浸染着拜占庭文明的芬芳。所以，诺曼人突然发现自己被语言、宗教、艺术、建筑等一种文化的外在形式包围了，这种文化比他们所了解的其他欧洲文化更为复杂，更为绵长。由于极为容易受到外来的影响，他们迅速做出了反应。在人口以伦巴第人为压倒多数的普利亚，影响和回应都微乎其微。但是在主导文化倾向于希腊的卡拉布里亚，诺曼领主保留了几乎所有旧有的行政形式和风俗习惯，并且更倾向于采取拜占庭的方式，而非强制用他们自己的方式。被教皇尼古拉授予了卡拉布里亚公爵的头衔之后，罗贝尔·吉斯卡尔在这方面走得更远。他经过深思熟虑，故意在臣民面前以巴希琉斯（Basileus）继承者的形象出现，在自己的印章上模仿皇帝的标志，并且在正式场合穿着模仿皇帝长袍的衣服。与希腊人密切交流的族群在文化层面上发展出显著的自卑情结，这种情况并不罕见，之前的罗马人和后来的大多数斯拉夫人均是如此，土耳其人直至当代都没有从中恢复过来。即便是所向披靡的、自信的诺曼人也未能例外，他们只知道一种补救方式，那就是征服。

在过去的 10 年里，拜占庭自身已经深深地陷入了混乱。在战斗前线，她的敌人——北方和西方的匈牙利人、罗斯人，南方和东方的塞尔柱突厥人——保持着不间断的压力。同时在其心脏区域，连续的无能统治者和腐败官员已经将她引到政治和经济崩溃的边缘。她古代的荣光还在，但是她的伟大已经消逝。在过去的七个半世纪里，她的状况从没有像 1080 年夏天这样令人绝望。而幸运的罗贝尔此时碰巧空前强大，他眼前的君士坦丁堡明显无力抵抗他。他的军队需要活儿干，他的舰队也是。舰队的新奇之处依然吸引着他，但是他厌倦了用它来进行无休止的封锁，是时候让它扮演更积极的角色，看看它能做到什么程度的时候了。他到达意大利是 35 年前，当时他是一位籍籍无名而贫穷的诺曼骑士的第 6 个儿子，而东方帝国的帝位将是他生涯的最好归宿。

过去的几年里在君士坦丁堡发生的事件，即使作为他插手的原因不够充分，那么至少也是一个借口。1073 年初夏，皇帝米哈伊尔向教皇求援，请求帮助自己对抗异教徒，他觉得没有必要提到自己已经联系过普利亚公爵。事实上，他在数月前就已经写信给罗贝尔，虽然信的笔调是典型拜占庭式的冗长复杂，却至少避免了虚情假意的谦逊，令人耳目一新。皇帝解释说，其他王公如果偶尔收到皇帝对和平的保证，就会觉得受到了足够的尊重，但是对于同样有着深厚的宗教信仰的罗贝尔公爵来说，被挑出来受到皇帝的尊重一定不会让他太惊讶。有什么比通过忠诚的婚姻而确立的军事联盟更有象征意义呢？因此在适当的自夸之后，他向罗贝尔提出，罗贝尔应该承担作为帝国盟友的责任——保卫其前线，保护其封臣，与其敌人展开无休止的战争。作为回报，罗贝尔的一个女儿将在君士坦丁堡接受最高的荣誉：作为新娘，嫁给皇帝的兄弟。

　　吉斯卡尔收到信的时候应该很高兴。除开让人听起来觉得有趣而不是冒犯的口吻，这封信还证明了他日渐增长的名声。即便现在拜占庭处于困境之中，米哈伊尔计划的这种皇室婚姻也不是草率的安排。另一方面，罗贝尔真心不喜欢希腊人——他一直如此——他觉得没有必要和他们牵扯到一起，因此他没有回复。皇帝很明显因这种漠视的行为而感到震惊，便又写了一封信，这次他的态度就没那么高人一等了。他甚至用奉承的方式，将普利亚公爵与自己相比较。接下来他用冗长的赞美形容自己的兄弟，描述他聪慧异常，德行出众，而且"颇为英俊，如果有谁谈到相貌，他必定是帝国里的一位人物"，他生于紫色寝宫，[1]在各个方面都是罗贝尔女儿——他此时小心地指定最美丽的一位——的理想新郎。

　　这封信比前一封更讨人喜欢，但是吉斯卡尔仍旧拒绝答复。只有在 1074 年末又送来一封书信之后，他才开始表现出兴趣。与此同时，米哈伊尔修改了提议，提议由自己的小儿子君士坦丁做公爵未来的女婿，并且要为罗贝尔提供不少于 44 项拜占庭的荣誉头衔，让他分给自己的家族成员及朋友，它们总共可以带来每年 200 磅黄金的回报。罗贝尔不再犹豫了。皇位继承在君士坦丁堡经常是一个充满阴谋手段的事情，但毫无疑问，出生于紫色寝

1　即生于皇帝在任之时。"生于紫色寝宫"（porphyrogenitus）与"长子继承"（primogeniture）有极大的不同。

宫的当朝皇帝之子比其他人更有机会继承帝位，罗贝尔看到自己女儿有登上宝座的可能性，便不想错过。皇帝提供的荣誉头衔实际上会让他所有主要的副手都收到君士坦丁堡的公开贿赂，这件事可能不会太受欢迎，却是一个值得冒的险。他接受了米哈伊尔的提议，不久之后，不情愿的准新娘被送往君士坦丁堡，在皇家的女眷内室（gynoecoeum）学习，等到其未婚夫长大到适婚的年纪。安娜·科穆宁娜在几年后以刻薄的笔调暗示，[1]年轻的海伦娜（Helena）——这是她到达君士坦丁堡后不久在东正教中接受再洗礼时得到的希腊名字——没有皇帝所希望的那么漂亮，她的未婚夫想到要娶她就吓得"像婴孩见了鬼"一样。因为最后安娜本人被许配给了君士坦丁，而她深深地爱着他，因此她的评价当然有所扭曲。但是无论如何，我们有了一个不太舒服的怀疑——海伦娜可能继承了父母的吓人体型。

在接下来的数年里，罗贝尔·吉斯卡尔忙于意大利事务，无暇认真思考拜占庭的问题。随后，米哈伊尔七世在 1078 年被推翻了，他比前任更幸运，因为他得以安全地退到修道院中，这从他的角度看或许还不错，因为修道院比皇宫更适合他的学者气质。在几年内，他又凭借个人能力当上了以弗所（Ephesus）大主教。然而，他的被废结束了拜占庭与诺曼人的盟友关系，而不幸的海伦娜被独自关在修道院之中，她很可能不太快乐。他的父亲听闻消息后，心中五味杂陈。他眼下拥有一个皇室女婿的希望破灭了，而他女儿以前的地位及随后的待遇为他提供了绝佳的干涉借口。不幸的是，在他能采取有效行动之前，约尔丹发起了叛乱。不过

---

1 *The Alexiad*, I, 12.

到 1080 年夏，他再次恢复了统治，因此得以尽全力地准备。根据事态发展，他并没有因为推迟行动而有所损失。君士坦丁堡的情况每况愈下，米哈伊尔的继任者、年长的将军尼基弗鲁斯·伯塔奈亚迪斯（Nicephorus Botaneiates）无法阻止颓势，整个帝国已陷入内战之中，来自不同行省的长官都在全力争夺最高统治权。同时，突厥人挑动这些人互相争斗，迅速巩固了位置，并新近建立了所谓的罗姆苏丹国（Sultanate of Rum），控制了几乎整个小亚细亚。在这种情况下，若诺曼人精心策划一次进攻，成功的机会相当大。

> 他把伦巴第和普利亚的所有人都召集起来，不管年纪小还是年纪大，强迫他们为他服役。在那里，你能看到少年儿童，还能看见可怜的老人，他们就算在梦里也没见过武器，现在却身穿胸甲，手持盾牌，极不熟练又笨拙地拉着弓。他们接到前进命令的时候，常常扑倒在地……罗贝尔的行为和希律王一样疯狂，甚至更糟，因为后者只把怒火发在婴儿身上，而罗贝尔发泄在男孩和老人身上。[1]

以上是安娜·科穆宁娜描述的吉斯卡尔的备战工作，准备工作在整个秋天到冬天一直都在进行。战舰得以整修，军队配备了新的武器装备，兵员的数量增加了，不过增加得没有安娜说的那么剧烈。教皇格里高利明显记得自己 7 年前没有回应米哈伊尔呼吁的丢脸事，他为罗贝尔送去祝福，并且要求南意大利的主教们

---

1 *The Alexiad*, I, 14 (tr. Dawes).

为这项事业提供力所能及的帮助。为了激起希腊封臣的热情，罗贝尔甚至弄来一个东正教修士，这个声名狼藉的修士自称是从修道院逃出来的皇帝米哈伊尔本人，他明显是假冒的，却出现在萨莱诺，声称要委托他最英勇的诺曼盟友帮自己恢复帝位。没有人相信他，而吉斯卡尔却显得完全相信，并在接下来的几个月里坚持以夸张的恭敬态度对待他。

随后，吉斯卡尔决定在 10 月向君士坦丁堡派出使节。他派出一位名为拉杜尔夫（Radulf）的伯爵，指示他要求伯塔奈亚迪斯就对待海伦娜的问题给出满意的答复，若有可能，最好能让此时为帝国服务的大量诺曼人归顺于他。拉杜尔夫的使命没有取得成功，在城里的时候，他被最优秀的拜占庭青年将领、同代人中最卓越的政治家阿莱克修斯·科穆宁（Alexius Comnenus）所倾倒，此人当时是大统帅（Grand Domestic）和西方军队的指挥官。拉杜尔夫在回程的时候，听到了他可能已经有所预料的消息：阿莱克修斯强迫不幸福的老伯塔奈亚迪斯退位，将毫无怨言的他[1]送进修道院，并于 1081 年复活节当天自己加冕称帝。

拉杜尔夫在布林迪西遇到了自己的主人，而吉斯卡尔此时脾气正糟。教皇格里高利担心自己无法抵挡皇帝亨利，这好理解，所以他为此前的态度而后悔，再次制造了麻烦。他之前劝说罗贝尔给他留下一些军队，现在甚至试图阻止整个行动。罗贝尔不会停下来，他知道自己正处于相当强势的位置上。教皇知道罗贝尔最近接到了亨利的建议，它类似于数年前来自米哈伊尔的建议，

---

1 在此之后的某个时间，有一位老相识询问伯塔奈亚迪斯，问他是否介意自己命运的改变。他回答说："肉食的节制是唯一让我苦恼的事情，其余的我都不在乎。"（*The Alexiad*, III, 1.）

也就是请求让亨利的儿子康拉德和吉斯卡尔的另一个女儿订立婚约。教皇不会再次冒险用绝罚把自己的封臣驱赶到敌人一方，却也不愿意得到"不"的回答。罗贝尔正在全神贯注、全力以赴地准备战役时，教皇却纠缠着让他撤退。

拉杜尔夫的消息没有改善问题。现在篡位者伯塔奈亚迪斯已被推翻，拉杜尔夫指出，现在已经没有远征的借口了。新皇帝阿莱克修斯是米哈伊尔的好友，实际上还曾经长期是年幼的君士坦丁的监护人，甚至让君士坦丁在政府中占据一定位置。阿莱克修斯本人想要和诺曼人保持友好关系。至于海伦娜，她此时和她回到萨莱诺同样安全。此外，拉杜尔夫继续说，他有责任告诉自己的主人，他在修道院里亲眼见到了前任皇帝。因此，他有确切的证据证明，罗贝尔重视的这位皇位主张者是一个冒名顶替的假货。罗贝尔最好让他回去，向阿莱克修斯提议恢复和平和友谊。海伦娜仍然可以嫁给君士坦丁，或者返回家乡。最好避免杀戮，最好遣散军队和舰船。

罗贝尔·吉斯卡尔因他的暴脾气而出名。他对天真的拉杜尔夫感到出离的愤怒，因为这是他最不乐意听到的消息。他现在最不想做的事情就是和君士坦丁堡恢复和平。他全副武装的远征军正停留在布林迪西和奥特朗托，准备远航，欧洲最大的战利品尽在掌握之中。他不再对皇室婚姻感兴趣，因为就算成功了，也没有那么"皇室"了。他也不太想让女儿回到意大利——他还有另外的 6 个女儿，而她待在现在的地方会更有用处。就他而言，那个声名狼藉的冒充者依旧是米哈伊尔，尽管演技不佳；而他眼中的米哈伊尔依旧是合法的皇帝。现在唯一重要的事情就是尽快出航，趁着阿莱克修斯还未将海伦娜送还给他，或趁着更糟的事情还没发生——皇帝亨利出现在罗马，让他无法离开。幸运的是，他已经派遣长子博希蒙德率领先遣军渡过了亚得里亚海。他最好尽快与之会合。

博希蒙德现在 27 岁。他和父亲宛如从一个模子里倒出来的，虎背熊腰，有着健康清新的气色，还有又短又密的金发，其发型乃是年轻的诺曼同胞之中的流行样式。他最显眼的地方是出众的身高，即使是稍微地俯身也能让他暴露在大众眼中。他的身高也遗传自父亲，诺曼人和希腊人偏向矮壮敦实，所以罗贝尔不在的时候，博希蒙德看上去就远远高于其他骑士和随从。我们对他的早年生活知之甚少。吉斯卡尔抛弃其母阿尔贝拉达时，他是 4 个孩子中的一个，但是母亲按照诺曼骑士成长的方式培养他成人，他忠诚勇敢地在 1079 年的叛乱中为父亲而战，尽管没有获得任何显著的胜利。眼下是他第一次独立指挥军队，他决心展现自己的真正价值。他占领了发罗拉（Valona）的港口，该地就在奥特朗托海峡的最窄处，靴跟部的普利亚的大海对岸。这里的港湾有地形遮挡，对抵达此处的主力舰队而言是一个绝佳的天然桥头堡。博希蒙德从这里南下前往科孚岛（Corfu），但是发动进攻后不久，他就知道自己手头不多的军力无法击败该岛守军，于是明智地撤退到布特林托（Butrinto），在这里等待父亲的到来。

庞大的舰队在 1081 年 5 月的后半月出发了。除开船员，它搭载了 1.3 万名诺曼骑士，辅以大量撒拉逊人，还有忠诚可疑的希腊人、人数未知的各种各样的步卒，其人数大概有好几千。在发罗拉，一些拉古萨舰船也加入进来，他们和其他巴尔干族群一样乐于见到这种打击拜占庭人的机会。舰队慢慢驶向科孚岛，当地守军见抵抗已是徒劳，便立即投降了。罗贝尔确保了桥头堡之后，便可以自由地从意大利调来援军，也可以全力发起战斗了。他的首个目标是都拉佐（即古罗马的狄拉奇乌姆［Dyrrachium］），这里是伊利里亚的首府和主要港口，从这里通过有 800 年历史的艾格纳提亚大道（Via Egnatia）向东穿过巴尔干半岛，通过马其顿和色雷斯，便能到达君士坦丁堡。

但是他们不久就发现进展并不顺利。绕过阿克柔塞劳尼安海岬（Acroceraunian）——古人尊敬地绕开此地，因为他们认为天神朱庇特惯于在这里发出雷电——向北进军的诺曼舰队遭遇了一场突如其来的暴风雨，暴风雨是东地中海夏季的一个显著特点。他们丢失了几艘船，其余受到重创的船停靠在都拉佐的外海。几天之后，他们看见北方的海平面上隐隐约约出现了一长列来势汹汹的高桅杆船舶。通过船上独特的帆装，可以很容易认出这是威尼斯的船，因为其帆装介于意大利人和希腊人的帆装之间。他们的城市不仅在理论上是拜占庭帝国的一部分，还与君士坦丁堡拥有重要的商业联系。为了保护拜占庭帝国，保护商业联系，保护大量其他的商业利益，威尼斯人自认为和平的守护者，维护着亚得里亚海以及之外地区的安全。这对希腊人来说可谓幸事一桩，因为拜占庭的海军已经衰退到比起陆军更糟糕的地步，它已不再拥有任何维护帝国权威的力量。这就是为什么阿莱克修斯得知普利亚人在他的海岸上登陆后要向威尼斯总督紧急求援。他知道求援不会被忽略。威尼斯人抵达之后，借口要谈判，从诺曼人处取得了短暂的宽限时间，并在此期间准备战斗。随后，他们在夜色的掩护下逼近了普利亚的舰队。

吉斯卡尔的军队能勇敢而果断地作战，却缺乏海上作战的经验。威尼斯人利用停火时间来采用拜占庭的老把戏，也就是贝利

撒留在五个半世纪前曾在萨莱诺用过的办法：将载着人的小艇升
到桅杆顶部，士兵可以在这里从上往下向敌人射箭。他们也明显
知道以前拜占庭希腊火的秘密，因为根据马拉泰拉的记载，他们
"吹动唤作希腊火的火焰，这火无法用水浇灭；他们通过没入水中
的管子，狡猾地将我们的船从海里的深处烧掉了"。面对这样的战
术，诺曼人发现自己处于毫无希望的劣势。经过长时间的战斗，
诺曼人的战舰和人员均有损失，他们的战线被打破，威尼斯人成
功阻止了诺曼舰队向都拉佐港进军。

　　此败还不足以让普利亚公爵退军，他安下心来围攻该城。
皇帝任命他最勇敢的将军之一、他的内弟乔治·帕列奥列格
（George Palaeologus）亲自指挥守军，先牵制住吉斯卡尔，而皇
帝自己正在征集一支对抗入侵者的军队。守军知道援军将至，便
顽强地抵抗。整个夏天，攻城战仍在继续，守军频繁出击，其中
有一次在炎热的天气里，乔治头上中了箭矢，还率军打了一场漂
亮仗。随后，拜占庭军队在 10 月 15 日出现了，为首的乃是皇帝
阿莱克修斯本人。

　　阿莱克修斯出身于一个古老而显赫的拜占庭家族，该家族出
过一位皇帝——他的叔叔伊萨克一世（Isaac Ⅰ），阿莱克修斯以
家族长期的军事传统而自豪。33 岁的时候，他自己也登上了帝
位，此时他已经拥有 10 年以上的作战经验，曾经在伊庇鲁斯、色
雷斯以及小亚细亚的家乡附近等地作战。而且他预先了解了敌人
的作战方式，这很有用。当时有一些放浪不羁的诺曼人进入拜占
庭军队服役，其中有一位极为出众的冒险家：巴约勒的鲁塞尔
（Roussel of Bailleul）。鲁塞尔的军事记录并非完美无瑕，在 1071
年的曼兹科特之战中，他见希腊人一方无望取胜，便拒绝率领手

下参战。但是他又以某种方式得到了皇帝的青睐，因为经验丰富的老兵很难找到。不久后，皇帝米哈伊尔委派鲁塞尔率领一支混合了诺曼人和法兰克人的骑兵去安纳托利亚攻打突厥劫掠者。鲁塞尔深入敌占区之后再次背信弃义，率领他的 300 名追随者按照南意大利的模式建立了一个独立的诺曼人国家。这个国家存在的时间不长，因为拜占庭皇帝很容易便劝说塞尔柱突厥人将它消灭了，并正式割让了塞尔柱突厥人占领的领土以作为回报。不过，鲁塞尔设法逃脱了，阿莱克修斯被派去追捕他。阿莱克修斯在阿玛赛亚（Amasea）找到了他，这个亡命之徒在这里自任总督，他很受当地人的欢迎。阿莱克修斯不诚实地告诉当地居民，说鲁塞尔被人蒙蔽了，当地人才让阿莱克修斯带走他。后来他在一段时间里被关在君士坦丁堡，但是在 1077 年，当伯塔奈亚迪斯的军队赶往君士坦丁堡时，绝望的米哈伊尔又为这位囚犯提供了一次机会，命鲁塞尔指挥一支新的军团。鲁塞尔把叛军打得惨败，然后第三次变节，意图篡位。

当年在从阿玛赛亚前往君士坦丁堡的途中，阿莱克修斯被鲁塞尔的魅力吸引了，甚至之后在这位诺曼人在狱中挨饿的时候偷偷给他送过食物。但是阿莱克修斯也知道，永远不要低估诺曼人的智略、狡诈或军事才能。鲁塞尔经常跟阿莱克修斯提起罗贝尔·吉斯卡尔，他曾经在后者的军中服役。从密探第一次向阿莱克修斯提醒罗贝尔的意图的那天起，阿莱克修斯就知道，若要在预期的攻击中幸存下来，就需要动用帝国所有的剩余力量。他努力地快速组织了一支合乎需要的防御部队，就人数而言，他已经取得了显著的成功。但是他手下有太多人未经训练或忠诚存疑，他率军穿越马其顿的山口前往都拉佐城外的平原时，想必有些底气不足。

首要的问题是战略。拜占庭军队是应该尝试包围营中的诺曼人，还是与之正面对决？阿莱克修斯的很多谋士中意前者，但他决定战斗：冬季快来了，他不确定自己的人能否挺过旷日持久的围城战。10月18日，也就是他抵达的3天后，他发起了进攻。这一次，罗贝尔·吉斯卡尔向城北稍微移动，排布战阵，战阵从海岸向内陆延伸，面朝都拉佐。他自己则坐镇中军，全副武装的西吉尔盖塔在他身边，博希蒙德则在他的左翼，也就是朝向内陆的侧翼。

按照皇帝御驾亲征的常见情况，皇帝的瓦兰吉卫队也在其中发挥了一定作用。此时该卫队包括大量英格兰的盎格鲁—撒克逊人，他们在黑斯廷斯之战结束后心怀厌恶地离开他们的国家，为拜占庭效力，他们中有很多人为这个向诺曼人复仇的机会而等待了15年。他们拼尽全力地进攻，其作战方式是步行，因为他们的主要武器是双手巨斧，它太过沉重，无法在马上挥舞。他们在头这么高的位置挥动斧头，猛击战马和骑手，普利亚的骑士们极为恐惧，他们中很少有人见过遇到骑兵冲锋居然还不马上溃退的整列步兵。战马很快就开始惊慌起来，不久后诺曼军队的右翼也陷入了混乱，很多人直接飞奔跳海，以躲避他们眼中必死无疑的屠杀。

如果同时代的记载可信的话，西吉尔盖塔挽救了当天的战局。这个故事最好的记载可能出自安娜·科穆宁娜：

> 罗贝尔的妻子盖塔（此刻就在他的身边，即便不是雅典娜，也仅次于帕拉斯）眼看士兵正在逃离，便凶狠地看着他

们，用非常有力量的声音向他们呼喊，她的话堪比荷马的话语："你们想逃去哪？站住，像男人一样给我停下！"当她看到有士兵还在逃跑，便抓起一根长矛，全力向逃兵掷去。看到这些，士兵们恢复过来，再次投入战斗。[1]

此时，博希蒙德的左翼带着一支弩手队伍前来援助，而瓦兰吉卫队发现他们的斧头无法同远程的弩手对抗，发现自己毫无防护。他们比希腊军队的主力深入得太远，所以无法安然身退，只能在原地苦战。最后，剩下的几个精疲力竭的英格兰人退到附近的大天使米迦勒礼拜堂寻求庇护，但是普利亚人迅速点燃了礼拜堂——他们现在远离加尔加诺山——瓦兰吉卫队的最后一人也丧身火海。

此时，皇帝正在中军勇敢地作战，但是拜占庭军队的精锐在之前的曼兹科特之战中被消灭了，他现在只能依靠各色人等混杂在一起的蛮族雇佣军，他担心，他们无论是素质还是纪律都不足以对抗普利亚的诺曼人。乔治·帕列奥列格率军从都拉佐赶来增援，也无法挽救战况。更糟的是，阿莱克修斯看到自己的封臣、塞尔维亚国王泽塔的君士坦丁·博丁（Constantine Bodin of Zeta）以及他寄予厚望的整个突厥辅助军团都背叛了他，他的最后一丝胜算也消失了，他的所有军队都陷入大溃败。皇帝也从阵地上逃走，他与部下的联系中断了。他精疲力竭，失血过多，前额还受了重伤，虚弱的他没有护卫陪伴，缓缓策马走向奥赫里德，他想在此处恢复身体，并再次集结军队。

---

1 *The Alexiad*, IV, 6.

取得胜利之后，都拉佐的陷落仅仅是时间的问题了。尽管现在城市没有管理者——乔治·帕列奥列格在率军出击后没能快速返回——却还是抵抗了4个月。直到1082年2月21日，普利亚军队才攻破城门。按照马拉泰拉的记载，这是因为一个威尼斯居民的变节，他要求迎娶罗贝尔的一个侄女作为奖赏。不过自都拉佐开始，征服的速度加快了。当地居民知道皇帝已经战败，而附近也没有可以帮助他们脱险的帝国军队，更何况他们中有些人对拜占庭不怎么忠诚，所以他们没有抵抗进军的诺曼人。数周之内，整个伊利里亚落入吉斯卡尔之手。随后他向卡斯托里亚（Kastoria）进军，这里也迅速投降了。这是他自离开都拉佐之后所占领的最重要的城镇。该城的投降似乎是个好兆头，更棒的是，他们发现该城的守军是皇帝亲自留下来防守的300名瓦兰吉卫队的士兵。如果连帝国的精锐都不打算再抵挡诺曼人的进攻，那么君士坦丁堡必定也是囊中之物了。

但是在接下来的4月，当罗贝尔·吉斯卡尔仍在卡斯托里亚之时，从意大利传来消息。信使报告说，阿莱克修斯的代理人忙碌于整个意大利半岛，普利亚和卡拉布里亚再一次陷入战事，坎帕尼亚的大部分地区也是如此。信使又带来了一封教皇格里高利的书信，信中说，亨利已经抵达他的城门下，他急需公爵出兵罗马。

17

从罗马到韦诺萨

因此要记得,你的母亲——神圣的罗马教会,她爱你胜过其他王公,她特别信任你。要记得,你对她发过誓言。要记得,不能违背誓言,即便你还没有这样去做,这仍是你作为基督徒需要履行的义务。你还不清楚亨利,这位所谓的王,究竟对教会挑起了多大的争斗,你也不清楚她究竟有多需要你的帮助。因此马上行动吧,只有儿子希望与邪恶战斗,他的母亲——教会才会感激他的忠诚和救助。

我们犹豫是否要在这封信上盖上我们的印章,因为我们怕它落入敌人之手后被用于欺骗之事。

——格里高利七世致罗贝尔·吉斯卡尔的信,1082 年

罗贝尔·吉斯卡尔远征拜占庭的时机正好。1081 年,他离开奥特朗托还不到一周,亨利四世就出现在罗马的近郊,新的对立教皇克雷芒三世也在他的队伍中。格里高利是幸运的,因为亨利低估了可能遭到的抵抗,随身只带了很少的军队。亨利惊讶地发现罗马人对教皇的忠诚没有动摇,因此无计可施,只得退到伦巴第。在下一个春季,他做出了第二次尝试。虽然这次尝试最后也

以失败告终，但这一次南意大利的气氛发生了变化。亨利在德意志各地的持续胜利增加了他的威望，他已经消灭了所有强大的敌人，他在伦巴第，就是所有分离的军事力量和反抗活动的化身。此刻罗贝尔·吉斯卡尔远离这里，如果报告可信的话，他甚至还朝着相反的方向越走越远。有一种情绪在诺曼人、意大利人和伦巴第人中不断增长：他们的未来与西方帝国联系在一起。卡普阿的约尔丹是第一个转变的盟友，他不在乎不可避免的绝罚，而向亨利表示效忠，后者正式向他授予了其封邑，而大部分坎帕尼亚的小贵族也照做了。甚至卡西诺山修道院院长德西德里乌斯也投向亨利，随着岁月的流逝，他的道德品质开始出现令人担忧的滑坡，这对他的未来不是好事。可怜的罗杰·博尔萨远在普利亚，他父亲吉斯卡尔把大陆的领地交给他，让他在吉斯卡尔不在的时候管理，他却无力维护父亲的权威——尤其是因为阿伯拉尔、埃尔曼和他们永不安分的朋友之中有许多人都趁形势变化而从流亡中返回，如今又一次发动了全面的叛乱。

1082 年 4 月，吉斯卡尔离开还不到一年，所有这些消息都传到待在卡斯托里亚的普利亚公爵耳中，他知道不能再浪费时间，便将远征的指挥权交给博希蒙德，并以父亲坦克雷德的灵魂起誓，在他再次回到希腊之前，不洗澡不剃须。他率领一支小队迅速奔向海岸，乘上在这里等待的船只，立刻渡海到达奥特朗托。抵达之后，他仅仅集合了罗杰·博尔萨能召集的所有军队，就直奔罗马。到达罗马后，他发现城市当前的危险已经过去了。亨利已经从该城撤退，此时在托斯卡纳，并在那里破坏了教皇忠诚的盟友、玛蒂尔达女伯爵的地产。虽然他将对立教皇克雷芒留在了蒂沃利（Tivoli），由德意志军团保卫，但是当克雷芒的保护者离开后，他就无法制造任何麻烦。吉斯卡尔得以回到普利亚，去恢复统治区的秩序。

但是罗马处于和平的时间不会太久。1083年初，亨利率领比前一次更多的大军再次出现了，并且专心攻打利奥城。[1] 这是他的第三次尝试，并且成功了。守卫者厌倦了每年的进攻，他们的忠诚已经被拜占庭的贿赂破坏，而且阿莱克修斯在城内的代理人起到了直接作用，亨利的代理人起到了间接作用。城市没有在春季和初夏被攻破，但是在6月2日，一支米兰人和萨克森人的混合部队攀上了城墙，制服了守卫，最终攻占了城中的一座塔楼。一两个小时之内，亨利的士兵冲入城里，在圣彼得教堂内及邻近地区展开了激烈的战斗。教皇格里高利没有要投降的意思，而是先他们一步，迅速赶往圣天使堡，据城堡防守，准备抵御新的围攻。

现在亨利举行皇帝的加冕仪式是非常容易的，对立教皇克雷芒非常乐意举办仪式，但是亨利现在只是占据了台伯河右岸的利奥城，罗马其余的地方仍忠于格里高利。亨利知道，真正的教皇仍生活在都城里的时候，这样的仪式是不会被人接受的。如果能达成和解，对罗马人必定有百利而无一害。亨利能不能让罗马人居间调停，让他与教皇达成妥协呢？他告诉罗马人，这是他们的责任，而罗马人也尝试了，可是亨利再次低估了事态：格里高利毫不动摇。格里高利完全相信他的事业是正义的，神明站在他这边，似乎他也同样确信自己早晚会获胜。如果亨利想要加冕，他必须谨记并遵守他在卡诺莎城堡的誓言。当年11月将召开宗教会议，会议无疑会进一步讨论此事。除此之外，无须再言。教皇怀

1　见第174页的脚注。

着耐心和尊严，静静地专心在城堡中安顿下来，等待普利亚公爵前来解救。

但是吉斯卡尔没有前来救援的迹象，这完全不是他的错。1082 年的整个秋季和冬季，以及 1083 年的上半年，他完全忙于对付普利亚的叛军，只有到 6 月 10 日，也就是在帝国军队进入利奥城的一周之后，他才从侄子埃尔曼的手中夺取最后的堡垒卡诺莎，并将叛乱终结。战斗比他想象的要难——拜占庭的金钱明显起了很大作用——如果他没有向他在西西里的弟弟罗杰请求援助的话，战事可能要比现在持续得更久。确保了普利亚的安全之后，罗贝尔为进军罗马做准备，先对卡普阿的约尔丹发动了一场短暂的预备性战役。但是此刻大伯爵为应对突如其来的危机，带着自己的人紧急返回西西里岛。罗贝尔知道自己的军队不足以独自对抗亨利，便回去了，准备翌年再发动进攻。在他看来，时间还很充足。他在切普拉诺的誓言要求他必须向教皇提供帮助；就算不考虑教皇，一旦亨利被加冕为皇帝，再加上服从他的克雷芒三世从旁支持，他就可能染指南意大利，罗贝尔在意大利的地位将受到严重威胁。但是此刻亨利返回了托斯卡纳，徒劳地浪费精力，试图征服那里的玛蒂尔达女伯爵。罗贝尔知道亨利的军队很少，效率也不高。在 6 个月的时间里，公爵应该可以组建一支新的军队，再领军对抗罗马人的皇帝，而不用担心后果。然后，他就可以按自己的意愿看是否需要把教皇交给亨利，或许还可以提出自己的条件。与此同时，格里高利只需等候，他安身在圣天使堡中，似乎没有什么近在眼前的危险。忍受数个月的不舒适——甚至带一些羞辱——也不会对他造成什么伤害。

计划中的宗教会议按时在 11 月举行，事实证明这是一场闹剧。国王发誓，他不会阻止任何忠于格里高利的教士参会，但是随着预定日期的临近，他见教皇无意承认之前被教皇逐出教会的倾向帝国的主教，所以遵不遵守誓言只是看自己的方便而已。亨利不会允许自己的承诺阻碍自己的政策，因此所有格里高利的坚定支持者，包括里昂大主教和科莫、卢卡的主教们，发现自己被拦在罗马城之外。而教廷使节兼枢机主教奥斯蒂亚的奥多（Odo of Ostia）事实上遭到了监禁。愤怒的教皇徒劳地从堡垒的墙后发出绝罚和咒逐，亨利却根本不在意。会议结束了，参会的少数主教设法返回自己的教区。一些罗马贵族提出一个滑稽的建议以作为妥协，按照该建议，格里高利不用为亨利举办加冕仪式，但是要从圣天使堡的城垛上用一根棍子把皇冠挑着伸出来，这项提议自然遭到了蔑视。僵局仍在持续。

　　罗贝尔·吉斯卡尔还没有出现。

　　1084 年的春天临近之时，亨利决定动用武力来解决这个问题。只要教皇还在指望罗贝尔·吉斯卡尔能最终出现为他解围，亨利就永远无法和这位不知变通的对手达成协议。另一方面，如果他趁诺曼人还没有准备好，打他们一个措手不及，也许就能阻止他们抵达罗马。这样的话，格里高利就会更加顺从了。3 月初，亨利在利奥城留下一支小部队之后，便率军前往普利亚。他还没走太远，从罗马出发的信使就追上了他。罗马人似乎厌倦了这场斗争，就派人告诉亨利，他们不会再进行抵抗，他们的城市是亨利的了。

　　在这个时候向帝国军队投降完全是一种愚蠢的行为，它不仅决定了教皇格里高利的命运，更决定了罗马城本身的命运。如果亨利继续向普利亚进军，他要么会被压倒性的优势兵力击败，要么更有可能匆匆退回北方。在这两种情况下，诺曼人最后都会迅速击败城中的德意志守军，并以拯救者而非征服者的身份进入城中。罗马人知道诺曼人正准备进军，诺曼人纵然不是全欧洲最强的，也是意大利最有实力的统治者，罗马人民在这时改换阵营，便在劫难逃了。他们将为自己的错误付出沉重的代价，但这只能怪他们自己。

亨利率领他可以集合的所有军队迅速返回罗马后，于3月21日以胜利者的身份进城——他的妻子、长期遭受病痛折磨的王后都灵的贝尔塔（Bertha of Turin）和对立教皇克雷芒在旁陪同——并居住于拉特兰宫。3天后，在圣枝主日，教皇格里高利被伦巴第主教们正式废黜，克雷芒被选为他的继任者。在3月31日的复活节，亨利和贝尔塔在圣彼得教堂加冕。对格里高利而言，现在的情况很绝望。罗马城依然有一些地方忠于他，例如，科里乌斯山（Coelian）和帕拉丁山（Palatine）控制在他侄子鲁斯提库斯（Rusticus）手中，埋葬圣巴尔多禄茂（St Bartholomew）的台伯岛仍在忠于他的皮耶莱奥尼（Pierleoni）家族的手中。卡庇托山（Capitol）也在抵抗。但是所有这些据点都受到了进攻，除非援军能很快到达，否则他们不可能抵抗很久。罗贝尔·吉斯卡尔在哪里？教皇派一群最忠诚的枢机主教去南方找他，并将最后的求援传达给他的封臣。

罗贝尔听闻罗马投降之后，便无须再劝说他了。他自己和教皇的未来均处于紧要关头。然而，漫长的几个月的拖延并没有白费，他组织了一支大军，普利亚的威廉估计有近6000名骑兵和3万名步兵，他们于5月初整装待发。在出兵之前，罗贝尔为了给教皇鼓起勇气，还派出了德西德里乌斯院长。最后在 1084 年 5 月 24 日，他率军沿着拉丁纳大道（Via Latina）前往罗马，他在罗马的城墙外安营扎寨，也就是如今的卡佩纳门广场（Piazza di Porta Capena）所在的地方。

亨利没有等他到来。一如既往骑墙的德西德里乌斯，没有把罗贝尔即将到来的消息告诉教皇，反而去告诉皇帝了，他对吉斯卡尔新军队的规模和力量的描述，足以让亨利做出决定。亨利召集罗马的主要公民开会，向他们解释说，他需要尽快赶往伦巴第。当然，在情况允许的情况下，他会很快赶回来。同时，他相信他们可以英勇地抵抗入侵者，以证明自己是名副其实的帝国臣民。就这样，在普利亚公爵出现在城门前的 3 天之前，亨利带着妻子和大部分军队逃走了，留下受惊的对立教皇在后面跑步追赶。

罗马人深深地后悔他们在两个月前做出的改变，这使他们陷入了没有任何希望的境地。他们先是把教皇出卖给皇帝，却反过来遭到了背叛。诺曼人就在城门外，他们束手无策。很明显，抵抗这样一支军队是徒劳的，更何况城里还有不少格里高利的支持者。不过，他们仿佛能预知前面有什么可怕的事情等着，便不愿打开城门。普利亚公爵又在自己的营帐中等了 3 天，他无法确认亨利逃走的消息是否属实，同时与教皇的代表制订了周密的作战计划。5 月 27 日晚，在夜色的掩护下，他静悄悄地将军队转移到城市的北侧。黎明时分，他发动了进攻，没过多久，他的第一波先头队伍就攻破了弗拉明尼安门（Flaminian Gate）。他们遇到了顽强的抵抗，整个战神广场（Campus Martius）——该地位于圣天使堡的河对岸——烧成一片火海。但没过多久，诺曼人就打败了桥上的守军，把教皇从城堡中救了出来，并带着他穿过烟尘滚滚的废墟，得胜地返回拉特兰宫。

对罗贝尔·吉斯卡尔而言，这一天标志着他荣耀和权力的顶峰。1084 年，东方帝国和西方帝国的皇帝这两位欧洲最强大的君主，都在他接近时逃走了。现在，他礼貌地将他的手（或许略沾点血污）伸向中世纪最令人敬畏的教皇之一，并且再次将他扶上了教皇宝座。在庆祝格里高利获救而举办的感恩弥撒上，公爵和教皇的思绪肯定已经回到了 1053 年的那个遥远的日子，当时在奇维塔泰平原上，奥特维尔家族和他们的追随者抵挡住了罗马教会的军队，保卫了他们留在意大利的权利。31 年后，他们受到了次数更多的绝罚，却又不止一次地拯救了罗马。教皇肯定因为他们的解救如此有效率而高兴，而且这也不是头一回。

但是他的胜利是短暂的。虽然罗马只拥有往日的残影，但是它还是比半岛和南部的任何城市更富庶，人口更兴旺，对吉斯卡尔的手下而言，这给他们提供了掳掠的可能性，他们之中很少有人没经历过劫掠之事。他们全力利用这个机会，让全城都陷入了强奸和抢掠之中，在这种情况下，几个西西里撒拉逊人的部队便不再拘谨了。在罗马人看来，这些撒拉逊人是反基督的军队。就算是不听话的孩子，听到这些讲述异教徒暴行的可怕故事后，也会安静下来：他们的习惯骇人听闻，他们的贪欲难以言说，他们劫掠的速度，宛如猎鹰冲下晴空一般，他们毫不留情地把妇女和女童掳为奴隶，男孩也不放过，共有数千人被卖为奴隶。劫掠的程度堪比 846 年那个令人惊惶的一天，当时他们的桨帆船驶入台伯河，攻陷了博尔格（Borgo），夺走了圣彼得教堂大门上的银盘。但即使是在那个时候，他们的破坏也仅仅局限在河的右岸，而这一次没有任何地区能幸免于难。基督徒也不比撒拉逊人好到哪里去。在第三天，兽行和流血仍在继续，并未减弱，罗马人无法再继续忍受了，整座绝望的城市站起来抵抗压迫者。罗贝尔·吉斯卡尔突然震惊地发现自己被包围，他在紧要关头被罗杰·博尔萨救了出来，后者在一次罕见的突发事件中，冲过上千个手持武器的人组成的人群，救出了他的父亲。但是不久之后，为了活命的诺曼人在城中放了火。

这对罗马是一场灾难，是自6个世纪以前蛮族入侵以来前所未有的灾难。教堂、宫殿、古代神庙都在蔓延的大火中毁于一旦。卡庇托山以及帕拉丁山被毁坏了，斗兽场和拉特兰宫之间的整个区域中的建筑无一幸免。很多市民在家中死去，还有一些人在逃命的时候被诺曼人杀死，或者被抓去卖掉，成为奴隶。烟尘散去的时候，还活着的罗马领袖匍匐在吉斯卡尔面前，他们的脖子上绑着出鞘的剑，以示投降。他们的城市空了，留下了一幅荒凉而令人绝望的惨景。

想一想，教皇格里高利看到周围焦黑的废墟，看到街上堆满了崩碎的房屋而无法通行，看到罗马6月暑热中业已腐烂的尸体，他此时会想什么呢？他勉强赢得了战争，可是付出了多大的代价啊！过去英雄般的教皇们从侵略者手中拯救了他们的城市——利奥一世（Leo I）从阿提拉（Attila）的匈人（Huns）手里，他的同名者大格里高利从得胜的伦巴第人的手里。他以为自己会在很多方面超越他们，最后却把城市带入了毁灭。然而，无论是在他的书信中还是当时的编年史中，都看不到任何他对把邪恶带到罗马一事的懊悔之情。他觉得自己的良心异乎寻常的清白。在他看来，他一直在为原则而战，这是一项伟大的原则，也是一项关键的原则，由于他自己的力量和勇气，该原则得以维持。他的人民现在所遭受的苦难，不过是因为他们不信神而给自己带来的不可避免的报应罢了。上帝的旨意已经实现了。

因此，其原因就是他的极端傲慢，这是他的主要性格，却也是他最不讨人喜欢的一点。不过这也是对他的报应。11 年前，罗马民众推举他为教皇，然后站在他这边忍受了围城战和内战带来的苦难，现在视他——其理由并非不充分——为带来苦难和损失的罪魁祸首。他们急于复仇，只是因为罗贝尔·吉斯卡尔和他的军队还在，才没有将曾经爱戴的教皇大卸八块。但是罗贝尔不想在必要的时间过了之后还待在罗马。除开爆发骚乱的危险，他还急于重启对拜占庭的战争。教皇格里高利在时运不济的在任期间已遭受了很多羞辱，但他现在看到，最大的耻辱便是直到最后还需要被人救助。诺曼人离开罗马之时，他势必同他们一起离开。因此他做好了离开的准备，几天后，他们一起进行了一场短暂却非决定性的远征，其目标是对立教皇克雷芒——他在蒂沃利防守。他们在 6 月 28 日返回。7 月初，在罗贝尔·吉斯卡尔以及大批强大的诺曼人和撒拉逊人的护卫下，他最后一次离开了罗马。陪同他的人拯救了罗马，却也毁灭了罗马。这位最骄傲的教皇，其境况也只比憎恨他的逃亡者好一些。他们一路南下，首先到达卡西诺山，然后抵达贝内文托。他们在此处知晓，克雷芒三世趁格里高利离开，再次占据了圣彼得教堂。他们最后到了萨莱诺。教皇在那里被安置在配得上他高贵地位的宫殿里。1085 年 5 月 25 日，他在这里去世了。他被埋葬在一座新的主教座堂东南侧的壁龛里，按照一直保存到今天的教堂正立面的铭文记载，这座教堂由"最伟大的征服者罗贝尔伯爵出资修建"。教皇在逝世之前数周为这座教堂祝圣，他的坟墓一直保存到了今天。

尽管他在最后的岁月里不知不觉地给教廷带来了污名，但他的成就比他所知道的还要大。他为确立教皇在教会等级中的最高地位做出了不小的贡献。世俗叙任权的实践很快失去了根基，并在下个世纪彻底消失。就算他没有对帝国取得这样的胜利，他也至少会用一种帝国无法忽视的方式贯彻自己的主张。教会已经露出了她的牙齿，未来的皇帝若想藐视她，则要冒极大的风险。然而，虽然格里高利从未打消率领军队返回罗马夺回宝座的盘算，却还是去世了。纵使他去世时没有完全心碎，但至少是一个失望、幻想破灭的人。他的遗言是痛苦的告别辞："我热爱正义，痛恨邪恶，却在流亡中死去。"

在前一个秋季，普利亚公爵带着一支由 150 艘船组成的舰队返回了希腊。失去他的领导之后，诺曼远征军几乎遭受了灾难般的打击。一年来，博希蒙德设法保持了势头，并在约阿尼纳（Ioanina）和阿尔塔（Arta）取得了两次重要胜利，又逼退了拜占庭人，让整个马其顿和大部分的色萨利地区都处于他的控制之下。但是在 1083 年春，阿莱克修斯在拉里萨（Larissa）用计谋打败了他，扭转了局势。诺曼军队意志消沉，思乡心切，军饷也迟迟未发，阿莱克修斯现在又向逃兵支付大量奖赏，诺曼军队就这样垮了。博希蒙德不得不返回意大利筹钱，他的主要副手在他离开之后马上投降了。接下来，一支威尼斯的舰队攻占了都拉佐和科孚岛。到年底，诺曼人控制的领土再次被限制到一两个近海岛屿和一小段海岸线上。

罗贝尔到来时，他的 3 个儿子博希蒙德、罗杰·博尔萨和居伊在旁陪同，还带着金钱、补给以及大量军队，他们给这支残军注入了新的信心。虽然罗贝尔现在已经 68 岁了，但是似乎没有因为要从头发动战役而感到丝毫的沮丧，而是马上着手准备再次攻占科孚岛。由于糟糕的天气，他在布特林托的舰队延迟到 11 月才出发，它们渡过海峡时，却被希腊和威尼斯的联合舰队所阻击，诺曼海军在 3 天之内两度在激战中惨败。诺曼人的损失很惨重，以至于威尼斯人派小艇赶回去报告胜利的消息。不过，现在轮到他们为低估吉斯卡尔而付出代价了。战败之后，罗贝尔只有极少船只可以再次出海，更别说发动第三次战斗了。但是罗贝尔看到小艇消失在海平面上之后，他意识到这是一个突然袭击敌人的好机会，于是迅速召集所有还能行动的船只，指挥这支残破的舰队再次发动猛攻。他的计划很完美，威尼斯人不仅毫无防备、精疲力竭，而且按照安娜·科穆宁娜的记载，型号更重的桨帆船没有装载压舱物和补给品，因此高高地在水上漂着。在激烈的战斗中，当威尼斯船上所有的士兵和船员都冲到甲板的同一侧时，有不少船都倾覆沉没了。（安娜估计威尼斯一方死亡的人数有 1.3 万人，吉斯卡尔还将 2500 名俘虏弄残废。这则记载更多的是为了体现他病态的愉悦，而非准确的历史事实。）科孚岛陷落了，诺曼军队返回意大利本土过冬，修理船舶，为来年的战役做准备，军队中弥漫着欢悦和希望的气氛。[1]

　　但是在这个冬天，一个新的敌人出现了，它比威尼斯人和拜占庭人加起来还要致命，它不仅会结束这次远征，还会结束夏朗

---

[1] 安娜还描述了第四次战斗，她认为威尼斯人进行了复仇，但是威尼斯人的记录中没有提到她说的事。而且丹多洛（Dandolo）的《威尼斯编年史》（*Chronicon Venetum*, Muratori, *R. I. S.*, vol XII）提到威尼斯总督因为科孚岛的惨败而被废黜了。看起来公主犯了一个肆无忌惮而一厢情愿的毛病。

东说的"意大利诺曼人历史上第一个英雄时期"。这个敌人是一次四处肆虐的流行病，它可能是伤寒，毫不留情地进行袭击。病人即使没有去世，也会无精打采，需要好几周时间才能恢复。到春天，已经有500名骑士去世了，罗贝尔的军队中也有很大一部分士兵丧失了有效的作战能力。然而即便是现在，吉斯卡尔依然保持着乐观和自信。在他的直系亲属中，唯有博希蒙德患病了，这与这次流行病只攻击明显最强壮的人的奇怪趋势相一致。博希蒙德被送回巴里疗养。初夏，罗贝尔决定再次派军出击，他令罗杰·博尔萨率领先遣部队占领凯法利尼亚岛（Cephalonia）。

数周后，吉斯卡尔出发与儿子会合，但是在舰队向南行驶的时候，他也染上了致命的疾病。他的船只抵达阿瑟尔角（Cape Ather），即该岛的最北端的时候，他已病入膏肓。他没有时间沿着海岸行驶去和等待他的儿子相见了，他的船在第一处安全的锚地停靠，为了纪念他，这个小小的避风港至今仍被称为"菲斯卡尔多"（Phiscardo）。6天后的1085年7月17日，他在这里逝世了，忠诚的西吉尔盖塔陪在他身边，他只比教皇格里高利多活了不到两个月。

安娜·科穆宁娜讲了一个有趣的故事，说的是罗贝尔将要去世的时候，他向伊萨卡岛（Ithaca）附近的海域眺望。他之前从当地居民口中得知，岛上有一座废弃的城镇曾被称为耶路撒冷。他突然想起数年前一个预言家的话："在阿瑟尔之前，你会把所有的国家都归于你的统治之下；但是在阿瑟尔之后，你要去耶路撒冷，向自然偿还你的债务。"这个故事大概不足为信，[1]但是它与吉

1　霍林斯赫德（Holinshed）讲述了一个相似的故事，这则故事与1413年英格兰国王亨利四世的去世有关。

斯卡尔的成就中最令人惊讶的事情有关——他之后在传奇故事中获得了作为十字军的名声。不久后，传唱他功业的吟游诗人和江湖艺人很自然地找到并曲解了希腊西北的几处与《圣经》有关的地名，安娜就提到了小港口杰里科（Jericho），它原名是奥利克斯（Orikos），罗贝尔在第一次巴尔干战役时曾占领过这里。至于他远征拜占庭帝国时的事迹如何进入《罗兰之歌》（Chanson de Roland），已有人做出了可信的说明。[1] 罗贝尔确实是"无畏骑士"（Chevalier sans peur）的完美典范，但即使是他最热情的仰慕者，也很难描述他是"无可责备"（sans reproche）的，但他最后出现在完美无瑕的圣骑士之列，这着实令人吃惊。不过，这还不是全部。

> 之后，威廉和雷诺阿尔德，
> 戈弗雷公爵和罗贝尔·吉斯卡尔的发光体
> 就吸引着我的目光沿着十字架移动。[2]

这位年老的恶棍还在两个世纪之后得到了一顶特别为他准备的崇高冠冕：他在但丁的天堂中获得了一席之地，获得了最高的荣耀。

尽管罗贝尔·吉斯卡尔因为在萨莱诺修建了一座新的主教座堂而获得了荣耀，但是他一直想要和兄弟们一起被安葬在韦诺萨的至圣三一修道院教堂。他的遗体被盐包裹起来，用一艘船装载，

1　参见 H. 格雷瓜尔（Gregoire）和 R. 德·凯泽（de Keyser）发表于 *Byzantine*，vol. XIV，1939 的迷人文章。

2　但丁，《神曲·天国篇》，第 18 章第 46—48 行。

与西吉尔盖塔和罗杰·博尔萨一起返回意大利。但是与罗贝尔相随一生的动荡即便在他去世之后也没有抛弃他。在横渡亚得里亚海的途中，他的船被一场突如其来的暴风雨袭击，差一点在奥特朗托附近翻船，棺材也被冲到船舷外。棺木最终被找到，但是长时间和海水的接触并没有改善遗体的状况。就遗体被发现时的状态来看，明显无法将遗体进行下一步运输，因此心脏和内脏被切下，并被虔诚地放入罐中，留在了奥特朗托。剩余部分做了防腐处理，继续运输。

吉本谈到，韦诺萨是一个以贺拉斯（Horace）的出生地而不是诺曼英雄的墓葬而闻名的地方。无论我们是否同意他的意见，都不得不承认，现在这个小镇，与中世纪研究者相比，更让古典学者感兴趣。至圣三一修道院的建筑现在还保留下来一两堵墙，还有一些保存状况很差的、破损的柱廊。而教堂经过罗贝尔的兄弟、时任韦诺萨伯爵的德罗戈的改造，从一个不大的伦巴第巴西利卡式教堂变成了值得作为奥特维尔家族圣地的地方，它被保存到现在。保存到现在的还有另一座教堂的墙体，它由德罗戈开始修建，并由吉斯卡尔继续修建，却一直未能完工。然而不幸的是，贝德克尔（Baedeker）在1883年提到"它最近得到了有问题的修复"，他说得很对。没有多少遗存可以告诉我们，1058年教皇尼古拉对它祝圣的时候，或者一个个奥特维尔家族的成员被安葬在这里的时候，这里是什么样子。罗贝尔第一任妻子阿尔贝拉达的墓隐隐约约模仿了古典风格，而且显然经过了翻新。她的墓志铭也很谦逊，大意是说，如果有人想找她儿子博希蒙德的墓，就要去卡诺莎找。她的墓很普通，有些局促地被安置在北面的角室里。我们甚至可以努力说服自己去接受诺曼·道格拉斯的主张，认为墙上留下来的一张保存较差的湿壁画是西吉尔盖塔的肖像。但是吉斯卡尔本人的纪念建筑就保存得更差了。他最初的坟墓很早就找不到了，只有通过马姆斯伯里的威廉（William of Malmesbury），我们才能知晓他墓碑的碑文。[1]威廉、德罗戈和汉弗莱的墓也都不存在了。16世纪的某个时候，四个兄弟的所有遗骨被收集在一个简单的纪念建筑中，这座建筑至今还存在。建筑上没有铭文，唯一和它的内容有关的线索来自普利亚的威廉的一行字，它与墙上湿壁画中还能辨识出的文字相互参照："韦诺萨城因这座坟冢的光辉而闪耀。"

　　现在的罗贝尔，正如传言和许多人说的那样，是一位非常出色的领导者。他机智灵敏，长相俊朗，谈吐有礼，机警善辩，声音洪亮，平易近人，身材高大，经常留着短发和长胡子，乐于保持其民族的古老习惯。他保持着完美的面容和身材，一直到最后，他对此非常自豪，因为他的模样被认为是国王的样貌。他尊重所有部下，尤其是对他有好感的人。另一方面，他非常节俭，热衷于财富，也非常贪财。除此之外，他的野心也非常大。因为他是这些欲望的奴隶，所以他招致了人们的严厉责难。

1　"长眠于此的是吉斯卡尔，让世界恐惧之人。他用双手，从城市赶走了德意志人、利古里亚人还有罗马人的王。在他的怒火之下，无论是帕提亚人还是阿拉伯人都无法拯救阿莱克修斯，即便是马其顿的军队也不能，他唯一的希望在于逃跑。而对于威尼斯来说，无论是逃跑还是海洋的保护都无济于事。"

按照吉本的话，这就是"开心的安娜·科穆宁娜撒在敌人坟墓上的花儿"。安娜的描述可能非常真实，但她热爱拜占庭，还怀有偏见，因此无法认识到吉斯卡尔的伟大。事业刚开始的时候，他只是一个身无分文的强盗和偷马贼；他去世的时候，不仅同时让两位皇帝逃遁了，还将中世纪最伟大的教皇置于自己的控制之下，他应得的赞誉不应该只有这么些。罗贝尔发现南意大利混合了各种族群和宗教，混合了公爵、伯爵和小贵族的领地，所有这些势力都毫无目的地争闹不休。他将它们捏拢，形成一个国家。他因未能建立一个既能满足诺曼贵族的力量又能满足伦巴第民族主义者的政治制度而受到批评，[1]但是可以确定，他的天赋更多地在战争上，而非管理内政上。但是他封臣的不断叛乱——和诺曼人的统治时间一样久的一个特征——不断增长而非减少他的成就。他开始的时候仅有一个优势：对普利亚的诺曼贵族有最高权威，这是他之前的 3 个兄弟给他的。至于剩下的，他只能依靠天分，也就是毫无瑕疵的将才和卓越的外交头脑。他在战争中，强硬而决绝；在和平之时，则怜悯而慷慨。他一方面是个真正虔诚的人，这让他有余力对付一连串教皇；在另一方面又保持宽容和中庸，这让他跟他的意大利人、希腊人、伦巴第人甚至撒拉逊人封臣的关系好于同诺曼封臣的关系。他还有两项很显著的品质，它们或许比其他品质都重要，也是政治上的伟大所不可或缺的：一是超凡的自信，它能消除自我怀疑和困难，让雄心壮志能赶上想象的步伐；二是永不衰竭的精力，这直到他 70 岁去世的时候才消失。

---

1 E. Jamison, 'The Norman Administration of Apulia and Capua', *Papers of the British School at Rome*, VI, 1913.

至于他个人的勇猛，最明显的证据来自马姆斯伯里的威廉，他为我们讲述了诺曼底的威廉公爵（征服者威廉）曾经通过想起吉斯卡尔的事迹来获得力量。的确，在他们的时代里，这两位伟大诺曼人的功绩有不少共同之处。但是他们的性格有一项非常重要的根本区别。征服者威廉，无论他的其他品质如何，他的一生都是刻薄、忧郁和简朴的。相较而言，罗贝尔从未丧失他开始所具有的那种开朗而无拘无束的倾向。他是个天才，同时又是个外向的人，这相当少见。在贴近他生活的编年史中，我们能看见他的模样像是一位金色头发、身形巨大的海盗，他不但在中世纪开创了杰出的事业，还不知羞耻地享受着这一切。

罗贝尔·吉斯卡尔去世之后，另外唯一一位能当此任的指挥官博希蒙德还在普利亚静养，拜占庭远征也就走到了尽头。在西吉尔盖塔的坚持下，罗杰·博尔萨再次被他的父亲任命为公爵领的继承者，这被剩余的军队冷漠地接受了。但是罗杰·博尔萨从来也不想打一场（或者说任何一场）战役，他确实无意将其进行下去。即使博希蒙德此时还生着病，罗杰·博尔萨也不愿把哥哥留在意大利，因为怕他会趁着同父异母的弟弟不在而获得权力。他让他的部下自己想办法回家，然后立刻带着母亲回去正式接管他的新领地。曾经强大的军队因为吉斯卡尔的去世而陷入士气极度低落的境地，他们从心底里厌恶巴尔干，因此，全军陷入极度丢脸的全面溃逃。

罗杰·博尔萨的担心还是有道理的。我们将会看到，博希蒙德对弟弟的继承权产生了质疑，即便他被弟弟用普利亚南部最好的地区收买之后，他在 10 年的时间里，仍旧是他同父异母弟弟的一颗眼中钉，直到他航行去远方以获取丰厚的报偿（并偶然地变得不朽）——第一次十字军东征时为止。他离开之后，其他叛乱接踵而至，包括诺曼人的和伦巴第人的。虽然罗杰·博尔萨这位没有活力的年轻公爵在悲惨的一生中努力维持自己的位子，但是普利亚公爵领在吉斯卡尔去世后就一直在衰落，直到罗杰·博尔萨在 1111 年跟随他进入坟墓。所以，我们要把聚光灯转到西西里。但是在我们继续讲述之前，需要简单提及一下另外两位从我们的故事中淡出的人物。

首先是西吉尔盖塔。历史对她很无情，她在战场上的勇猛——这种民族女英雄般的品质类似于波阿狄西亚（Boadicea）或者圣女贞德（Joan of Arc），它得到了史家们的热情称赞——为她赢得的奚落多于赞赏。同时代的益格鲁—诺曼编年史家——奥德里库斯·维塔利斯、马姆斯伯里的威廉等人——几乎一致地指责她对丈夫和博希蒙德下毒。根本没有证据证明这个荒唐的说法，它之所以会出现，其原因肯定是她坚决拥护自己的儿子罗杰·博尔萨当她丈夫的继承人，而不支持完全是诺曼血统的博希蒙德。虽然事实证明，她的态度同时符合诺曼西西里和博希蒙德本人的最终利益，却最终将作为单独国家的普利亚公爵领给毁灭了。事实上，她对罗贝尔·吉斯卡尔施加的影响一直很大，她在二十几年的婚姻生活中一直对丈夫忠心耿耿。至于毒害丈夫的故事，像无数个用来描述中世纪王公去世的类似传言一样，可以被当作无稽之谈而弃之不顾。西吉尔盖塔又活了 5 年，她将主要精力用于对付博希蒙德的阴谋，用于帮助儿子坐稳位子。1090 年，她于家乡去世，葬于卡西诺山。

最后我们必须谈一谈罗贝尔的女儿海伦娜。她被孤独地留在了拜占庭的女修道院中，在一种不情愿的情况下为父亲的野心而服务，随后成为他不情愿去赎回的悲情人质。如果我们相信奥德里库斯·维塔利斯——没有什么特别的原因能证明他是可信的——起初有一个姐妹陪伴她，两位公主在拜占庭宫廷里生活了近20年，"她们的职责是在每天早晨皇帝起床后洗手的时候，给他递毛巾，并拿着象牙梳为皇帝梳胡须"。这个说法已经被后来的一位评注者以"不文雅，亦不可信"为由否定了，否定得对。更可靠而悲情的猜测是，可怜的姑娘像一只被关进镀金鸟笼而没人要的小鸟一样，任由某位女修道院长摆布，直到她父亲去世，母亲把她遗忘。后来，阿莱克修斯将她送还给她剩下的家人，这本是他在即位之初就应该做的。此时，她再找一位丈夫的机会已经很渺茫，没有关于她结婚的记载。最终，她居住在罗杰的西西里宫廷，罗杰是奥特维尔家族中唯一一个还对她怀有同情的人。虽然她对他的希腊臣民不可能怀有温暖的感觉，但是对她的叔叔而言，她了解希腊人的语言和习惯，这些知识肯定是无价的。也许这对她是一点安慰，但是对于一个本可能成为皇后的人而言，只能算是凑合而已。

18

胜者和败者

　　啊，大海！你隐藏了你那远方海岸的真实乐园。在我自己的国度里，我只知欢愉，未闻厄运。

　　在那里，在我生命的黎明之初，我看见他的荣誉沐浴着太阳的光辉。如今，流亡的我噙着泪水，目睹了他的衰落……

　　啊，我想乘上新月，飞到西西里海岸，让自己在太阳的胸脯上撞碎！

　　　　——伊本·哈姆迪斯，诺曼人征服叙拉古之后的逃难者

　　罗贝尔·吉斯卡尔去世于凯法利尼亚的消息传来的时候，他的弟弟罗杰正在围攻叙拉古。在攻破巴勒莫之后的13年里，他一直对抵抗的撒拉逊人保持着压力，他们此时被限制在岛屿的中心和东南部。这是一项艰苦的抗争，撒拉逊人胜利的可能性很小。这场战争里几乎没有几场激烈的战斗，其中充斥着突然的袭击和伏击，在这些行动中，成群的骑士从山堡扫荡到毫不设防的城镇，并劫掠它，消灭守军，再迅速躲回堡垒之中。这场战争也提供了不少让个人建功立业的机会，至今还出现在西西里农民的马车旁

边，以巴勒莫传统木偶剧的形式出现，锡做的盔甲叮叮咣咣，包头巾的木偶脑袋乒乒乓乓。

敌人被逐渐打退了，西方最后的撒拉逊堡垒在 1077 年陷落。对特拉帕尼的围攻突然宣告结束，因为罗杰的私生子约尔丹率领人马突袭了长满青草的山顶，当时堡垒的守军在此处放牧牛羊，而他们主要的食物来源就此被夺走了。另一方面，圣朱利安（St Julian）采用了不光彩的手段，他带着饥饿的猎犬突然出现在城市东方一两英里山峰上不远处的据点埃里切（Erice），冲着异教徒释放猎犬，因此它也投降了。[1] 两年后的 1079 年 8 月，陶尔米纳也投降了，因为当地埃米尔一直认为自己的防御坚不可摧，但是他发现周围有至少 22 座诺曼堡垒，加上海上的封锁，他觉得继续抵抗下去毫无益处。他投降之后，整个埃特纳山区也投降了。1079 年末，阿格里真托至卡塔尼亚一线以北的西西里岛均已承认诺曼人为他们的统治者，仅有不屈不挠的恩纳不在此列。

但是现在进军又停止了。在 1079 年剩下的时间和 1080 年的大部分时间里，位于吉亚托（Giato）[2] 和契尼西（Cinisi）的撒拉逊人又发动了小规模起义，1081 年罗杰需要前往别处。无论在西西里有多忙，他从未被允许忘记：他首先是哥哥的封臣。如果罗贝尔·吉斯卡尔需要他在本土提供帮助，他有义务听令。不可否

1　自那天起，该地在长达 8 个半世纪的时间里被称为圣吉利亚诺山（Monte San Giuliano）。直到 1934 年，墨索里尼试图恢复其旧帝国的过去，它才改回原来的名字。在这段时间里，这里不仅因为其悬崖之陡峭而闻名，而且因为当地女子的美貌而闻名。伊本·祖拜尔（Ibn Jubair）虔诚地记载："据说她们是岛上最美的——愿安拉把她们送入信者之手！"
2　现在的圣吉瑟佩-贾托（S. Giuseppe Jato）。

认，在狭隘的封建义务之外还有其他事情需要纳入考虑，伯爵非常明白，他依靠罗贝尔的意大利统治区来维持自己的交通和补给线，一旦普利亚或者卡拉布里亚发生灾难——或者更糟——他在西西里的统治可能就难以为继。尽管如此，他一次次牺牲自己好不容易赢来的主动权去响应罗贝尔的号召，这必然让他心烦。他已经因为这个原因在 1075 年丧失了最好的时机，在此期间，罗杰的女婿泽西的休（Hugh of Jersey）藐视严格规定，在对抗叙拉古的埃米尔时被打得大败，他本人也阵亡了。现在在 1081 年春天，召集令又来了。罗贝尔即将对拜占庭帝国发动时运不济的远征，他不放心罗杰·博尔萨，担心其面临压力的时候会出事，这也好理解。因此，他需要弟弟在他不在意大利的时候坐镇那里。罗杰不可能对这个计划怀有什么热情，他现在要对 3 个公爵领负责，对自己的侄子就更不抱幻想了。他肯定已经发现，在吉斯卡尔最精锐的军队开赴希腊的情况下，一旦发生严重的事情，他就没有继续扩张的希望了。

接下来数周里，事实证明他是对的。伯爵几乎要同时面对两个紧急事件。其一发生在卡拉布里亚的杰拉切，一位诺曼贵族同当地的希腊人联合起来，拉起了反抗的大旗。其二发生在西西里，叙拉古的埃米尔博纳沃特（Bernavert）[1] 试图再次控制卡塔尼亚。罗杰仍被杰拉切的事情所缠身。在没有等待他返回的情况下，

1　这出自马拉泰拉的叙述，其中埃米尔的名字明显有讹误，但是撒拉逊的史料什么也没有告诉我们。最可能的猜测是，他的名字确实是伊本·瓦尔迪（Ibn al-Wardi）；但是关于西西里撒拉逊人的最大权威阿马里（Amari）依旧不可信。见他的《西西里的穆斯林史》（*Storia dei Musulmani di Sicilia*, vol. III, p. 149n）。

他的儿子约尔丹和其他两位领袖罗贝尔·德·苏尔瓦（Robert de Sourval）和埃利亚斯·卡托米（Elias Cartomi）——后者是一个彻底转换信仰的撒拉逊人——率领 160 名骑士去攻击博纳沃特，再次占领了该城。就这样，当伯爵最终回到岛上的时候，一切已恢复平静。但是他知道，下一次就不会有这么幸运了。

罗杰在当年冬天加固了墨西拿的城防，他正确地认为这里是西西里的要地。随后在 1082 年初春，同样的考虑让从卡斯托里亚匆匆返回的罗贝尔·吉斯卡尔再次召他的弟弟前去援助。罗杰把西西里交给约尔丹掌管，自己立刻出发。他知道这次自己必须去，因为吉斯卡尔正面对他生涯中最绝望的危机之一，此次危机的故事前面已经讲过了。罗杰在一年之后才回到西西里，不过，如果 1083 年夏天的事态没有那么紧急，他也不会这么快返回。他的儿子约尔丹之前在特拉帕尼表现出了主动性，又在两年前的卡塔尼亚展现了勇气，此时已经联合了其他的一些不满意的骑士来对抗父亲的权威。约尔丹占领了米斯特雷塔（Mistretta）和圣马科—达伦齐奥，后者是诺曼人在西西里建立的第一座城堡。他正向父亲储存财物的特罗伊纳进军。

罗杰飞速赶回西西里。他的到来似乎打断了叛军的步伐，他很快就看出，危险不再是迅速蔓延的叛乱，而是约尔丹和他的朋友们，如果他们感到绝望，可能会去找穆斯林寻求庇护。因此，他假装会在秩序恢复之后对此事毫不在意。叛军头目被迷惑了，他们以为会得到宽大的赦免，便放弃了抵抗。这时，伯爵才透露了他的决定。他儿子的 12 个主要帮凶被刺瞎双眼，约尔丹则憔悴了数日之久，他以为自己会得到同样的下场。最后他得到了父亲的赦免，此后便忠心耿耿地服侍父亲，直到去世。罗杰伯爵在西西里的权威再也没有受到过质疑。

　　1081 年，当约尔丹再次占领卡塔尼亚时，他没能抓住博纳沃特本人，后者逃到了位于叙拉古的堡垒。自那时起，埃米尔的势力就已经很弱小了。但是在 1084 年夏，也就是罗贝尔向罗马进军之时，他突然发动了进攻。此次他的目标不是诺曼人控制的西西里，而是卡拉布里亚海岸的城市和村镇。尼科泰拉（Nicotera）遭到了严重的破坏，雷焦的郊区也是如此——撒拉逊人在逃跑前亵渎并劫掠了两座这里的教堂。但是更严重的暴行还在后面。初秋，博纳沃特的船来到了罗卡-达西诺（Rocca d'Asino）[1] 的圣母女修道院（Convent of the Mother of God），将所有修女带回埃米尔的后宫。

　　这些最后的暴行给斗争加入了一种不祥的新元素。尽管在更大程度上是出于道德的考虑，罗贝尔·吉斯卡尔和罗杰在征服西西里的早期都强调了十字军的因素，从罗杰开始建立多民族的社会和行政制度时起，他就开始细心关注如何表示尊重，后来又对伊斯兰传统表现出真诚的赞赏之情。没人比他更清楚，只有在完全宗教宽容的基础上，才能建立一个有活力的西西里国家。而且他总是用心对他的撒拉逊臣民强调，为了实现政治统一的唯一目标，采取军事行动（经常有穆斯林军队在诺曼人这边作战）是有必要的。被征服的人常常能获得宗教自由。随着时间的流逝，诺曼人控制区域内的大部分撒拉逊人已经接受了这些保证，他们享受着一个有秩序、有效率的政府的回归，享受着进一步繁荣的承

1　已无法确定这是哪一个村庄。

诺，他们已准备向罗杰效忠。现在，叙拉古埃米尔突然故意挑事，想唤起他们的宗教敌对情绪。在卡拉布里亚，基督徒反对穆斯林的观念又再度得到强化。如果不能迅速消灭博纳沃特，宗教纷争便会马上在整个西西里再次爆发，这样罗杰的所有努力都将化作乌有。[1]

罗杰立刻开始准备一次大型的战役，这一次的规模比 5 年前他所发动的针对陶尔米纳的战役更大。整个冬季和春季他都在准备，1085 年 5 月中旬，他准备完毕了。5 月 20 日，星期三，他的舰队从墨西拿出发。[2] 当天晚上，军队就抵达了陶尔米纳。星期四，他们靠近了卡塔尼亚。星期五夜间，船队停靠在叙拉古北面约 15 英里处的圣十字角（Cape S. Croce），在那里，约尔丹——现在完全恢复了父亲对他的喜爱——率领骑士待命。在继续进军之前，罗杰决定先侦察一番。一名叫菲利普的人乘着一艘轻巧的小艇，率领 12 名会讲阿拉伯语的西西里人——可以推测其中大部分都是撒拉逊人——设法在夜色的掩护下，不仅进入了敌人的港口，而且和当地的封臣一样，驶进博纳沃特的舰队之中。星期日，他带着所有有关舰队规模和兵力的情报返回了。伯爵对此制订了相应的计划。陆军和海军集结在一处偏僻的海滩上聆听弥撒，在黄昏时分做了忏悔，然后踏上最后一段征程。

---

1 夏朗东按照与叙拉古远征的军事准备相伴的宗教仪式的记载来推断，罗杰想故意燃起他的基督徒臣民对抗异教徒的热情。他低估了伯爵。举行弥撒，进行捐赠，在礼拜日进行特殊的奉献活动，以上都是军队出发之前的常见活动。而且在这样的时刻煽起宗教斗争的火焰不符合他的整个西西里政策，因为此举很有可能是灾难性的。

2 阿马里将此次远征放在一年之后的 1086 年，这让他的编年显得有些混乱。我遵循夏朗东（第 1 卷第 358 页）的意见，他的论证应该确凿无误。

差不多刚刚好是叙拉古舰队击败雅典军队的 1500 年之后，在港口外的同一片海域，战斗于次日凌晨打响。但这次叙拉古人就没有那么幸运了。诺曼弩手排列在甲板上，又有一些在桅杆顶部待命，他们可以从博纳沃特的弓箭手够不着的远距离准确地命中目标。埃米尔很快抓住唯一的机会发动攻击。他命令全军前进，并指挥自己的卫队径直向罗杰的旗舰进攻，亲率舰队冲过箭雨，攻入诺曼舰队行列的内部。随后在进攻的时候，还没等抓钩抓上敌船，他便一跃想登上敌人的甲板。此举需要极大的勇气，但是他失败了。无论是由于计算错误还是精疲力竭——他已经被诺曼人的投枪刺成重伤——他跳跃的距离太短了。他跌入海中，盔甲拖着他沉入海底。

见统帅溺亡了，叙拉古的海员们失去了信心，他们大部分船只被俘，其他的逃进了港口，但是他们发现约尔丹已经率军沿着城墙挖好了壕沟。接下来的围攻在整个夏天的暑热中度过。守军徒劳地试图通过释放基督徒囚犯来取悦诺曼人，可能其中有罗卡-达西诺的不幸修女们，但罗杰只接受无条件投降。最后在 10 月，博纳沃特寡妻中的大太太带着儿子和城里的主要贵族秘密乘船离开，他们偷偷越过了诺曼舰队的封锁线，往南逃到了诺托（Noto）。他们的离开解决了问题。叙拉古人被自己的领袖放弃后，就投降了。

博纳沃特去世的 1085 年 5 月 25 日，正好是教皇格里高利出发前往萨莱诺的同一天，他死之后，撒拉逊人对诺曼人的抵抗便破碎了。埃米尔虽然对叙拉古的近郊之外的地区没有什么真正的权威，但是他的人格魅力足以吸引所有同道中人的想象力和热情，除他之外，就没有别人了。撒拉逊人失去了失望，丧失了精神。

我们知道叙拉古又坚持了几个月，但这只是为了争取更有利的条件。至于其他没有说明的小区域，因为罗杰在兄长去世后暂时忙于意大利本土的事务，它们还能继续逍遥。

1085 年 9 月的某个时间，也就是罗杰·博尔萨在韦诺萨料理完父亲丧事的一两周之后，他召集主要封臣开会，以普利亚公爵的身份要求他们正式承认自己，并宣誓效忠。他们的欢呼声比两个月前在希腊的军队更加缺乏热情。奥特维尔家族的崛起仍旧被几乎所有南意大利的诺曼贵族所憎恨，他们向罗贝尔·吉斯卡尔表示了某种极不情愿的效忠，首先是因为别无选择，其次是因为他们勉强地承认了他的勇气和卓越的领导天赋。即使是这样，他们也会在有机会的时候毫不犹豫地拿起武器对抗他。而罗贝尔的儿子既没有遗传任何父亲的天赋，血液里还流淌着作为臣民的伦巴第人的血，他们对他缺乏好感和尊重。

但是西吉尔盖塔处理得不错。她提前说服了主要的封臣，若有必要，甚至进行了贿赂。他们为自己考虑的话，大概也只能高兴地同意。如果他们必须承认一位领主，那么他们肯定认为这位领主越弱越好。只有一个人还在反对罗杰·博尔萨继承一事，那就是博希蒙德，博希蒙德和之前的吉斯卡尔一样冲动而有野心，知道自己在法律上更有资格继承父亲的领地，在性格和能力上也更适合。由于无法在封臣中找到支持者，博希蒙德只好将目光投向更远的地方，并获得了卡普阿的约尔丹的支持，后者自然抓住了这个分裂他最强大对手的机会。博希蒙德得到了卡普阿军队的支持，其军队精神饱满，装备精良。罗杰·博尔萨从希腊带回来的残兵败将疲惫不堪，皮包骨头。两者形成了鲜明的对比。但是西吉尔盖塔为他儿子争取到了他叔叔的支持，她知道这会成为决定性的优势，毕竟在吉斯卡尔去世后，罗杰便毫无疑问地成为南意大利最强大的人物。

罗杰对这位同名侄子的支持，并不比普利亚的封臣更无私心。虽然近几年他已经成为全西西里的实际统治者，但是他的哥哥一直保留着东北部的德莫纳谷地、巴勒莫城以及半个墨西拿的直接统治权，以及对整座岛屿的宗主权。这些权利将会传给他的继承者，而罗杰不愿意自己被一位试图在西西里事务中发挥主动作用的新领主所掣肘。另一方面，他还需要考虑交通线。卡拉布里亚的将来必须得到保证，比起想要他流血的博希蒙德和卡普阿亲王，似乎罗杰·博尔萨是最能做出保证的人。因此，伯爵也开出了自己的价格。作为对他支持的回报，他要求他的侄子将以前罗贝尔·吉斯卡尔和自己共同管理的卡拉布里亚的城堡割让给他。这是众多协议中的第一项，罗杰将作为一个仍然忠诚的封臣、聪明的顾问和不可缺少的盟友，在接下来的15年里牺牲自己侄子的利益，在海峡两岸增强自己的势力。

伯爵从叙拉古城外离开，前往萨莱诺，向就职仪式后的罗杰·博尔萨宣誓效忠。该仪式顺利地结束了，但是封臣们还未散去，博希蒙德就发动了进攻。他攻击了弟弟的统治区中最遥远、也是最不适合防御的角落——普利亚的靴跟部。他从自己位于塔兰托的城堡开始，一路向南横扫，几乎在罗杰·博尔萨刚得知发生了什么的时候便已经占领了奥里亚和奥特朗托。他在这种情况下提出条件，而新任公爵没有任何选择的余地，只能接受。罗杰·博尔萨将被征服的城市和加利波利、塔兰托、布林迪西，还有布林迪西和孔韦尔萨诺之间的大部分领土都割让给博希蒙德，并向他授予了塔兰托亲王（Prince of Taranto）的头衔，才恢复了和平。由此，在吉斯卡尔去世后的短短数月，他公爵领中第一个也是最重要的统治区已经无法挽回地四分五裂了。罗杰·博尔萨的开局并不顺利。

另一方面，他的叔叔也迅速建立起势力。1086年春，卡拉布里亚最后落入罗杰的实际控制，他的两个侄子也达成了不稳定的和平状态，之后，他便准备将精力再次放在西西里。4月1日，他的军队包围了阿格里真托，该城在7月25日陷落，俘虏之中包括伊本·哈姆德（Ibn Hamud）的妻儿，伊本·哈姆德便是从年老的伊本·哈瓦斯那里继承了恩纳埃米尔之位的人。伊本·哈姆德也是最后一位没有向罗杰降服的撒拉逊领袖，这主要是因为诺曼人此前都没有专门试图征服他。罗杰回忆起那座牢不可破的堡垒和25年前那场徒劳的攻城战，便急于以任何代价和他达成协议。因此，他下令，向他高贵的俘虏提供应有的尊重，并立即按照计划同埃米尔接触。

这一年剩下的时间主要与取悦罗杰·博尔萨有关，他现在作为公爵第一次出访西西里。罗杰还重建了阿格里真托的堡垒，并在诺曼人新获得的领土上加固了防御。同时，罗杰感到，他可以让伊本·哈姆德去想一想自己的处境。除了恩纳，全西西里只有两个小地方仍在坚持抵抗，那就是布泰拉和诺托，它们的防御都无法抵御全力的进攻。最后实现岛屿的和平是紧迫且不可避免的。埃米尔不能再指望外部的援助，而且他的妻子和家人都在诺曼人手中，他要是明智的话，就会前去谈判。

1087年初，罗杰由100名枪兵护卫，从阿格里真托来到恩纳所在的山峰下面，邀请伊本·哈姆德出来谈判，并保证他的安全。

埃米尔在协议中答应了罗杰的所有要求，准备投降。埃米尔唯一的问题是怎样才能尽量不失脸面。罗杰和穆斯林一起生活了很长时间，他完全明白这个问题的重要性，他也希望投降的过程能顺顺利利的，所以当然愿意配合伊本·哈姆德提出的任何建议。他们很快找到了解决方案，罗杰满心欢喜，带着手下返回阿格里真托。数日后，伊本·哈姆德再次从城堡出来，这一次他走在军队的前面，并且由大量主要的顾问陪同。他们走进一个峡谷，刚一进去，便碰上了一支强大的诺曼军队，他们被包围了。在这种情况下抵抗是不可能的。俘虏他们的人来到恩纳，恩纳已经没有了埃米尔、军队和贵族，因此它立刻投降了。伊本·哈姆德和家人团聚，接受洗礼——哈姆德之妻与他是被禁止的近亲结婚的事情被谨慎地忽略了——并前往卡拉布里亚居住，罗杰按照他平常的习惯为他提供了豪华的庄园。伊本·哈姆德在此度过余生，尽管他远离自己以前的势力范围，却和其他基督徒绅士一样，按照他所习惯的方式快乐地生活着。

与此同时，一个紧迫的新问题在本土出现了。教皇格里高利已去世一年多，存在多年的继承教皇之位的难题比以往更加严重。对立教皇克雷芒未能迎合罗马人，被人从罗马城驱逐了，圣彼得的教皇宝座再次空置。候选人并不少，格里高利在去世之前指定了4位：里昂大主教休、奥斯蒂亚主教奥多、卢卡主教安瑟勒姆（Anselm）、卡西诺山的德西德里乌斯。枢机主教的大多数——以及罗马的人民——倾向于德西德里乌斯。他的修道院是全欧洲最伟大、最受崇敬的修道院之一，他颇有影响力，还管理着无数财富，他作为外交家的天赋也为人所知。他长期受人尊敬，在1075年，他成功调解了罗贝尔·吉斯卡尔和卡普阿的里夏尔之间的争端，还在5年后罗贝尔在切普拉诺与教皇格里高利的和解中有很大功劳，他从此便得到了诺曼人的信任。诚然，德西德里乌斯在1082年充当了里夏尔的儿子约尔丹和亨利四世之间的中间人，他自己还在同一年与准皇帝达成了一项单独的协议，很多教会要人认为他的媾和活动做得太过火了，教皇也因为自己的痛苦而将他判处12个月的监禁。但是格里高利后来赦免了他。而且在现在这种更温和的政治氛围下，人们认为院长与皇帝的亲密私交会是一项优势。因此从各方面来看，德西德里乌斯是当教皇的极好人选。但是还有唯一一个不利条件：他断然拒绝当教皇。

他的态度很容易理解。他是一个天生的隐士、学者和冥想者，40年前，他面临着极大的困难，身为王子，却放弃了伦巴第的宫殿，选择了修士的小房间。他最终前往卡西诺山之后，又展现出自己作为伟大院长的能力，为沦为战场多年的修道院带来了它所需要的和平和安宁，并保证自己过上了他心中上帝所希望的那种生活。他所有在政治上的努力，闻名的外交活动，均是为了这两个目标而做。结果他的修道院不断成长，不断繁荣，财富也不断增加，德西德里乌斯将修道院从一堆破旧不堪、无人问津的房子变成南意大利最宏伟壮丽的建筑成就和艺术成就。不仅如此，他还从远至君士坦丁堡的手工业中心将精通马赛克、湿壁画或亚历山大里亚技法（opus Alexandrinum，一种铺设大理石装饰的技法，至今仍为许多南意大利的教堂增光添彩）的工匠带来这里，他已成为一个赞助人，成为一位有文化影响力的人物，这在那个国家和时代都是罕见的。[1]

卡西诺山修道院从此之后是德西德里乌斯的生命，他因其装饰而喜悦，将它变得伟大是他最高的志向。他不愿用舒服的回廊内院来换取罗马的阴谋、激情、危险、炎热和暴力。他也知道，自己并不具备当教皇最需要的品质——坚定的性格、果敢的执行力。作为一个温顺而平和的人，他不具有希尔德布兰德那样的钢铁意志。此外，他的健康开始走下坡路。虽然才58岁，但是他怀疑自己时日无多。对立教皇离开之后，他就急忙赶回罗马，想方设法地从其他几位合适的候选人中尽快选出教皇，并竭尽全力地劝说卡普阿的约尔丹和玛蒂尔达女伯爵支持他的做法。但他自己被推选为教皇之后，他只能一再拒绝，并迅速返回了心爱的修道院。

他的拥护者很顽固，他们甚至不考虑别的候选人，让僵局拖了近一年。1086年的复活节，一群枢机主教和主要的主教集结在罗马，他们给德西德里乌斯送去了一封正式书信，邀请他前去商讨。他勉为其难地去了，但是有人缠着他，要他改变主意，而他毫不动摇。最后在无奈之下，大会答应接受他推荐的任何候选人。

1　德西德里乌斯在卡西诺山的教堂于1071年落成，教皇亚历山大在希尔德布兰德、圣彼得·达米安和南意大利所有主要的诺曼和伦巴第领袖面前举行了奉献仪式，不过罗贝尔·吉斯卡尔和罗杰不在场，他们当时正忙于围攻巴勒莫。唉，这座教堂已经毁坏了。然而，他的手可以在罗贝尔·吉斯卡尔在萨莱诺修建的主教座堂外面清晰地看到，这座建筑是按照罗马会堂的样式修建的，它有一间中庭，中庭中装饰有来自帕埃斯图姆（Paestum）的古代石柱，以及出自意大利工匠之手的拜占庭式镶嵌画。更值得注意的是一件意大利的珍宝——位于卡普阿城外佛尔米斯（Formis）的圣天使小教堂（Church of S. Angelo），它的湿壁画依然像刚画上去一样，展现了意大利的罗马式绘画是多么鲜艳和生动。

德西德里乌斯立刻推荐了奥斯蒂亚的奥多，并以他典型的谦虚补充说，要是这个人选无法在罗马立刻得到支持，他愿意在必要的时候在卡西诺山为新教皇提供庇护。但是这无济于事，他说得越多，选他而不想选别人的呼声就越大。他提名的奥多遭到了拒绝，原因是违反了大家都知道没有意义的教会法。而罗马民众毫无疑问已经在之前有了充分的准备，他们在13年前选举希尔德布兰德之前就已经接受过训练，因此，现在他们用更大的呼声宣布支持德西德里乌斯。虽然不情愿的院长还在拒绝，却被人抬到附近的圣卢西亚教堂（Church of S. Lucia），绝望的他在这里听到自己被拥立为教皇维克托三世（Victor Ⅲ）。他还没来得及阻止，肩上就被人披上了红色长袍，但是无论怎样哄骗，他都不肯佩戴剩下来的教皇徽章。

4天后，城中发生了暴动。罗杰·博尔萨选择在此时释放了帝国的长官，这位长官是在两年前被罗贝尔俘虏的。罗杰·博尔萨这样做，是故意借此妨碍卡普阿的约尔丹和罗马教廷（后者拒绝承认他的新任萨莱诺大主教），还是说只是他一贯不加思考的行事特点，已经无法确认了。无论如何，这是个愚蠢的做法。从诺曼人的角度来看，友好温顺的德西德里乌斯是担任教皇的最佳人选。但是现在长官径直来到罗马，煽动原来的支持帝国的势力，他成功地阻止了在圣彼得教堂举行的祝圣仪式。新教皇最担心的事情发生了，但他反而很欢迎这个证明他不适合当教皇的机会。他没有做任何反抗，而是立刻离开了罗马，乘船至泰拉奇纳，并在这里发表了一则全面拒绝就任教皇的正式声明，随后全速返回卡西诺山。

现在的情况比以往任何时候都糟糕，而且反对德西德里乌斯的声音也开始出现了。由去世的格里高利提名的里昂的休和奥斯蒂亚的奥多，认为应该让自己戴上教皇的三重冕，他们自然憎恨这种把教皇冕强加给一位不情愿、明显没有能力的同僚的做法。10月，这两位不满的高级教士到达萨莱诺，意见与他们一致的人在旁陪同，受到大主教事件挫败的罗杰·博尔萨热情地欢迎了他们。虽然我们不确定他们商谈了什么，但是从那时起，修道院院长的受欢迎程度便开始降低。难道他不是在亨利威胁罗马城以及教皇本人的时候与之签订协议了吗？他之后不是遭到了为期一年的绝罚吗？这样的人确实是教皇的最佳人选吗？

这些来自萨莱诺的议论，迟早不可避免地传入安然回到修道院的德西德里乌斯的耳朵里。更惊人的是这些话对他的影响。自格里高利去世之后，他第一次表现出下决心的样子。他之所以会采取行动，可能是不想让自己的对手登上教皇宝座。他从不喜欢里昂的休，因为后者曾公开表示不赞成他与皇帝支持者的交易。而奥多是他在数个月前推荐过的人，居然用这种奇怪的方式来表示感激。但是归根结底，德西德里乌斯并不是嫉妒或者意图报复。在30多年的时间里，促使他行动的因素只有两项：修道院的利益，以及他自己想继续在修道院内安静地生活的考虑。这两项因素便可以解释他为何采取行动。或许是依旧坚定地拥护他的约尔丹突然想到了一个打气的方法，对他说，他的任何对手上任都会对他的修道院院长之位产生不利影响。类似的传言或许正在从其他更可靠的地方传到他这里。无论原因是什么，德西德里乌斯振作起来，利用他之前的权威，在卡普阿召开了一次会议。1087年3月，他在卡普阿庄严地宣布，自己恢复教皇之位。反对他的教士立刻离开了，这无疑是因为相信他们的盟友罗杰·博尔萨会支持他们。但是前一晚德西德里乌斯秘密召见了公爵，双方就萨莱诺大主教一事达成了满意的安排。罗杰·博尔萨一如既往地不可靠，他现在宣布支持教皇。德西德里乌斯恢复了维克托的名号，穿上他曾匆匆脱下的教皇法衣，立即启程前往罗马，普利亚和卡普阿的诺曼军队在旁护卫。

他不在的时候，罗马城的气氛并未改善。帝国的长官在德西德里乌斯离开后直接管理罗马城，他召回了对立教皇克雷芒，并将克雷芒再次安置在梵蒂冈。而现在梵蒂冈，尤其是古老的圣彼得教堂遭到了诺曼人的全面进攻。守军尽全力防守，但是圣彼得教堂不比圣天使堡，无法坚守很久。克雷芒撤到万神殿，并将自己围在里面。5月9日，奥斯蒂亚的奥多无法推辞，因此受召唤而来，在教堂中为维克托祝圣。即便是现在，教皇还远没有大获全胜。越台伯河区在他手中，但罗马城还处在帝国支持者的手中。诺曼人的最初目的已经达到了，因此也好理解为什么他们不愿攻入老城，而且，1084年的惨痛记忆还历历在目。在这种环境下，维克托很快就想通了，继续留在自己的教座是没有意义的。不出两周，他又返回了卡西诺山。

这次他远离了敌人，感到很安全。但是在其他方面很照顾他的上帝却拒绝从他朋友的手中保护他。此时托斯卡纳女伯爵玛蒂尔达出现在罗马城外，她打算除去克雷芒及其支持者，坚决要求维克托出现在她这边。可怜的教皇只得带着满身劳累，回到罗马城，与他不喜欢的支持者一起待在台伯岛上的皮耶莱奥尼城堡[1]

1　在法布里齐奥桥（Ponte Fabricio）以南，仍然耸立着一座中世纪的塔楼，它便是旧城堡的一部分。为了纪念玛蒂尔达，这座塔被称为"女伯爵塔"（Torre della Contessa）。皮耶莱奥尼城堡对岸的河流左岸，有一座马塞卢斯剧场（Marcellus），在这里布防能更好地守卫通往城堡的路。

中。他不得不面对两个月的苦难，而当时正是罗马的盛夏时节，战斗的浪潮来回摇摆，越来越血腥，但毫无结果。7月，他得了重病，无法再待下去了，因此必须离开。他途经贝内文托，回到他不再离开的修道院。9月16日，他在修道院中去世了。他被埋葬在修道院的会堂中，但是由他规划、重建的整个修道院都是纪念他的建筑。对于卡西诺山的修士来说，对他的记忆永不磨灭。对于其他人来说，他的故事令人失望，令人扫兴。他的故事只是佐证了两个不证自明的事实：伟大的修道院院长不一定能成为伟大的教皇；和格里高利的时代一样，教皇的生存依旧仰赖诺曼人的刀剑。

19

大伯爵

口若悬河，智谋过人，安排事务富有远见。

——马拉泰拉笔下的罗杰，第 1 卷第 19 页

梅卢斯前往大天使洞穴朝圣之后，已经过去了 71 年，在此期间，席卷整个南意大利的巨浪将诺曼人送上了浪尖，并且吞没了其他势力，从未在前进中停顿。它带领诺曼人经过阿韦尔萨、梅尔菲和奇维塔泰，经过墨西拿、巴里和巴勒莫，甚至到达了罗马。它将他们在一个又一个连续的 10 年里，推向荣耀和权力的新高潮。中间或有那么一两年似乎失去了推动力，但是最后证明，这只是在为下一次更汹涌的浪潮而积蓄力量。突然地，在这个世纪的最后十几年，浪潮放缓了。旧的推动力消失了。似乎时间再也无法应付如此连续的洪流，时间，它累了。

至少，历史学家眼中是这样的。对于这些年居住在意大利本土的公爵封臣来说，生活可能会一直如此继续下去，只是吉斯卡尔去世后，生活或许略显乏味，因为他的精力和热情已经超出了他的近臣，感染了他的封臣、士兵和受到他政策影响的人们。唉，乏味不代表安全哪。罗杰·博尔萨和博希蒙德在 1087 年秋又爆发

了冲突。在接下来的 9 年中，南意大利很少有地方能躲过这次争斗的影响。内战不可避免地让一个国家在身体上变得疲惫，资金消耗，却无法带来扩张、征服或者经济的收益。现在蔓延到整个半岛的内战比其他内战更无利可图，这是因为，虽然这让博希蒙德紧紧控制了他弟弟的统治区，但是其影响在 1096 年他参加第一次十字军东征后就大大减弱了。

现在，不止当地人开始对旧秩序的失去而感到后悔。在公爵领之外，还有其他人越来越关注公爵领正在滑入的无政府状态，其中为首的就是前任奥斯蒂亚主教奥多，他在教皇维克托去世的 6 个月后被推选为教皇，称为乌尔班二世。他来自香槟（Champagne）地区，是一位严肃而博学的贵族，又是一位热情的改革家，在南下加入罗马教廷之前曾任克吕尼修道院院长（Prior of Cluny）。他与可怜的前任没有共同点，相反，他坚决支持格里高利模式下的教皇最高权威，除此之外，他还拥有格里高利所缺乏的优雅和外交策略。因为他的城市现在再次处于对立教皇克雷芒及其帝国的支持者——他们选举克雷芒为教皇，并在泰拉奇纳为他祝圣——的控制之下，乌尔班二世知道，如果他想返回罗马，则有必要获得诺曼人的援助。他就任教皇之初，因为普利亚公爵完全被塔兰托亲王的事务所缠身，明显不可能来帮他。待到乌尔班亲自拜访了西西里之后，罗杰伯爵同侄子实现暂时的和平，并抽身远征罗马。因此，教皇得以在 1088 年 11 月进入罗马。这时他发现，自己和之前的维克托一样，被限制在狭小的台伯岛上。因此他在下一个秋季又过上了流亡生活。直到 1094 年的复活节，他才通过贿赂进入拉特兰宫。他在被祝圣的 6 年之后，才获得合法的宝座。

在这 6 年的大部分时间里，乌尔班在整个南意大利漫游，他在漫游途中越来越确信，自己应该倒向罗杰伯爵而不是其侄儿，因为正是罗杰伯爵继承了罗贝尔·吉斯卡尔的权柄。新任普利亚公爵是个心地善良却无足轻重的人，诺曼人和伦巴第人等群体看不起他。他竭尽全力，却越来越依赖他的叔父，越来越倾向于独自躲在教堂和修道院中以掩盖自己的无能，在这些地方，他的慷慨和虔诚让他很受欢迎。另一方面，如果说博希蒙德已经展现出一些他父亲的天赋，却又继承了其父的不安定和不负责任。虽然因为他使用武力对抗教皇的封臣，所以在教皇眼中是一个法外之徒，但他的势力迅速增长。1090 年，他设法吞并了巴里和卡拉布里亚北部的几座城镇。他现在能有效控制的地方不仅有意大利的靴跟处，还有梅尔菲和塔兰托湾之间的所有地区。即便他不能去破坏南部，但还是把半岛搅得鸡犬不宁。同样地，卡普阿亲王国也没有什么希望，约尔丹于 1090 年去世，他的儿子里夏尔还很年幼。里夏尔被他的臣民赶走了，正处于流亡状态。

1094 年，罗杰伯爵已经 63 岁了，他终于成为西西里岛无可争议的主人。乌尔班二世于 1088 年拜访西西里岛后不久，布泰拉就投降了。撒拉逊人最后的独立堡垒诺托也在 1091 年投降。同一年，为了进一步保障岛屿的南方免遭入侵，他率兵出征马耳他，马耳他没有经过任何反抗就投降了。罗贝尔·吉斯卡尔为自己保留的西西里的地区按理说依然属于罗杰·博尔萨，这些地区是巴勒莫城的一半、墨西拿的一半以及德莫纳谷地的大部分。其中巴勒莫的另一半已经被伯爵得到了，这是他在一年前帮侄儿解开科森扎之围的回报。虽然他被剥夺了向这些地方征税的权利，但是罗杰的权威在这里仍旧像在岛上的其他地区一样牢固。

　　西西里首府的陷落已经过去了 20 年，在这段时间里，罗杰的性格已经发生了很大的变化。年轻的时候，他和其他奥特维尔家族的兄弟们同样热情和易冲动。吉斯卡尔终其一生都是个冒险家和碰运气的军人，而罗杰则成长为成熟又负责任的政治家。此外，尽管从事着征服活动，但是他已经证明自己基本上是一个爱好和平的人，他的权威在岛上逐渐扩张的时候，对于能通过协商获得的结果，他从不用武力去夺取。而战争不可避免的时候，他在确信自己可以取胜之前也从不动武。这段过程颇为漫长，差不多是他成年后的所有时间，但是在这段过程中，他得以巩固自己的地位，并且最终赢得了大部分封臣的尊重和信任，无论这些封臣信仰何种宗教，属于哪个族群。无论罗贝尔·吉斯卡尔如何自夸，也不及罗杰。

　　必须承认，罗贝尔必须与一个或许最终无法跨越的巨大障碍做斗争，那就是他的封臣。他的封臣嫉妒他，不服从于他，乃至憎恨他的统治，他们是南意大利的诅咒，是其繁荣和团结的终极障碍。然而，他们留在这里的权利无可置疑，他们的许多家族定居在意大利的时候，坦克雷德的儿子们还全都没有离开父亲的领地。吉斯卡尔被迫将他们当作必要的邪恶来接受，并且竭尽所能地对付他们。另一方面，西西里的情况则不一样，奥特维尔家族的人带着教皇的充分授权而到达此地，他们构成了荣耀的唯一来源，并且从一开始就小心翼翼地防止出现任何有可能动摇其地位的大封地。

　　因此在 11 世纪 90 年代初，西西里的罗杰成为南意大利最强大的王公，比意大利本土的任何统治者都要强大。教皇乌尔班对罗马的控制还没有得到保证——圣天使堡直到 1098 年仍然在对立教皇一方的手中——很明显，如果教皇之位再次受到严重的威胁，只有罗杰伯爵能从南方提供必要的支持。罗杰当然也不是省事的盟友，他清楚自己的价值，他对教皇和对他的侄子一样，会与之讨价还价。另一方面，他在西西里需要强大的拉丁因素，没有它的话，他不仅难以维持自己现在的地位，而且在出现危机的时候也得不到宗教的支持。他很明白，3个潜在的反对派别比两个要更安全、更容易对付。因此，他在注意不去冒犯或者恐吓希腊人或伊斯兰社群的同时，从开始便谨慎地鼓励拉丁教士的先行者在征服的前几年移居到西西里岛。1073年4月，一个拉丁的大主教区在巴勒莫成立。在接下来的15年里，随着移民的神职人员越来越多，很多法兰克人被任命为特罗伊纳、马扎拉、阿格里真托、叙拉古和卡塔尼亚的主教。1085年之前，第一所西西里的本笃会修道院建立了。由罗杰出资，修建在利帕里岛（Lipari）上。

母教堂在一片数年前还没有什么影响力的土地上迅速扩张，虽然教皇明显很高兴，起初却带着一丝怀疑的态度看待罗杰的行动。前面提到，格里高利七世不喜欢世俗统治者叙任主教这样的事。虽然大伯爵从没有像亨利四世一样宣称拥有叙任权，却也不想放弃对教会事务的有效控制。幸运的是，格里高利忙于其他地方的事务，无暇顾及西西里。而乌尔班不一样，虽然他对这个问题的看法明显与格里高利一致，[1]他却能采用格里高利无法使用的外交手段来解决问题。他不只是想把罗杰当作一个盟友而已。他可能已经在考虑让各国发动一场大型的十字军运动，从异教徒手

---

1 "他［格里高利］所拒绝的我都拒绝，他所谴责的我都谴责，他所热爱的我都欣然接受，他认为是天主教会的我都支持，他倾向哪一方，我也倒向哪一方。"（摘自乌尔班当选后写的一封通知信，1088年3月。）

中夺回圣地，所以，教皇很难站出来积极反对一位在西方很成功的十字军领袖，毕竟罗杰已经成功地在两个半世纪之后重新将西西里的大部分地区送回基督教的怀抱。他的脑海中还潜藏着另一个疑惑：他能完全相信罗杰对正确信仰的忠诚吗？必须承认，伯爵为了实际管理，已经将西西里的东正教会纳入他的拉丁教阶之中，但是他这样做更多的是为了自我防御，为了抵抗来自拜占庭的影响，而不是向罗马屈服。此外，他正以令人警觉的速度建立一座座瓦西里安修道院，他有可能改宗东正教的传言在巴勒莫等地流传已久。乌尔班不能冒任何险。

所以，他不能准许伯爵主张应该属于自己的权利。无论他在1088 年到特罗伊纳拜访罗杰的主要原因是什么，是想让罗杰帮他进军罗马，还是如马拉泰拉所说，是去商讨关于拜占庭提出的结束教会大分裂的建议，很明显，两人在西西里教会的所有问题上达成了双方都满意的协议。因为罗杰在教会事务上承认了教皇的最高权威，我们发现，罗杰得以享有很大的自主权，他可以以教皇的名义做出自己的决定，仅仅在最后的求助——1091 年乌尔班拒绝将利帕里升为主教区——时才向教皇那不可抗拒的力量（force majeure）屈服。

10 年时间里，一切相安无事。在此期间，罗杰的女儿嫁给了康拉德，后者是亨利四世的叛逆儿子，他和父亲的敌人联姻。而且不久之后，西西里就以教皇事业的主要支持者而闻名了。乌尔班在 1097 年判断失误，没有事先通知伯爵，就直接任命罗伯特为驻西西里的教皇使节，还让此人同时担任特罗伊纳和墨西拿的主教。这样的干涉对罗杰来说是无理且无法忍受的，不幸的罗伯特在自己的教堂中被抓住，并被迅速关押。

　　换作其他场合或者其他人，这样的危机可能会在西西里和教皇之间造成严重的问题，但是罗杰和乌尔班都是出色的外交家，他们抓住一次好时机，很快就解决了这个问题。卡普阿的约尔丹之子里夏尔已经成年，他在数月之前向普利亚公爵和西西里伯爵求救，想夺回自己的公爵领——他和他的家族在他父亲去世后就被驱逐了。两人同意了，作为交换，罗杰·博尔萨将获得所有卡普阿土地的宗主权，他的叔父则让里夏尔放弃对那不勒斯的主张。围攻开始于 1098 年 5 月中旬，持续了 40 天。教皇尝试调停，便抵达被围困的城市之下。罗杰非常礼貌地接待了他，我们知道，罗杰还为他提供 6 顶帐篷任其使用。在接下来的会谈——为证明伯爵的诚意，罗伯特主教也参加了——中，罗杰似乎承认自己有些操之过急，并且恰当地表达了歉意。会谈仍在进行时，卡普阿投降了，里夏尔重登亲王之位。相应地，教皇和伯爵回到萨莱诺，两方在此达成了一个方案，它带来的推测和严重争议比西西里同罗马的关系史上任何方案都多。这个方案写在一封书信里，信由乌尔班写于 1098 年 5 月，致"他最亲爱的孩子，卡拉布里亚和西西里伯爵"，他在信里保证，在伯爵本人或者其直接继承人没有准许的情况下，教皇不会派遣任何教皇使节去罗杰的任何统治区，而且，现在由乌尔班正式向罗杰及其继承人授予教皇使节的权利。这封信还向罗杰授予了另一项权限：以后召开教会会议的时候，罗杰可以自由选择派去参会的主教。

　　研究该时期的几位杰出史家[1]认为，因为大伯爵获得了永久的

1　夏朗东《诺曼统治史》(*Histoire de la Domination Normande*) 和卡斯帕尔《诺曼底西西里统治者在 12 世纪的遗产》(*Die Legalengewall der normannisch-sicilischen Herrscher*)。此处仅举两例。

教皇使节派遣权，他所拥有的权利远远超过了任何其他西方基督教的世俗势力。另一方面，天主教护教士则急于反驳，他们认为这夸大了之后数个世纪里西西里统治者的权力，他们极力表示，教皇事实上没有失去什么；最近的研究显示他们是正确的。罗伯特主教的教皇使节一职确实被撤销了，然而需要注意的是，乌尔班的信没有正式将该权利授予罗杰，而仅仅是授予他代行教皇使节（Legati Vice）的权利。此外，这封信声称它只是对先前的口头承诺做出了书面确认，虽然教皇可能指的是在卡普阿或者萨莱诺的提前工作，但是考察过去 10 年中罗杰处理的教会事务就会发现，事实上自乌尔班在 1088 年拜访他以来，他一直以为自己已经被赋予了教皇使节的权利。这也可以解释他为何对任命罗伯特而感到愤怒了，而且这件事也是我们知道的他在职业生涯中唯一一次抓捕教士。[1]

如果我们接受了这个对教皇书信的现代解释，那么就可以简单地把这封信看作记录了 10 年前那份双方都能获利的协议而已。它给罗杰的权力根本不是绝对权力，长期来看也不算独特：数年后，亨利一世（Henry Ⅰ）国王几乎在英格兰获得了差不多的对教会的权力。不过也不能太过低估它，罗杰现在有了罗马的书面授权，他可以主动做出决定，而如果教皇在当地有全权的地方代表，罗杰就无法做到了。如此一来，这让罗杰能在自己统治区内有效地控制拉丁教会，正如他已经有效控制了东正教和穆斯林团体一样。这个外交胜利可能没有预想的那样辉煌，但它确确实实是一

1　E. 乔丹已经就这个问题进行了极好的探讨，见《罗杰一世的教会政治和西西里教皇使节的来源》（'La politique ecclésiastique de Roger I et les origines de la "Légation Sicilienne"'）。

项成就。

教皇乌尔班不是唯一一个在 1088 年夏天出现在卡普阿城外的显赫教士。坎特伯雷大主教圣安瑟勒姆是伦巴第人，他在去年 10 月绝望地离开了英格兰——"红脸"威廉（William Rufus）让他难以忍受，已不止一次了——并居住在附近，罗杰·博尔萨邀请他去被围之地做短暂的访问。按照安瑟勒姆的朋友、传记作者爱德玛（Eadmer，他也在现场）的记载，大主教接受了邀请，待在卡普阿城外直到该城陷落，"安好地居住在帐篷中，只是有些军队的噪声和骚动"。他到达之后不久，教皇也与他会合。接下来的故事最好用爱德玛自己的话来讲：

> 教皇大人和安瑟勒姆在被围之城比邻而居……因此他们看上去不像分开住，而是住在一起，有人去拜访教皇的话，准会看见安瑟勒姆在旁边……事实上，许多害怕见到教皇的人急忙赶去见安瑟勒姆，这是由无惧的爱所指引的。教皇的威严仅对富人敞开，安瑟勒姆的仁慈则不加区分地接待所有人。这里我所说的所有人，既包括基督徒也包括异教徒。确实有异教徒，因为罗杰公爵的封臣西西里伯爵带着数千名异教徒前来。我要说，他们之中有一些，被在他们中间流传的安瑟勒姆的仁心所打动，常来我们的住所。他们充满感激地接受安瑟勒姆提供的食物，再回到自己的同伴中间，让同伴知晓他们在安瑟勒姆那里得到的绝妙的仁慈。结果就是，安瑟勒姆从那时起就得到了他们的崇敬，当我们穿过他们的营地——因为他们都驻扎在一起——他们中的一大群人朝天伸出手，想要请求祝福降临到他们头上；他们再按照习惯亲吻

自己的手掌，向他屈膝下跪以示尊敬，对他的仁慈和慷慨表示感谢。我们发现，如果不是惧怕他们伯爵的冷酷，怕他不会饶恕他们，他们中有许多人甚至乐意听从安瑟勒姆的指导，将基督信仰的轭架背在肩上。因为事实上罗杰伯爵不愿意让他们中的任何人成为基督徒而不受惩罚。他的政策——如果如此称呼的话——与我无关：这是上帝与他自己的事。

爱德玛从来都不是传记作家中最客观的，并且很难相信，罗杰伯爵的撒拉逊军队居然有这么多，居然会这么谄媚。其中关于他们的主人不允许他们改宗的记述很有趣。在以后的日子里，随后的西西里统治者试图用穆斯林士兵对付他们的基督徒敌人，还敢于反对所有传播福音的企图，因此他们的这种冷酷招致了大量非议。这样的政策或许在顽固的中世纪观念里是不道德的，却在实践中被证明是有用的。首先，罗杰建立了一支强大的穆斯林军队，由撒拉逊军官指挥，以他们的传统方式作战，这样就为他的穆斯林臣民提供了展现作战本能和天赋的窗口，他们就不会觉得自己是二等公民，还会以参与新的西西里国家为荣。其次，他知道批准改宗会对基督徒部队的士气带来很大影响。他与教皇的关系还很友善，但他不知道这种关系会维持多久。只有在自己军队中保存一支强大的伊斯兰军团，他才能保证同教皇发生冲突时自己拥有忠诚的精锐战士。最后，撒拉逊部队的加入让伯爵的军队成为半岛上最强的军队，强于卡普阿的军队，甚至强于普利亚公爵的军队。

罗杰日益尊重作为士兵的撒拉逊人，这份尊重也体现在内政管理上。他逐渐赢得他们信任的同时，他们也开始接受他统治者的身份。他们在贸易和金融事务中的能力日渐凸显，因此在政府中任职的穆斯林也越来越多，越来越重要。巴勒莫的总督一直是基督徒，尽管他还有埃米尔的头衔——该头衔进入拉丁语之后为"ammiratus"，也就是说，我们的"海军将领"（admiral）一词就源自诺曼人的西西里。除此之外，在岛上几乎所有穆斯林人口为主的地区，政府都控制在当地撒拉逊埃米尔的手中。因此，这块土地恢复了和平和安全之后，旧的阿拉伯艺术和知识传统再次觉醒了，这里又涌现出诗人、科学家和工匠，而且他们受到了鼓励和欢迎。这为 12 世纪西西里的文化全盛期奠定了基础，阿拉伯人将在其中做出最丰富、最耀眼的贡献。

在此环境下，在 1095 年 11 月的克莱蒙（Clermont），教皇乌尔班号召基督教世界的王公和人民拿起武器来对抗撒拉逊人，将圣地从异教徒的污染中夺回，他的话竟对西西里伯爵毫无吸引力，也就不足为奇了。在普利亚的骑士和贵族的心中，诺曼人原有的游荡习气依然和以前一样剧烈地回荡着，他们的回应热情而迅速。达到什么程度呢？经常得到叔父帮助的罗杰·博尔萨正忙于围攻阿马尔菲的叛军，十字军东征的消息一抵达南意大利，他突然发现几乎一半应该参与围城的部队都离开了。数月之后，浩大的十字军队伍向南到达出海的港口，约有数百名诺曼战士加入他们，为首的正是身材高大的博希蒙德本人。除他之外，在队伍中至少有 5 位老坦克雷德的孙辈，2 位曾孙辈。

尽管普利亚公爵的军队大量减少了，但是大批人的离开一定是上天送来的好事，这样他公爵领里所有最危险、最有破坏性的分子就都走了。不过他的叔父对当年夏季的兴奋和喧闹无动于衷。罗杰受够了十字军活动。阿拉伯史家伊本·阿西尔告诉我们，大概在这个时候，如果伯爵愿意前往非洲的马赫迪耶（Mahdia，位于今突尼斯）远征齐里王朝的苏丹特曼，就能得到法兰克军队的支持。他继续说：

> 罗杰闻讯，召集同伴，咨询意见。大家答道："按照福音书，这对我们和他来说都是一项绝好的计划，这样一来，所有国家都会成为基督教国家。"但是罗杰抬起腿，放了一个响屁，说："在我看来，有个忠告比你们的意思更好……他们的军队来了，我就要给他们备许多船，除此之外，还要把他们送去非洲，我自己的兵也要一起去。如果我们把那个国家征服了，那个国家就会成为他们的。同时，我们还必须从西西里给他们送给养，我每年卖东西赚到的钱也要变少。反过来说，如果远征没成功，他们就要返回西西里，我就不得不忍受他们的存在。此外，特曼还能指责我对他不诚信，说我食言，说我破坏了两国间的友谊。"

伊本·阿西尔记载此事的时候，罗杰已经去世数百年了，他的记载有些混乱，可能与罗杰在1086年拒绝与比萨和热那亚一道远征特曼一事弄混了。因此，该记载的重要性不在于历史事实的准确性，而在于它增加了伯爵在阿拉伯世界的名声。这也是我们能找到的少数（尽管模糊而短暂）描绘罗杰本人形象的逸事之一。关于他的性格和私人生活，我们知之甚少，不过可以确定，他拥有奥特维尔家族那多子的传统。现存资料证实，他的孩子至少有13个，可能多达17个，他们还不是同一个母亲生的，其中有他的前后三任——他最爱的埃夫勒的朱迪丝年轻时就去世了——妻子。但是这个名单或许不全。他的其他性格特征只能从我们对他职业生涯的了解中推断了。

不过，他的生涯多么辉煌啊！1101 年 6 月 22 日，罗杰在他位于意大利本土的都城米莱托去世，享年 70 岁。他一生中的 44 年是在南意大利度过的，其中 40 年献给了西西里岛。作为奥特维尔家兄弟中最年轻的一位，他在开始阶段拥有的优势比兄长们更少，但是他去世的时候，虽然只是一个伯爵，还是其侄子的忠诚封臣，他还是被认为是欧洲最强大的王公，其中至少有 3 位国王——法国的腓力、德意志的康拉德[1]（亨利四世之子）和匈牙利的科洛曼（Coloman）——想与他联姻。他已经改变了西西里岛，这里曾是一个绝望的、野蛮的岛屿，受到连年战争的蹂躏，曾因两个世纪的混乱状态而变得衰败，现在已经成为一个完整的政治实体，既和平又繁荣，该岛的 4 个族群——在罗杰的努力下，一些伦巴第人的殖民地在卡塔尼亚周围建立起来，欣欣向荣——和 3 个宗教在相互尊重和和谐友善的气氛中快乐地生活着。

这里的重要性在时间和空间上超越了地中海中部的有限区域，也奠定了罗杰成就的基石。封建的欧洲几乎完全陷入了血腥的争斗之中，充斥着上千处冲突的喧哗声，宗教造成了分裂，皇帝和教皇之间的巨大冲突笼罩在欧洲上空。而罗杰留下了一块土地——虽然它还没有成为一个国家——在这里，没有贵族可以闹出大事，无论是希腊教会还是拉丁教会都无法反对世俗的权威，也不能彼此相争。当时欧洲的其他地区，荒谬地结合了极度的自

1　康拉德先于他父亲去世，他曾经反叛自己的父亲。但是，他在意大利被承认为国王。

私与愚昧的理想主义，在一场十字军东征中精疲力竭，颜面尽失。欧洲的领袖之中，唯有罗杰从自身的经验出发而认识到十字军精神的虚荣性，他已为政治和宗教思想创造了一种开明的氛围，在这种氛围中，所有民族、教义、语言和文化都同样得到了鼓励，同样受到了支持。这种现象在中世纪是独一无二的，放在人类历史中也堪称罕见。西西里伯爵罗杰在 11 世纪的欧洲所树立的典范，或许对今天世界上大多数国家都是有益的。

20

阿德莱德

世界上其他所有的基督徒王公总是尽其所能，以个人的极大慷慨，像对待柔弱的幼苗那样保护和养育我们的王国，而这位王公和他的继承者直至今天还从未向我们说过任何有关友谊的字眼——尽管他们处在比其他王公更加便捷的位置上，便于提供援助或建议。他们似乎将这种罪行一直铭记于心，所以与其将过错归咎于一群人，倒是更该只归咎于某一个人。

——提尔的威廉，第 11 卷

罗杰伯爵在米莱托的至圣三一修道院没有留下任何东西。1783 年，一场地震摧毁了它和城镇的其他地方，关于其建立者的墓葬，人们抢救出了古老的石棺，该石棺现藏于那不勒斯考古博物馆。修道院的教堂既不大，也不宏伟，但是在 1101 年 6 月末，它为哀悼者提供了身体上的安慰，也提供了心灵上的慰藉。丧礼在它阴冷的影子中结束了，一位黑发的年轻女子带着两个男孩走出教堂，沐浴在阳光之下。

阿德莱德伯爵夫人的父亲是曼弗雷德（Manfred）侯爵，也就是萨沃纳（Savona）的伟大的博尼法斯·德尔·瓦斯托（Boniface del Vasto）的兄长。1089 年，她成为罗杰的第 3 任妻子，当时她的丈夫年近 60 岁，尽管他那毋庸置疑的生育能力为他带来不少子女——有充分证据的是 2 个儿子和 10 多个女儿——却没有合适的男性继承人。他最爱的、继承了所有奥特维尔家族品质的约尔丹是私生子。而他唯一合法的儿子杰弗里是麻风病人，居住在遥远偏僻的修道院中。过了一段时间，似乎阿德莱德无法完成她的任务。然而，在成婚的两年之后，年轻的伯爵夫人肚子还未变大，约尔丹在叙拉古死于发热的消息就传遍了西西里，[1] 罗杰建立王朝的希望变得不乐观了。但是，他的祈祷最后得到了回应。1093 年，阿德莱德在床上给他诞下了一个儿子，名为西蒙。两年后的 1095 年 12 月 22 日，她生下第二个儿子，罗杰当然很自豪，因为他当时已经 64 岁了。这个孩子也叫罗杰。

继承不再是个问题，但是西西里的未来依然暗淡无光，在至圣三一修道院的安魂弥撒仪式上，当时的会众必定让自己的思绪飘到接下来的艰难年月里。西蒙年仅 8 岁，而罗杰也只有 5 岁半，长期的摄政不可避免。阿德莱德年轻而缺乏经验，还是女子。作为一位来自利古里亚（Liguria）的北意大利人，她不知道手下那些需要她管理的人群——诺曼人、希腊人、伦巴第人或者撒拉逊人——对她怀有多少忠诚。她所掌握的语言顶多只有意大利语、

1　一块记录了约尔丹去世和埋葬之事的石碑现在还保存在米利-圣彼得罗（Mili S. Pietro）的诺曼人的圣母教堂中，这里位于墨西拿以南数英里的地方。教堂在 1082 年由罗杰伯爵建立，这是他的数个瓦西里安教堂之一。虽然这里年久失修，现在是一个破旧不堪的农场的一部分，却还是值得一访。

拉丁语以及一部分诺曼法语。这可是欧洲最复杂的国家之一，她要怎么处理呢？

该时期的编年史少得可怜，所以我们对阿德莱德如何克服困难也所知甚少。奥德里库斯·维塔利斯在很多方面的信息都是错误的，但是他关于南意大利和西西里事务的证据却惊人地充分。他告诉我们，她派人去勃艮第找勃艮第公爵罗贝尔一世（Robert I），将自己的女儿嫁给了后者的儿子罗贝尔——他可能娶的是她11个继女中的一个。在接下来的10年里，她将政府托付给女婿，然后将他毒死了。如同我们在西吉尔盖塔的例子中所看到的一样，奥德里库斯太喜欢把自然死亡归咎于险毒的原因，他这里的记载必定不准确。至于别的，罗贝尔的名字居然在同时代的当地记录中一次都没有出现过，这有些奇怪，但是我们了解的事情太简略，无法得出任何确切的结论。而在这个领域最伟大的两位现代学术权威那里，阿马里将奥德里库斯的故事视作彻底的编造，夏朗东则有所保留地接受了。我们可以自己做出判断。

无论她做了什么，阿德莱德都极为成功。关于她的幕僚，她似乎主要依赖从西西里当地提拔的希腊人或阿拉伯人，而诺曼贵族——总是比希腊人和撒拉逊人加起来还要麻烦——希望趁摄政时增加他们的权利和特殊待遇，他们不久就发现打错了算盘。这样，伯爵夫人就能够将大多数时间投入到主要的责任上，也就是把两个儿子培养成适合继承父亲之位的人。她在这方面也做得不错——在命运允许的范围之内。1105年9月28日，她的长子西蒙去世了，而年幼的罗杰此时还不到10岁，他成了西西里伯爵。

关于罗杰的童年，我们几乎一无所知。有一个没有文献参照的传统说法，说他于1096年由加尔都西会（Carthusian Order）

的创立者圣布鲁诺（St Bruno）施洗，彼时后者居住在斯奎拉切附近他本人的拉托雷修道院（Monastery of La Torre）旁的隐庐中。除了这条信息，我们只能依赖一位亚历山大的证词（这份证词同样不能让我们满意），他是靠近泰莱塞（Telese）的圣救主修道院（Abbey of S. Salvatore）的院长，他后来对自己在任时间的前半段写就了一份有偏向性又极度零散的记录。亚历山大说，当老罗杰仍在世的时候，两个小王子曾经一起战斗，总是居于兄长之上的罗杰宣称西西里是自己的，还愿意给西蒙一个主教职位作为补偿，如果西蒙愿意，也可以让他当教皇。院长暗示说，仅凭这个，就能证明罗杰是天生的统治者，他又发现罗杰有略显夸张的施舍行为，这佐证了他的说法。我们得知，这个男孩从不会拒绝要钱的乞丐或朝圣者，所以总是把自己的口袋掏个精光，再找自己的母亲索要。不幸的是，亚历山大依靠二手文献写作，他还得到了罗杰的姐妹玛蒂尔达的委托，而且他笔下的阿谀奉承之语经常让人恶心。关于后来的问题，他的作品是有用的，甚至是相当可靠的史料，但是关于这个时期，他的信息既没用也不可靠。只是因为我们没有更好的记载，这两则无聊的小知识（如果确实算知识的话）才出现在本书中。

在这段昏暗不明又看似平淡无奇的岁月里，却发生了一件对国家的未来和统治者的塑造都具有不可估量意义的事。如果罗杰一世——我们现在必须这么称呼他——没有打仗且待在西西里，他最初选择待在特罗伊纳，后来待在墨西拿，因为他要密切关注他在卡拉布里亚的统治区域。但是他个人更喜欢待在位于意大利本土米莱托的旧城堡里，他一般把家庭留在此处，无论他离开得多频繁，他还是把这里当成自己的家。而阿德莱德改变了这一切。

在卡拉布里亚，她无疑感到自己被诺曼贵族包围着，她不喜欢也不信任这些人。墨西拿就更好一些，但是它仍旧是一个小镇，并且此地的生活必定难以供应。而罗杰度过童年岁月的圣马科—达伦齐奥虽然在夏季更凉爽、更健康，但是也更小。西西里岛只有一个真正的大都市，那就是巴勒莫，它现在是一座人口接近 30 万的城市，在此之前已经做过两个世纪的首府了。它拥有繁荣的手工业中心和工业，还有宫殿、行政机构、兵工厂和造币厂。[1] 伯爵夫人阿德莱德最后决定将都城建在巴勒莫的日期无法确定，该过程或许是渐进的，但是可以确定最终完成于 1112 年初，此时，在埃米尔的旧宫殿里，年轻的王公在仪式上被封为骑士。这对罗杰来说是非常重要的一天。不久之后，6 月，当他和母亲一起向巴勒莫大主教授予特权令之时，他可以自豪地自称"罗杰，是战士，是伯爵"（Rogerius, jam miles, jam comes）。

迁都至大都市是建立西西里人，尤其是撒拉逊人自尊的最后一步。这也最后证明，西西里不再被她的征服者视为次要的省份。阿德莱德和罗杰到巴勒莫久居之后，为了国家的繁荣和稳定，他们显得不仅信任撒拉逊臣民，而且依赖他们。更重要的是，这对罗杰的成长也带来了影响。他的父亲长大后是一位诺曼骑士，而且终其一生都是诺曼骑士。而这个 5 岁时失去父亲影响的儿子，是第一个也是最重要的一个西西里人。和他关系相近的诺曼人只

---

[1]　在整个诺曼时期，西西里的国库和造币厂中的大多数人员还是穆斯林（不过控制在希腊人手中）。许多诺曼钱币继续保留阿拉伯语的铭文，甚至伊斯兰教的铭文，不过他们有时会在钱币上添加十字架，或者拜占庭的"基督征服"的标记。意大利语中表示造币厂的词语"zecca"就直接源自该时期的阿拉伯语。

有一两个，不仅如此，他崇敬的意大利母亲很明显喜欢希腊人，因此，陪伴他长大的世界是一个地中海的国际世界，充满了希腊人和穆斯林的教士及秘书。他使用 3 种语言，求学或处理国家事务时待在阴凉的大理石柱廊下，外面有喷溅的喷泉和柠檬树，宣礼人没完没了地召集信徒做礼拜。这与奥特维尔拉吉沙尔相去甚远，它为罗杰的性格注入了一股异国的张力，这张力不能完全归结于他母亲的地中海血统——明显地体现于她黑色的眼瞳和头发。但是那些需要进一步了解他的人，还有将与他在外交中交锋的王公们，很快就会知道西西里伯爵不仅是个南方人，还是个东方人。

第一次十字军东征取得了巨大的成功，尽管受之有愧。队伍穿越欧洲和小亚细亚时付出了沉重的代价，还在君士坦丁堡城外度过了焦虑的时刻。当时皇帝阿莱克修斯一世的城门外出现了一支庞大而纪律松散的部队，他感到担心是可以理解的。他要求，十字军在继续前进之前必须向他效忠。但是到最后，他们克服了所有的困难，在安纳托利亚的多里莱乌姆（Dorylaeum）重创了塞尔柱突厥人的军队，而法兰克人在埃德萨（Edessa）和安条克（Antioch）建立了国家。1099 年 7 月 15 日，在骇人的暴行和大屠杀的场景中，基督的士兵一路杀入耶路撒冷，他们在圣墓教堂（Church of the Holy Sepulchre）中放下染血的双手祈祷，并祈求宽恕。

在所有十字军之中，有一个人比其他人更胜一筹，那就是博希蒙德。虽然他在爵位上比不过布永的戈弗雷（Godfrey of Bouillon）、图卢兹的雷蒙（Raymond of Toulouse）这样强大的王公，但是他很快就显示出作为士兵和外交家的优势。他在早年的战争中熟悉了巴尔干的情况，能讲流利的希腊语，已经在多里莱乌姆和安条克围城战中成了英雄。在他待过的安条克，他让自己成为"海外"的法兰克人中最有权势的人物。他的表现堪称精彩，甚至其父都可能会羡慕。这确立了他的伟大地位，确保他在历史上拥有一席之地。不过，好运没有持续很久。1100年夏，博希蒙德率军溯幼发拉底河而上，远征达尼什曼德王朝（Danishmends），在对战中兵败被俘。他在3年之后被赎出，并夺回了安条克，却发现自己此时一方面面临撒拉逊人的压力，另一方面则面临阿莱克修斯和雷蒙伯爵的压力，他的地位很不牢固。只有从欧洲寻来大批增援，才可以缓解眼前的境况。因此他在1105年返回到意大利，在次年迎娶了法国国王腓力的女儿康斯坦丝（Constance），并试图在意大利和法国筹建一支新的军队。但是他的野心使他误入歧途，他没有直接回到东方，而是不明智地决定进军君士坦丁堡。和往常一样，皇帝又得到了威尼斯人的援助，这对博希蒙德来说太过强大。1108年9月，在今天阿尔巴尼亚的代沃尔河（Devol）河谷，博希蒙德被迫求和。阿莱克修斯就这样饶了他，虽然他被允许以帝国封臣的身份保留安条克，但是他的大部分奇里乞亚和叙利亚的沿海地区都要交给皇帝直接控制，安条克的拉丁主教也被希腊人代替了。博希蒙德无法忍受这样的羞辱。他再也没有回到东方，并就此放弃，伤心地回到普利亚，并于1111年在普利亚去世。他被埋葬在卡诺莎。到卡诺莎的教堂参观的游客，在满满当当全是人的南墙外侧，依然可以看到他那令人好奇的东方样式的陵墓——这是南意大利现存最早的诺曼人墓葬。[1] 坟墓精美的青铜门上刻着阿拉伯式的图案和颂扬他事迹的铭文，打开门之后，会发现里面除了两根小石柱和墓碑，其他地方都是光秃秃的。其碑文字体之粗犷，让人叹为观止。碑上仅有一个词：BOAMVNDVS（博希蒙德）。

但是随着博希蒙德的星辰变得暗淡，另外一位的星星又平稳地亮了起来，那就是前埃德萨伯爵布洛涅的鲍德温（Baldwin of Boulogne）。1100 年圣诞节，在伯利恒（Bethlehem）的圣诞教堂（Church of the Nativity），他被加冕为耶路撒冷王国的国王。在他统治的前 10 年，尽管建立神品（Holy Orders）的时间还不久，但是他出色地让世俗权力的权威高于教会，在把他那贫穷而分散的领地建设为强大又团结的国家的道路上，已经走了很长的路。他的婚姻不怎么成功。他总是留意漂亮姑娘，这种风气也盛行于他的王廷里，虽然显得不庄重，却不会被描述为修士般的节制。但他娶的第二任妻子是亚美尼亚公主，一般人们都觉得他做得太过分了。有传言说，她在从安条克前去加冕的路上被穆斯林海盗抓住，并接受了他们，她没有表现出应该有的那种不情愿，传言还说，这件事让她不受丈夫喜爱。在接下来的数年里，她没做能挽回自己名誉的事，就被丈夫打发走，首先进入耶路撒冷的女修道院，后来因为她的迫切要求，被送去君士坦丁堡，她发现首都的纵容更适合自己的口味。同时，鲍德温得以如释重负地重回单身生活，直到 1112 年。此时，他听说西西里的伯爵夫人阿德莱德在儿子成年、自己结束摄政之后，正在寻找第二任丈夫。

1　他们也应该注意，不要错过 11 世纪晚期的漂亮的主教座，它由两头大理石大象支撑着。

　　尽管他与意大利的商业共和国达成过获利不菲的贸易协议，鲍德温的王国还是常年缺乏资金。另一方面，在迅速成为欧洲和黎凡特贸易主要中心的西西里，阿德莱德在统治西西里的期间获得了巨大财富，这人所共知。鲍德温还有其他考量：西西里海军已经成了一支需要正视的强大力量，有了它的支持，他可以不可估量地增强耶路撒冷王国在邻近的基督徒国家和撒拉逊国家中的地位。鲍德温下定决心，派遣使节迅速向巴勒莫送去一份正式婚约，意图迎娶阿德莱德。

　　阿德莱德接受了。她素来不喜欢法兰克人这个族群，但是谁会拒绝耶路撒冷王后的头衔呢？此外，她不会高估自己的价值，而且她知道，自己可以提出条件。如果鲍德温想要从联姻中得到什么，她可以确保自己的儿子罗杰不会成为失败的那一方。她接受婚约的同时附带一个条件：如果这桩婚姻没有产生子嗣——毕竟她也不再年轻——耶路撒冷的王冠需要交给西西里伯爵。鲍德温没有儿子，所以没有拒绝。就这样，1113 年夏季，伯爵夫人阿德莱德驶向东方。

　　她在旅途中遇到了一些事故。她击退了攻来的海盗，但是就在快要到达的时候，起了一场猛烈的风暴，鲍德温派去护送她的 3 艘船也被风暴驱赶到阿什凯隆湾（Bay of Ascalon），落入撒拉逊人之手，而阿德莱德一行历经艰险才得以逃脱。但是当西西里的桨帆船最终自豪地驶入阿克港（Acre）时，国王和周围的人都认为她确实是一位值得等待的新娘。埃克斯的阿尔伯特（Albert of Aix）作为第一次十字军东征的史家中信息最丰富的一位，在那个 8 月的清晨并不在现场，但是他在 20 余年后对当时情景的记载，值得在此引述，当时的辉煌景象可以说在克娄巴特拉（Cleopatra）

之后是无与伦比的。

> 她带领着 2 艘三列桨座战舰，每一艘上有 500 名战士；
> 还有 7 艘船，装载着金银、紫色染料、数量众多的珍贵宝石
> 和华丽服饰，更不用说闪耀金光的武器、胸甲、剑、头盔和
> 盾牌，还有强大的王公用于战斗或护卫船舶的其他装备。这
> 位伟大女士的座舰，桅杆上装饰着纯金，在很远的地方就因
> 阳光照耀而闪闪发亮。在该船的船首和船尾，也同样由熟练
> 的工匠配上了金银装饰，见之极美。并且在 7 艘船里，有一
> 艘上面是撒拉逊人的弓手，这些忠诚的人身着名贵的华丽服
> 装，他们都是要送给国王的礼物——在耶路撒冷王国全境也
> 找不到技艺这么高超的人。

阿德莱德到来的影响并没有在"海外"的骑士中消失，且没
有几个西方的国家有能力做出这样的展示。当然，鲍德温也竭尽
全力地安排配得上王后的招待。

> 国王得知杰出的王后即将抵达，率领王国所有的王公以
> 及宫廷成员来到港口迎接，他们穿着各种各样的华丽衣服。
> 国王周围围着王家的排场，他的骡马穿金戴紫，还有乐师跟
> 随，乐师吹响号角，演奏各种悦耳的乐器。国王迎接王后下
> 了船。空地上铺着各种颜色的地毯，而大街上铺着紫色地毯，
> 以显示这位伟大女士、这位富有的女主人的尊荣。[1]

1　Albert of Aix, Bk. XII.

　　几天后，在同样辉煌的场景中，双方在阿克的宫殿中举行了隆重的婚礼，国王夫妇随即穿过挂满旗帜的城镇和乡村，前往耶路撒冷。然而，欢欣之情马上就破灭了。鲍德温的军队已有数月没有拿到军饷，法兰克的贵族和骑士必须因那些被撒拉逊人再次占领的土地而得到补偿和赔付。债务还清之后，阿德莱德带来的嫁妆已所剩无几。王后发现，"海外"的诺曼人和法兰克人不会比南意大利的这两类人更友好。更严重的是，鲍德温不久就被迫承认，虽然他把前妻送走了，却从未和她正式离婚。民众之中突然涌起一阵反对阿德莱德的巨浪，他们还反对耶路撒冷宗主教阿努尔夫（Arnulf），在他买卖圣职罪的上面，又加了一条更严重的指控——纵容重婚。

　　有一段时间，鲍德温一直在搪塞。阿德莱德已令他厌烦，他已经花光了她所有的钱，但是与西西里的联系对他来说还有价值，因此他还对是否送她回去而犹豫不决。1117 年春，他生了重病。宗主教阿努尔夫被撤职，然后教皇以劝说鲍德温送走王后为条件令他复职，他努力劝鲍德温：只有放弃阿德莱德，才能免遭永恒诅咒的痛苦。宗主教进一步劝鲍德温，说他应该召回他的前任，也就是让合法的妻子返回耶路撒冷，不过没有成功。她仍旧生活在君士坦丁堡，并且自得其乐，不愿返回。但是对阿德莱德来说，这就是终点了。恢复了健康的鲍德温坚持己见，而不开心的王后失去了财产，受到了羞辱，并被鲍德温以最低限度的礼仪和照顾送回西西里。她从未特别喜欢鲍德温，并且她离开环境严酷的巴勒斯坦而回到发达且舒适的巴勒莫，不可能让她感到遗憾。但是，她受到了无论是她还是她的儿子都不会原谅的羞辱。她于次年去世，被埋葬在帕蒂（Patti）的主教座堂里，她的墓葬——唉，不是原物——至今可以看到。[1]而对罗杰来说，另一位十字军的史家提尔的威廉（William of Tyre）在 1170 年左右说，罗杰母亲的遭遇"使他内心对耶路撒冷王国及其人民充满了憎恨"。阿德莱德受到的羞辱很严重，但不是鲍德温犯下的唯一罪行，他抛弃了阿德莱德，也违背了他在婚约中的承诺，也就是在没有孩子的前提下，耶路撒冷的王位要在他去世后传给罗杰。因此在 10 余年后，西西里国王第一次在东地中海展现力量时，他不仅是一个为母亲的荣誉而复仇的委屈儿子，还是一位受过骗而野心勃勃的君主，他是在用武器对付自己王国内的篡位者。

---

1 墓葬本身明显是文艺复兴式的，不过上面的画像是原来的。可以在主教座堂的耳堂中发现墓葬，它在东墙的里面。上面的铭文描述阿德莱德是罗杰的母亲，但是没有提到她作为耶路撒冷王后的那段时间——无论是她还是罗杰都想忘记她生命中的这一章。

21

雏鹰的年岁

> 阿里年幼的儿子啊！信仰的神圣花园中的小狮子啊！长
> 枪为你建成了一道鲜活的栅栏！你露出了獠牙，还有那蓝色
> 的枪尖！这些蓝眼睛的法兰克人，必定不会想被它们亲吻！
>
> ——叙拉古的伊本·哈姆迪斯

在伯爵夫人阿德莱德摄政的时间里一直与她相随的好运——只是在此后抛弃了她——在他儿子个人统治最初的关键几年里仍旧存在。罗杰获得实权之时，年仅16岁半，作为没有经验的统治者统治着一个具有异质性的国度。他的国家虽然繁荣，却有爆发冲突的可能性。他急需一个可以让他蓄积力量的和平时期，以让他感觉自己的权威不只是统治的工具，而是自己身体上不可或缺的一部分。

他获得了权威。大批人去了"海外"，不少大陆上最桀骜不驯的封臣也随之离开，整个南意大利的政治温度降了下来。同时，这也让西西里的财富增加了，该岛比起以往历史上的任何时期都要富有。即使是在十字军东征之前，与黎凡特的贸易——与的黎波里（Tripoli）、亚历山大里亚（Alexandria）、安条克和君士坦丁

堡这样的城市——的规模已经在平稳地增长。诺曼人还征服了南意大利，保证了墨西拿海峡的安全畅通，这对基督徒的航运来说是数个世纪里的头一回。对地中海西部的意大利商业共和国而言，这样的发展具有极其重要的意义。我们知道，比如说，1116 年 9 月，罗杰将墨西拿的一块土地授予热那亚领事，用于修建一所医院。可以合理地认为，比萨、那不勒斯、阿马尔菲等商业共和国都提出了各自的要求。在这种环境下，西西里的希腊人和阿拉伯人这两个一直具有灵敏商业嗅觉的族群无意制造麻烦，而是忙于赚钱。这样伯爵就可以安稳地坐着宝座，感谢上帝让十字军带来了无价的礼物。他虽然没有参加十字军东征，但是事实证明，他是最大的受益者。

在地中海新爆发的军事和商业活动点燃了罗杰的想象力，唤起了他的野心。他知道，自己没有他父亲——更不如他叔叔——的军事天赋。在其他年轻诺曼骑士的教育中，好战占据了相当重要的地位，却在罗杰那女性主导的养育过程中严重缺失了，这自然让他终其一生都更偏好外交手段，而不是军事手段。但是西西里不再是半个世纪之前刚被征服时的那种地理上的一潭死水，它的经济发展得极为迅速、极为惊人。长期繁荣的大都市巴勒莫比以往更加繁忙，墨西拿和叙拉古成了新兴城市，该岛现在已经成为迅速扩张和快速发展的拉丁世界的中心。罗杰坚定地认为，他个人的政治影响力应该得到应有的增长，就像他之前的罗贝尔·吉斯卡尔一样，应该让欧洲——以及非洲和亚洲——的王公们感受他的存在和力量。

首先，财富必须转化为武力，而对一个岛国来说，武力只代表一样东西，那就是强大的海军。西西里舰队自吉斯卡尔的时代以来就是一支重要的力量，罗杰一世维护这支舰队并将其扩大，它在叙拉古、马耳他等地都起到了很好的作用。但是只有在罗杰二世治下，它才发展到极强的水平。从他的时代开始直到诺曼势力在该岛上消失，国家和海军都是一体的、不可分割的，很难想象其中某一个能单独存在。海军代表着西西里在和平时期的繁荣，在战争时期又是它的剑和盾。在今后的岁月里，因为有舰队的存在，许多外部势力就需要重新打量它了。

就像海军不只是海军，海军统帅也不只是海军统帅而已。首先，前面讲过，"ammiratus"一词和海军没有任何关系，它仅仅是拉丁化后的阿拉伯的埃米尔头衔而已，西西里换了首府之后，这个词特指巴勒莫的埃米尔。从 1072 年起，这个职位传统上由一位希腊人基督徒担任。在伯爵罗杰一世统治的时候，这个职位只是一个地方官。他的责任很重大，事关城市管理的所有方面，这座城市当时可能已超过科尔多瓦，是欧洲最大的穆斯林都市。但是，他的权威又被限制在狭小的地域范围内。随着时间的推移，尤其是在阿德莱德摄政时期，他的重要性不断增长，最后覆盖了伯爵在西西里和卡拉布里亚的所有统治区。伯爵的宫廷设在巴勒莫是变化的首要原因，也是最明显的原因，但是还有另一个原因，那就是埃米尔自身的性格和能力。时任埃米尔是一个名叫克里斯托都卢斯（Christodulus）的希腊基督徒，他被穆斯林编年史家称为阿卜杜勒-拉赫曼·奈斯拉尼（Abdul-Rahman al-Nasrani）。这两个名字似乎存在联系，希腊语名字的意思是"基督的奴仆"，阿拉伯语名字的意思是"仁慈之人的奴仆，基督徒"，因此他可能是一个改宗的阿拉伯人，或者更可能像阿马里暗示的一样，原本是基督徒，后来长期背教，现在又改信了基督教。无论如何，他都是那个时代的杰出人物，他先后接受了"Proto-nobilissimus"和"Protonotary"[1]的头衔，这个创新之处体现了诺曼宫廷如何有意地建立在拜占庭模式的基础之上。而在不久之前，他已经成了国家议会的主席。这样一来，他又负责加强舰队，这是其职责的自然延伸，不久他就接管了舰队的所有指挥权。他作为行政官员可能比作为将领更有才干，我们不久就会提到，他在一次海军行动中没有任何突出表现，而关于这次行动的记录已经完全地保存到了今天。这可以解释为什么从1123年开始，他就逐渐落后于更杰出、更潇洒的继任者安条克的乔治（George of Antioch）。但是差不多在15年之前，除了伯爵本人，克里斯托都卢斯是西西里地位最高的人，他是一系列西西里海军统帅中的第一位，这些海军统帅功勋卓著，他们的头衔也将传给全世界。

　　对史家而言，罗杰统治的最初数年十分令人沮丧。史料太少，也缺少重要的信息或有启示意义的信息，所以我们无法描绘出一幅精确的图景。只是有些时候，根据一些资料保存得更好的地区，我们才能通过这些她与其他地方的接触，让一些窄窄的光线穿过迷雾，对这个繁荣的、快速发展的国家投去匆匆一瞥。至于其余的时间，直到当地的编年史家们写出连贯的叙述，我们才能看清这段历史，犹如在浑浊又明亮的夏日晨光下，早上的雾气渐而消散，露出炽热而清澈的正午。

　　另一方面，年轻的伯爵发现自己的力量和财富都在增长，还

1　上述两个头衔是11世纪之后拜占庭帝国授予贵族的重要头衔，已经失去了原初的实际意义。——译者注

能了解到如何去挥霍和享用它们，他还逐渐意识到自己的卓越才能，对他来说，这必定是开心又愉悦的时间。问题也不可避免地出现了：相应地，教皇在他们中的地位不可避免地提高了。乌尔班于 1099 年去世，这是十字军进入耶路撒冷的两周之后，但是足够讽刺的是，他恰好死在胜利的消息快要到达罗马的时候。其继承者是一位心地善良的托斯卡纳修士帕斯卡尔二世（Paschal Ⅱ）。据说当英格兰的"红脸"威廉得知新教皇的脾气和安瑟勒姆大主教不一样的时候，国王大声说："上帝的脸面啊！那他也没多好！"这个评价虽然能以这种方式被人记住，却对教会不公平。帕斯卡尔应该是个性情很温和的人，他可能不够坚定，所以他和另外 16 名枢机主教一起在 1111 年被西方皇帝亨利五世囚禁达两个月之后，[1] 他屈服了。但是他并不软弱，当年轻的西西里伯爵攫取了应属于教廷的特权时，帕斯卡尔不打算保持沉默。

罗杰从一开始就采用高压手段。早在 1114 年，他就废黜了科森扎大主教。还有其他证据显示，他已经在很大程度上忘记了其父的政策——作为对 1098 年教皇使节特权的回报，因此西西里的拉丁教士应该只服从于教会法。1117 年，他同教皇的关系已经变得很危险，因为帕斯卡尔坚持要他的母亲离开耶路撒冷，他认为罗杰自己也要同鲍德温一样，要为他母亲受到的羞辱负同样的责任。此时巴勒莫和罗马之间有一些语气尖刻的书信保存下来。在

---

1 奥德里库斯·维塔利斯说普利亚派出 2000 名诺曼人去援助他，并将亨利赶出了罗马，他那乏味的记载没有任何根据。其实是卡普阿亲王罗贝尔试图派出 300 人，但是他们在半路上被图斯库鲁姆伯爵阻拦了。奥德里库斯可能混淆了 1084 年和 1111 年的事情。

通信过程中，教皇似乎在努力地限制 1098 年协议的条款。他给罗杰写信时，故意使用模糊隐晦的语言，引发的问题多于解决的问题，而且这些信比乌尔班的信引发了更多有理由的猜测。关于该信的详细讨论超出了通史的范围，[1]只需说，在罗杰剩下的 37 年统治时间里，没有证据表明他极不关注教皇。

然而没过多久，年轻的伯爵就发现自己卷入了更麻烦、更急切的问题，这一次是他自己造成的。由于他意识到自己的势力在日渐增长，还对自己海军的实力相当自信，不久，他把贪婪的目光越过大海，投向非洲海岸。从他父亲的时代开始，西西里同非洲的齐里王朝的关系就非常和睦。罗杰一世通过条约同马赫迪耶的王公特曼建立了关系，并且至少有一次拒绝了进攻特曼的提议——1086 年比萨与热那亚联军的远征。最近，齐里王朝与本尼-哈马德（Beni-Hammad）的柏柏尔部落之间的内部冲突导致北非沿海大片肥沃土地遭到荒弃，因为获益颇丰的条款，西西里得以将剩余谷物出口到闹饥荒的地区。反过来，她接受的阿拉伯货物也越来越多，到特曼之子叶海亚（Yahya）于 1116 年去世的时候，西西里已经有一支商业使团常驻马赫迪耶，西西里和撒拉逊商船频繁地跨过狭窄的海面，保持友好的交通往来。

但是对罗杰而言，贸易还不够。他的想法是征服，他想通过做些什么别的事，证明自己是比得上父亲、叔叔和奥特维尔家族名号的统治者。万事俱备，只欠一个借口而已，而借口在 1118 年出现了。非洲城市加贝斯（Gabes）有位统治者叫拉斐·伊本·马坎·伊本·卡米尔（Rafi ibn Makkan ibn Kamil），他被阿

---

1 该讨论出现在上文提及的 E. 乔丹的文章中，见第 296 页脚注。

马里称为半是地方总督，半是篡位者。他新近建造了一艘装备齐全的巨型商用桨帆船，打算发展能赚钱的商业贸易事业。王公叶海亚在位的时候，他从不拒绝拉斐，还为拉斐提供该项目所需要的铁和木材。但是他的儿子和继承者阿里就没有那么好了。阿里宣布从事商业运输是王公的特权，并警告拉斐，拉斐的船在驶出港口的那一刻就会被没收。阿里派出 10 艘船驶往加贝斯，以此增强自己的威胁。拉斐气恼异常，向罗杰控诉。他说，他曾打算等船造好后，处女航就驶向巴勒莫，并带去表示他对西西里伯爵最高崇敬的礼物。阿里的态度不仅对他本人不公，更是对罗杰的侮辱。此仇当然必报不可。

无疑，罗杰对拉斐的礼物持怀疑态度。他跟阿拉伯人生活了这么长时间，不可能被这种事迷惑。总之，他不需要这种额外的劝说。不久之后，他最好的 24 艘战舰就出现在加贝斯附近。阿里已经做好了准备，看着船逐渐驶近。他怯懦的顾问们力劝他不惜一切代价保住与西西里的盟友关系，但是他没有理会。这是一个原则性的问题，他不打算让步。诺曼人登陆的当天晚上，拉斐热情地接待了他们，并为他们举行了盛大的宴会，但是他们还没有在席间坐定，门就打开了，阿里的人拿着刀剑冲了进来。西西里人大吃一惊，他们没有抵抗能力，只能勉强夺回船只，带着困惑和屈辱被赶回巴勒莫。阿里赢了第一回合。[1]

---

1 至少，这是突尼斯人蒂加尼（at-Tigani）在 200 年后讲述的故事。伊本·阿西尔没有提到任何交战的事情，按照他的记载，西西里人只是简单地看到敌方太强了，未经登陆就驶离了。真相永远弄不清了。即便如此，船舶数量上是阿里两倍的西西里海军，不应该有两位编年史家所述的如此胆怯。

双方的关系迅速恶化。阿里首先囚禁了所有在他领土内的西西里商业代理人，没收了他们的财产，不久后又以罕见的和解姿态释放了他们。但是罗杰立即要求对方进一步做出不可能接受的让步，他得知阿里拒绝后，就威胁要从海上对马赫迪耶发动全面进攻。阿里模糊地暗示说，他要联合他的邻国阿摩拉维德（Almoravid）王朝一起进攻西西里，当时阿摩拉维德王朝控制着西班牙南部和葡萄牙、巴利阿里群岛以及阿尔及尔以西的所有北非海岸。战争看似无法避免，双方都积极备战。战争仍在继续，但是在 1121 年 7 月，阿里突然去世了。他的儿子哈桑（Hassan）还是一个 12 岁的孩子，管理政府的事务就委托给了他的首席宦官。因为撒拉逊的埃米尔们和诺曼贵族一样不听话，所以哈桑的统治区域变得像以前的南意大利等地区一样混乱。如果罗杰现在开战，北非可能就是他的了，但他错过了这个机会。由于一些我们此时不需要关注的原因，他此时选择第一次大举进攻普利亚。当他重整军队时，马赫迪耶的局势也发生了变化。

我们在下一章将会看到，罗杰在普利亚的冒险活动是不成功的，而且如果不是一个新的突发事件，他可能要将注意力从北非移走达数年时间。1122 年夏，一个名为阿布·阿卜杜拉·伊本·麦蒙（Abu Abdullah ibn Maimun）的人率领一支效忠于阿摩拉维德王朝的撒拉逊私掠舰队前往意大利本土，进攻尼科泰拉及附近的卡拉布里亚沿海村镇。这是罗杰的领土第一次遭到来自非洲的进攻，也是他的父亲与苏丹特曼在 40 多年以前订约以来的第一次进攻。尼科泰拉城内肯定有不少人还记得叙拉古的博纳沃特于 1084 年进行的可怕攻击，但是这一次更加严重。整个城镇被洗劫一空，女人和小孩被强奸并被掳为奴隶。每一件不能被运上船的值钱东西都被烧掉或毁掉了。

罗杰之前不怎么关注阿里与阿摩拉维德王朝结盟而形成的威胁，但是现在，无论正确与否，他决定让这场由马赫迪耶引发的怒火烧向年轻的哈桑。他的军事准备在阿里去世后就陷入停滞，现在又以新的决心和强度重新开始了。这不再是一场国家扩张的战争，而是一场复仇的战争。他从意大利召集了额外的舰船和人员，为保证安全，他对所有驶往非洲或西班牙的港口的船舶实施禁运。1123 年仲夏，舰队准备就绪。根据后来在哈桑的命令下编写的撒拉逊官方记录，该舰队由 300 艘船组成，舰队上有 1001 名骑士和 3 万名步兵。如往常一样，该数字可能经过了夸大，但是可以肯定，远征的规模确实比西西里早年的征服活动都要大。

考虑到计划和实际的规模如此之大，罗杰竟没有亲自率军出征，这着实令人吃惊。他现在 27 岁，一般诺曼骑士在这个年纪通常都已经有了 10 年的作战经历。罗杰已经成婚 5 年了，妻子是艾薇拉（Elvira），即卡斯提尔（Castile）国王阿方索六世（Alfonso Ⅵ）之女；并且至少已经有了两个可以继承爵位的儿子。这是他在位期间的第一次重要军事活动。没有记录显示西西里或普利亚有任何需要他留下的主要危机，实际上，1123 年晚夏和秋季的大部分时间他都散漫地在西西里东部和他在卡拉布里亚的统治区度过。所以，因为缺少反对以下推测的证据，我们只能总结说，他没有参与这场远征，其原因非常简单：他不想去。在他的一生中，他更多地是一个文人而非战士，他也不精通战争的艺术。虽然他不会因为畏惧战争而拒绝将其作为政策的工具，但他总是把自己视为政治家和管理者，在有可能的情况下，他倾向于让天资和意愿都更为适合的人指挥战斗。当然，和他那个时代的其他统治者一样，在其一生中，有时候需要他担负责任，亲自参战。在这种情况下，他的表现一般还不错。但还有一些时候，他的性格中明显缺乏其父或者叔叔们的那种勇气。在有需要的时候，只有通过刻意的、有意识的努力，他才能唤起勇气。

就这样，在海军统帅克里斯托都卢斯的率领下，远征舰队于1123 年 7 月自马尔萨拉（Marsala）出发。不久，舰队就遭遇了一场风暴——诺曼人在天气上从不走运——船只被迫躲入潘泰莱里亚（Pantelleria），军队在港中继续演练日后在马赫迪耶对付阿拉伯人时用得着的技能，没过多久，他们就能再次出海了。7 月 21 日，舰队停泊在一些小岛附近，这些岛如今被简单地称为"阿哈西"（Ahasi，即沙岛），[1] 位于马赫迪耶以北 10 英里左右。这里与大陆有狭窄的海峡相隔，他们得以免遭敌人攻击。但是海峡本身有迪马斯（ad-Dimas）城堡镇守着，该城堡理所当然地成了西西里军队的第一个目标。在发动进攻之前，克里斯托都卢斯需要更多情报，以了解马赫迪耶的撒拉逊军队。他派一队骑兵趁夜晚登陆，并且向南靠近城镇。次日清晨，海军统帅本人率领 23 艘船发动了类似的行动，以试探敌人的海上防御。

刚一试探，最粗略的观察都足以使他确信，无论怎样都不能从海上攻取马赫迪耶，这对依赖海军的统帅来说是一个严重的打击。但是更糟的事情接踵而至，他回到岛上，却发现西西里军队的营帐已被敌人攻破了。一支阿拉伯部队不知如何设法渡过了海

1　这些岛屿的具体位置仍存疑。我个人倾向认为它们是库利亚（Kuria）群岛。但是该地区充满了浅滩和沙洲，并且其形态在 8 个世纪里也可能发生了巨大变化。

峡，消灭了遇到的抵抗者，洗劫了军粮，带走了大量武器装备。克里斯托都卢斯突然发现自己的远征面临着失败的威胁。当天晚上，西西里军队站在剩余的营帐边，他们的士气的确受到了极大打击。

但是与此同时，这位将领手下年轻的副手安条克的乔治却没有浪费时间。不久之后，他的想象力和积极性就让他扬名于整个地中海。他出生在安条克，父母是希腊人，但是在年轻的时候，就随父亲前往北非，在北非为苏丹特曼效力。特曼去世后，乔治与特曼的继承者叶海亚关系很差，他可能也意识到，地中海未来实力的关键在于巴勒莫而不是马赫迪耶。1108 年的一个周五的早晨，当穆斯林的长官们正在祈祷的时候，他伪装成水手，溜到停泊在港中的西西里船上。他坐船到了巴勒莫，然后径直前往宫殿，为罗杰效劳。在数年里，他首先服务于税务部门，后来作为官方贸易使团的一员前往埃及，使自己成为西西里国家中有能力、有忠心的臣仆，还赢得了克里斯托都卢斯和伯爵本人的喜爱。这也不奇怪，因为他的品质已经让他鹤立鸡群了。他是一个训练有素的管理人员，一个掌握了希腊语和阿拉伯语的基督徒，还是一个熟悉北非沿海情况的海员。与此同时，他还相当了解政治、经济和外交事务。因此，当克里斯托都卢斯开始计划远征马赫迪耶的时候，他毫不犹豫地任命这个杰出的年轻黎凡特人为副帅。

乔治马上就证明这项任命是明智之举。他通过我们不知道的方式，快速地成功降服了迪马斯城堡的指挥官。在抵达的第三天，西西里军队没有经过战斗便获得了该城堡，还留下了自己的守军——据蒂加尼估计有 100 人。这的确是一次胜利，但很快就会变成失败。在阿里死后的两年里，他的儿子哈桑虽然仅有 14 岁，但是已经成功地在全国大部分地区树立了自己的权威，而这次无缘无故的入侵——他似乎与攻击尼科泰拉一事无关——正好让他建立威信。西西里舰队甫一靠近，他宣布进行吉哈德（对异教徒的圣战）。7月26日，在登陆后的第四个晚上，他发动了攻击。在夜色的掩护下，他的军队悄悄向北移动。随后，编年史家告诉我们，伴着一声突然的"真主至大"的叫喊，地动山摇，他们挥舞着旗帜进攻迪马斯城堡。

我们再一次不得不依赖更晚的阿拉伯史料来讲述接下来的战事，尽管蒂加尼照搬了哈桑得胜之后的官方报告。他的以下说法可以被质疑，却不能被完全否定：入侵的军队完全陷入了混乱，士兵径直奔回舰船，而受到惊吓的骑士只能割开战马的喉咙，以不让它们落入撒拉逊人之手。似乎可以确定，罗杰和他的顾问们再次失算了。他们对舰队感到骄傲，却忽视了陆军，他们还低估了非洲敌手的实力。这是他们在5年内遭受的第二次羞辱，这一次还是被一个只有14岁的孩子打败的，他们失去了荣耀，还失去了一次好机会。

他们安全地登船之后，驶到哈桑的弓箭手的攻击范围之外，此时西西里军队的士气有所恢复，这足以让他们重新评估现况。他们现在关心的是仍在坚守迪马斯城堡的守军。克里斯托都卢斯不想让他们听天由命，不想放弃营救。他带着舰队在海岸附近游弋，等待时机，却是徒劳。穆斯林意识到西西里舰队的打算，便一直对城堡维持着警戒。最后，由于舰队的补给开始短缺，他见前途无望，便下令撤离。他的舰队迎风扬帆，向北方远去。在整个不光彩的战役中，只剩下守军来显示第一缕也是最后一缕西西里精神的火花了。所有花钱保命的企图都被拒绝，他们只好以更勇敢的方式献身。他们尽可能地坚守，然后在 8 月 10 日，由于食物和水的供应告罄，他们手握刀剑，从迪马斯城堡冲出来，然后被屠杀殆尽。同时，他们回程的同伴们再次遭遇了坏天气，丢掉了很多船。一个月之前从马尔萨拉秘密驶出的 300 艘船，最后只剩下 100 艘——按照哈桑的说法——回到了西西里。

几乎在一夜之间，年轻的哈桑就成了伊斯兰教的英雄，从科尔多瓦到巴格达的诗人都在颂扬他。他对宣传工作的欣赏以及处理事情的方法，使他成为远超时代的统治者。另一方面，罗杰的声望大大受损了，需要长时间才能恢复。这是他在位期间的第一次重要军事行动，也是他第一次试图证明自己是欧洲的强权而在国际舞台上冒险，却以惨败告终。他没有找替罪羊。应该为此次灾难负担大部分责任的克里斯托都卢斯，从此时起在影响力上有所减弱，但是他既没有失宠，也没有被解职。而安条克的乔治在战役初期占领了迪马斯城堡，这虽然短暂，却是战役中唯一的胜利，他声誉大振。无论如何，这次战役对西西里的所有基督徒来说都是一次残酷的打击。一个同时代的阿拉伯史家[1]记载，有人亲眼见到一位"法兰克骑士"在罗杰的接见室中撕扯自己的胡子，直到血流满面，他誓要复仇。伯爵自己的感情虽然没有表现出来，但他的感觉必定也是一样的。他的性格中有强烈的报复心，他不会忘记伤痛。但他也是个有耐心的人，不打算冒再次损失名声的风险发动第三次进攻——至少不是现在。他与哈桑的敌对持续了很多年，不过敌对的方式比较散漫。罗杰在 1128 年同巴塞罗那伯爵雷蒙结盟，主要针对西班牙的阿摩拉维德王朝，而不是齐里王

1　Abu es-Salt, quoted by Amari, *Storia dei Musulmani di Sicilia*, vol. Ⅲ, p. 387.

朝，结果，最后还是一无所获。此后，他把心思放在别的地方。他还要再经历许多胜败，在二十几年之后，安条克的乔治才会带着他的旗帜骄傲地进入马赫迪耶，最后创造历史。

22

重新统一

萨莱诺、特罗亚、梅尔菲、韦诺萨这些失去了领主保护的公爵领城镇，都被人以暴力攻破了。而且每个人都以自己喜欢的方式来统治，因为没有人会对他说不。他们不用担心遭到惩罚，所以越来越放肆地去干那些邪恶的勾当。不仅旅行者要担心自己的性命，而且农民在自己的田地上也无法保证安全。我还能说什么呢？如果上帝不让吉斯卡尔的血脉继续掌握公爵的权力，那么整片土地肯定就会因暴行和罪恶而消亡。

——泰莱塞的亚历山大，第 1 卷第 1 章

在罗贝尔·吉斯卡尔去世后的 40 多年里，普利亚公爵领的气数一直垂直下滑。罗杰·博尔萨悲惨地踏着其父的脚印艰难前行，他已经尽全力去保持公爵领的完整，而且在 1098 年卡普阿投降[1]后，他对整个南意大利保持着名义上的控制——这超越了罗贝尔的成就。但是他在卡普阿的成功和其他的成功一样，因为有他

1　见第 295 页。

叔叔西西里伯爵的帮助才能获得，不过他叔叔一直要求得到土地以作为回报。伯爵去世之后，可怜的普利亚公爵发现自己失去了大部分西西里的援助，他的领地开始以前所未有的速度解体，并陷入无政府状态。罗杰·博尔萨于 2 月 1 日去世，此后一周左右，他的老敌人博希蒙德也去世了。而在 10 天之前，教皇帕斯卡尔被亨利四世囚禁，他仍在徒劳地寻求诺曼人的援助。罗杰·博尔萨被安葬在父亲在萨莱诺的教堂里，他的墓在教堂的南廊，用的是一个 4 世纪的石棺，棺上不合适地雕刻着狄俄尼索斯（Dionysus）和阿尼阿德涅（Ariadne），不过石棺上还有同时代的浮雕，刻着墓主的形象。总的来说，虽然他作为统治者有不足之处，却不失为一个善良正直的人，不过，他的死并没有在他的直系亲属以及受他捐赠的教堂和修道院之外受到广泛的哀悼。对他的哀悼，最特别的是在萨莱诺附近的拉卡瓦修道院：直到今天，人们还每天晚上在教堂里为他的灵魂安息而祈祷。[1]

他的 3 个儿子中最小而且唯一活下来的威廉继位，由其母佛兰德斯的阿莱纳（Alaine of Flanders）摄政。此时比以往更需要强大的手腕，国事如此，可谓不幸，博希蒙德的去世则让这不幸雪上加霜。如果他还活着，他可能会控制并拯救公爵领。博希蒙德死后，他的遗孀法兰西的康斯坦丝（Constance of France）坐在塔兰托的宝座上，代表他们的儿子博希蒙德二世（Bohemund Ⅱ）进行统治。因此国家陷入混乱。一位意志强大、态度坚决的皇帝在罗马城外数英里处扎营，并囚禁了教皇。南意大利在名义上由

---

1 在一封写于 1966 年圣瓦伦丁日的书信中，修道院的档案保管员、本笃会修士多姆·安杰洛·米夫苏德（Dom Angelo Mifsud）写道："拉卡瓦的修士们对他们那位杰出捐助人的感激从未停止，也从未中断。"

3 个女人——阿德莱德、阿莱纳和康斯坦丝——统治，她们都是外国人，其中的两位根本没有管理或从政的经验。按照事情发展，普遍的士气低落和无希望的氛围应该会发展成反诺曼人的声浪，尤其是在伦巴第人之中。有人会问，这些强盗给意大利带来过什么好处吗？他们来到这个国家之后，几乎每年都有城镇被蹂躏、庄稼被损坏的事情发生，南意大利那血腥又暴力的悲惨史册上又要添上新的一页。他们破坏了旧的伦巴第遗产，事实证明，他们无法在这里建立任何持久的东西。这个国家仅有一个被救赎的可能性——亨利皇帝，他成功地解决了教皇的问题后，现在无疑要把注意力转向诺曼人。

　　而亨利没有这样做。他率军北返，而非朝南前进，帕斯卡尔——现在重获自由，并且随着皇帝日渐远离罗马而信心日增——与他唯一的南方盟友诺曼人的关系比以往更加紧密。教皇对他们的依赖，在托斯卡纳的玛蒂尔达 1115 年以 70 岁高龄去世后进一步增强。与此同时，普利亚公爵领还在继续衰败，摄政阿莱纳也于 1115 年去世了。萨莱诺大主教罗穆亚尔德（Romuald）描述她的儿子威廉"慷慨，友善，谦逊而有耐心，虔诚又仁慈，深受人民爱戴"，而且威廉似乎非常尊重教会和教士。不幸的是，善良的大主教用同样的话赞美过罗杰·博尔萨。不久之后，威廉表现出灾难性的无能——他甚至还不如其父。罗杰·博尔萨至少曾试图让人感受到他的存在，而且在叔叔的帮助下，他偶尔还能取得成功，威廉则无法做出任何努力。当亨利五世在 1117 年再次南下罗马时，威廉无法做任何事情去帮助在 3 年前确认其统治权和头衔的教皇，可怜的教皇只好向卡普阿而不是向萨莱诺求援。威廉在自己的统治区内也没有什么实际影响力。在整个南意大利，他的封臣将法律掌握在自己手中，到处都在发生争执。最后，在巴里发生了一场旷日持久的内战，最终巴里大主教被杀，康斯坦丝公爵夫人被囚，篡位者格里莫尔德（Grimoald）即位，但是吉斯卡尔之孙只发出了一次象征性的抗议。

见 1121 年的局势如此混乱，西西里的罗杰认为是时候介入了。他决定介入的原因不得而知，其行动范围也不清楚，虽然可以推测，他首先针对的地区应该是为报答他父亲的效劳却还没被他获得的卡拉布里亚的地区。但是不管细节是什么样的，此次远征比罗杰所期望的要成功。新任教皇加里斯都二世（Calixtus Ⅱ）竭尽所能地帮助他那无能的邻居抵御日益增长的西西里的威胁，而罗杰无视了教皇的哀求，在接下来的 12 个月里操纵他的堂兄弟达成了不少于 3 份独立的协议。这不难做到，因为威廉不仅在军事上很弱，还非常缺钱，所以难以组织一支军队。罗杰则喜欢用钱做买卖，而不是用刀剑。因此，这 3 份协议似乎都是在大量资金的基础上达成的。最后一份协议实际上基于威廉的求助，而当地的一位编年史家[1]关于此事的记载透露了公爵自己的性格和公爵领的状况。

[威廉]见到西西里伯爵之后，他哭着说："尊贵的伯爵，我请您看在我们的亲戚关系上，用您大量的财富和强大的实力帮帮我吧。我受够了[阿里亚诺的]约尔丹伯爵做的坏事，我请您帮我报仇。前段时间我去努斯科（Nusco）城的时候，约尔丹伯爵率领一队骑士从大门出来，威胁我，侮辱

1　Falco of Benevento.

我，还叫喊"我要剪短你的大衣"，之后夺走了我在努斯科的领地。因为我没有足够的力量来对抗他，所以我不得不忍受他的罪行，但是现在我等不及要复仇了。

罗杰一如既往地开出了价码。至 1112 年夏，他已经获得了以前不属于他的卡拉布里亚的全部——先是以高达 6 万拜占特的价格抵押给他，后来则是直接交给他。他还获得了在理论上还属于公爵的巴勒莫和墨西拿的一半。即便如此，他仍在对堂兄弟施压，尤其是在半岛靴子足弓处的蒙特斯卡廖索（Montescaglioso）附近的领地。不过，他最初的目标已经实现了，至于其他的，他还能再等等。

他等待的时间不会太久。在接下来的两三年里，威廉公爵和他的伦巴第妻子显然不可能再有孩子，而且威廉认为自己可能会早逝。无论如何，他在 1125 年接受邀请，去墨西拿与伯爵见面，一起商讨公爵领的未来。威廉在墨西拿得到一笔不菲的资金，作为回报，他正式承认罗杰是自己的继承人。

1127 年 7 月 25 日，普利亚公爵威廉在回萨莱诺的路上去世了，享年 30 岁。深爱着他的妻子盖特尔葛丽玛（Gaitelgrima）剪下自己的长发，放在他的遗体上。随后他和父亲一样，被放入一个古代的石棺，被安置在主教座堂中。[1] 和罗杰·博尔萨一样，威廉作为一个普通人似乎非常受欢迎，憎恨诺曼人以及他们所代表

1　石棺是古罗马的，制作于 3 世纪，正面有墨勒阿革洛斯（Meleager）和野猪的浮雕。它现在位于主入口外面的拱廊下方。

的一切的伦巴第史家贝内文托的法尔科（Falco of Benevento）为我们留下了一则感人的记载，谈到成群的萨莱诺居民来到宫殿，最后一次看看他们的统治者，他受到的哀悼比之前任何公爵或皇帝都多。但是威廉的行为配不上他的名字和宝座，随着他的去世，繁盛一时的普利亚公爵领黯然走到了终点。

他死的时候和他活着的时候一样缺乏能力。这是因为，他含着最后一口气对卡西诺山、拉卡瓦修道院和其他喜爱的机构进行遗赠时，无论是不是故意的，他好像忘记了正式确认让罗杰继位的承诺。他在遗嘱中确实没有提这个问题。更糟的是，他急切地想取悦所有人，因此在别处也做出了类似的承诺。按照一份报告，[1] 垂死的公爵出于虔诚，将所有的地产都赠予罗马教廷，以为他的遗赠活动画上圆满的句号。伟大的"海外"史家提尔的威廉记载，威廉公爵在 1126 年前往圣地之前与博希蒙德二世订立了一份协议，按照协议，如果先去世的那位没有子嗣，其领地就属于另一位。因此，罗杰在堂兄弟去世后发现自己没有按照期望成为南意大利唯一的、没有争议的继承者，却只是数位争夺者中的一位而已。

直至此时，博希蒙德仍远在他处，无法制造麻烦。但是教皇霍诺留二世[2] 很难被忽略。因为在 60 多年里，自亚历山大二世发现让罗贝尔·吉斯卡尔与卡普阿的里夏尔彼此相争能从中渔利之后，教皇的政策一直就是不让诺曼人联合起来。霍诺留出身卑微，

1　泰卢昂讷的瓦尔纳（Walter of Thérouanne）为佛兰德斯伯爵查理写的传记佐证了奥德利库斯·维塔利斯在其作品第 12 卷第 44 章的记载。

2　不要把他和同样叫作霍诺留二世的对立教皇混淆了，后者是在 60 多年前弄乱亚历山大二世生活的那一位。

但是颇有能力，他充分意识到，如果允许西西里伯爵控制其堂兄弟的领地，就会把有影响力的、顽固而有野心的统治者带到教皇国的门口，从而带来危险。此外，作为整个南意大利的宗主，他无须对威廉公爵的遗产提出自己的主张。如果他能证明罗杰的继承权是无效的，普利亚公爵领就会自动属于教皇。他也相信自己可以获得诺曼贵族们的支持，有一些贵族已经趁威廉公爵去世正式宣布了他们实际上长期以来享有的独立地位，还有许多贵族决心阻止西西里伯爵用坚定而有力量的双手重组普利亚公爵领。

罗杰知道，要对付这样的敌手，最好的做法就是在教皇及其盟友面前摆出既成事实。他在8月初迅速召集一支由7艘船组成的舰队，赶到萨莱诺。萨莱诺待他很冷淡。人们普遍为威廉的死而悲伤，却并不妨碍一个反诺曼人的集团控制整座城市，反诺曼人的集团对罗杰关上了城门。罗杰的发言人声称，他前来告诉他们，他的主人是为和平而来，是为了获得由前任公爵亲自确认的公爵领继承权而来。萨莱诺人则简单地回复说，他们已经在长时间内受够了诺曼人的统治，无法再继续忍受下去了。但是伯爵不会接受"不"的回复。日复一日，他以冷静的意志重申自己的要求。气氛越来越紧张，城市的长老们开始还很礼貌，后来也心生敌意。但是，即使罗杰的一位主要谈判代表被萨莱诺暴民杀害，他还保持着冷静。他的船一直停在城市附近，稳稳地停泊在海湾里。

最后，他的耐心得到了回报。他不久设法与城中大主教罗穆亚尔德所领导的亲诺曼派秘密取得了联系，大主教一方最终说服了拒不服从的市民们投降，因为投降是迟早的事。在当时的环境下，萨莱诺无论如何也不可能独立，而现在伯爵准备提供有利的条件，而不是像半个世纪前他叔叔占领该城时那样冒险围城，此时的明智选择肯定是协商谈判。所以，萨莱诺人在第 10 天派人去谈判。他们承诺，接受罗杰为他们的公爵，但有 3 个条件：一、要塞和城堡要掌握在他们手中；二、他们永远不参加距离萨莱诺有两天以上路程的军事义务；三、不经过合理的审判，不得关押任何萨莱诺人。罗杰没有时间可以浪费，他接受了条件。城门开启，罗杰安排了入城仪式，由传统上为萨莱诺的王公主持即位仪式的卡帕奇奥（Cappaccio）主教主持，主教为罗杰施涂油礼，使他成为普利亚公爵。这是一次几乎没有流血的胜利，一次耐心和外交的胜利——这是罗杰最喜欢的方式。随后，阿马尔菲也立即以同样的方式屈服了。

同时，阿里菲（Alife）伯爵雷努尔夫，也就是罗杰的同父异母姐姐玛蒂尔达的丈夫，匆匆往南去迎接他的妻弟，承诺支持罗杰。他想要的回报，就是附近的阿里亚诺（Ariano）伯爵的宗主权。这个请求很适时，阿里亚诺伯爵约尔丹是迫害威廉公爵的人，他在前一周就被杀死了，而且他的儿子也无力抵抗。罗杰不想看到雷努尔夫，他有充分的理由不信任雷努尔夫，但他又需要后者的帮助，所以他同意了。这是一个会让他后悔终生的决定。

霍诺留教皇正在贝内文托密切注意事态的发展，罗杰取胜的消息让他措手不及，但他还是做出决定，向位于萨莱诺的罗杰送去消息，正式禁止他接受公爵之位，否则就将他逐出教门。他其实不用这么麻烦，因为在他抵达的两天之后，罗杰就率领 400 名骑兵出现在贝内文托城外。这是他在一周之内让教皇第二次吃惊了，但是现在罗杰自己也很吃惊。他之所以会去贝内文托，似乎是要回应城内的一些支持者的消息，该消息祝贺他继承公爵之位，并向他表达了良好祝愿。这或许鼓舞了他，使他认为这个教皇势力在南方的前哨站也会为他所有——霍诺留居然还在宫殿里，这必定让他有些讶异。

罗杰心想教皇还有可能承认他，所以没有必要挑战教皇。但是霍诺留和萨莱诺的居民不一样，争论、承诺和贿赂都无法打动他。如此一来，在贝内文托拖延毫无意义。罗杰命令站在他这边的当地贵族骚扰贝内文托及附近的地区，以拖住教皇的军队，直至得到下一步指示，然后他自己带军队出发前往特罗亚。特罗亚是普利亚的门户，也是诺曼人最早在意大利取得胜利的地方之一，他经过这里到达梅尔菲，也就是他新得的这块公爵领在将近一个世纪之前开始那段不明朗的历史的地方。他骑马前进时，必定凝视着蹲伏在普利亚平原远处暗色的加尔加诺山，大天使山洞就藏在山的深处。罗杰可能是听着马拉泰拉笔下的历史故事长大的，他第一次看到这块熟悉的土地后，可能就坚信，只有他才是将要统治这里的人。在他路过的城乡，当地人民似乎也是这么想的。他继续沿山脚向东南前进，到处都是向他效忠的欣喜之人。8月底，他带着一群主教、贵族和要人，包括他的两位埃米尔——克里斯托都卢斯和安条克的乔治，到达蒙特斯卡廖索。他在忠诚的卡拉布里亚缓慢前进，最后到达雷焦，他的卡拉布里亚臣民在此庄严地对他效忠。冬季来临之前，他回到了西西里。

罗杰在整个公爵领接受的接待之温暖出乎他的意料，他离开萨莱诺时，认为自己的位子已经很稳固了。只有教皇还在对抗他，用不了多久，教皇肯定也会看清大势。就算教皇不屈服，他在南意大利哪怕一个强大的盟友都没有，能成什么气候呢？所以罗杰肯定想好了，否则他绝不会冒险回到西西里而把此地留给敌人。

　　罗杰闪电般的进展给他提供了意想不到的优势，但是这么快的速度也裹挟着危险。他停留过的城镇，还有在他所到之处拥有领地的贵族，均没有机会观察情况，也没有机会彼此相商。所以他们没有做好准备，也没有下定决心，他们实际上只是被迫对罗杰的要求做出口头承诺而已，他们知道，在得到教皇的承认之前，他们的封臣义务是无效的。罗杰则带着成功的喜悦，选择相信他们。

　　霍诺留的步伐慢了下来，罗杰的支持者在贝内文托周围进一步阻碍了他，但是他在寻找支持者上面却没有浪费时间，到10月底，他已经联合了南部的主要贵族来支持自己，这些人有：巴里的格里莫尔德，孔韦尔萨诺的亚历山大、罗贝尔、坦克雷德，安德里亚的杰弗里，阿里亚诺的罗杰，还有罗杰的姐夫阿里菲的雷努尔夫——他刚在两个月之前向新公爵宣誓效忠。同时，特罗亚居民在他们的主教威廉[1]的领导下，已经改变了立场。可憎的霍诺留一行11月在特罗亚集合，这些人的背叛和不忠由来已久，他们在教皇面前庄严地结盟，宣布反对篡位者。数周以后，他们的势力得以增强：卡普阿的罗贝尔二世投向教皇，他刚刚继承其父的亲王之位，并于12月30日加冕。法尔科告诉我们，罗贝尔二世是一个孱弱的人，"因为体质柔弱，所以他无法承担劳动或艰苦之

1　威廉主教的肖像仍旧可以在特罗亚主教座堂的铜门上看到，此肖像可以追溯到1119年。附近有一则奉承的铭文，把他描述为"国家的解放者"（Liberator Patriae），它还提到，"在萨莱诺公爵威廉去世的那年，特罗亚的人民为了自由，破坏了城堡，还用墙壁和栅栏加固了城防"。

事"。但是霍诺留大喜过望，他想重新恢复普利亚和卡普阿之间的势力平衡，决心充分利用这个机会。法尔科简洁地指出，霍诺留在贝内文托没有捞到什么好处，之后又亲自去卡普阿参加仪式。在卡普阿，他对着聚集起来的罗贝尔的封臣，发表了一次热情洋溢的演讲，滔滔不绝地历数罗杰的人对贝内文托人所犯下的暴行，然后宣布将伯爵革出教门，并宽恕所有拿起武器反抗罗杰的人。这场运动开始具备所有十字军运动的特征。

远在巴勒莫的罗杰已经意识到了自己的错误。如同3年前在北非的事务一样，他再次低估了对手。但是这一次他没有那么在意。即使教皇联军已经集结了军队，他还试图通过交出两座城镇（特罗亚和蒙特弗斯科〔Montefusco〕）和一大笔钱的方式来收买霍诺留——这是他的典型做法。这些措施失败之后，他才开始认真备战，而且他也没有特别匆忙。直到1128年5月，他才率领约2000名骑士和1500名弓箭手返回意大利本土。根据他的谋划，在他向北带着主力迎战敌人之前，先要确保他对公爵领南半部的控制权，这里也是联军的势力最弱的地方。他迅速穿过他的头衔无可置疑的卡拉布里亚，直接攻击意大利的靴跟部，这是他的堂兄弟博希蒙德在前往圣地之前交给教皇和孔韦尔萨诺的亚历山大共同管理的地区。这是一个明智的决定，塔兰托、奥特朗托和布林迪西未经抵抗便投降了。6月中旬，罗杰稳稳地控制了布林迪西至萨莱诺一线以南的所有地区。

与此同时，教皇碰到了严重的问题：阿里菲的雷努尔夫和卡普阿的罗贝尔威胁要退出联盟，雷努尔夫是为了个人利益，罗贝尔则是因为胆怯——罗杰的支持者已经增加了对贝内文托的压力。霍诺留确定了盟友并率领他们去解围之时，已是夏季中旬了。他要先解决贝内文托的困境，然后才能集中精力对付普利亚的罗杰。7月初，教皇率军出现在巴里地区，却没有见到敌人的半点踪影；随后他们转向西南，前进至布拉达诺河（Bradano）的某个地方，具体是哪已不可知。这里河水不深，河床中遍布石块，渡河很容易。教皇在这里看到了等着他的西西里军队，他们在河对岸的山冈上严阵以待。

罗杰占据了地利。他的军队精神饱满，还经过了休息，他的撒拉逊部队急于求战。不过按照罗杰的通常做法，他拒绝发动进攻。阿谀奉承的泰莱塞的亚历山大提示说，这是因为对教皇的崇敬阻止了他——这可能性极小。更有可能的解释是，教皇军队的规模加上罗杰天生就厌恶不必要的流血，所以罗杰确信有更好的手段能实现他的目标。他是对的。双方对垒了一个多月，教皇一方引诱西西里军队离开有利地形的企图一个又一个地失败了。同时，霍诺留征来的封建兵员只能在每年的固定时间内服役，他们越来越躁动。和常见情况一样，联军的不同成员之间爆发了争执。不仅如此，7月的酷暑正毫不留情地袭击教皇那缺少防护的营帐。罗杰从对面的山冈上见教皇暗中试图撤退，便能想象到教皇的狼狈相。所以他在某天晚上接到教皇想要谈判的消息时，也并不惊讶。

霍诺留的确别无选择。他现在才明白罗杰早就清楚的事：因为他的联军是分裂的，所以难以长久，联军的成员们惯于保持独立，习惯了没有法律约束的环境，因此他们很难为了共同的事业而求同存异。他们争得都快掐着对方的脖子了，说不定下一个遭殃的就是教皇。而卡普阿的罗贝尔和料想的一样病倒了，正躺在营帐中呻吟，他也不是唯一一个表示要放弃抗争的人。教皇见他面前是一个强大到无法打败的对手，但他这边又有太多道德权利，所以难以释怀。可以肯定，南意大利需要和平，尽管只要公爵领不属于罗杰，他就必定会打破和平，但是给他机会的话，他或许就是最有可能带来和平的人。让这样强大的人物当邻居肯定很危险，但是这风险是必须承担的。

在谈判时，教皇一方是教皇的秘书兼新圣母教堂（Church of S. Maria Novella）的枢机主教艾默里（Aimeri）[1]，罗杰一方是琴丘斯·弗兰吉帕尼（Cencius Frangipani）。双方在高度保密的情况下于夜晚谈判，这可以理解，毕竟霍诺留希望在达成协议之后再让盟友们得知他们遭到背叛的消息。他是一个骄傲的人，现在的所思所想只是为了挽救自己的颜面；他似乎在不遗余力地去为任何人争取条件。罗杰知道自己想要什么：像以往一样，让罗杰以教皇封臣的身份被正式授予普利亚公爵的头衔，不附带其他约束条件。如果能被授予该头衔，且他的个人尊严也不会受损，那么他准备如霍诺留所愿。他也不想羞辱霍诺留，因为没有必要。双方就此达成一致。双方在当地没有什么动作，但是如果罗杰亲自到贝内文托，正式请求教皇向他授职，请求则不会再被拒绝。教皇亲自让联军的贵族们停止抵抗，并劝说他们停止复仇，散去怒火。霍诺留前往贝内文托，等他的杰出访客。

罗杰早在 8 月 20 日便抵达了，并且在城外的圣费利切山（Monte S. Felice）安营扎寨。双方又花了 3 天时间商议各种细节，罗杰愿意让他在数月之前交给教皇的特罗亚和蒙特弗斯科这两座

1　艾默里是法国人，我选择用他的法语名字。他通常被称为"艾默里克"（Almeric）或者德语式的"海默里克"（Haimeric）。

城镇继续属于教皇，还愿意发誓尊重教皇在贝内文托的地位。如果教皇坚持的话，罗杰还愿意保证卡普阿继续独立。这最后一项可怜的让步，对霍诺留来说是为了维持他心心念念的传统势力平衡，却肯定让罗杰气恼，而卡普阿的罗贝尔必定花了很多时间以保证此事成立。不过，该问题在此时已经不重要了，若有必要，可以稍后再议。

8月22日晚，所有的事情都已安排妥当。然而，伯爵只在一件事上不肯妥协：他拒绝在教皇的领地内举行仪式。所以双方商定，罗杰在贝内文托城外萨巴托河（Sabato）的桥上会见霍诺留。根据法尔科的记载，日落后不久，无数火把照亮夜空，在2万名观众的眼前，教皇将枪和旌旗授予罗杰，正如近70年前教皇尼古拉向罗贝尔·吉斯卡尔授予爵位之时一样。保住了头衔的普利亚公爵将手放在他领主的手上，宣誓效忠。和罗贝尔的时代一样，普利亚、卡拉布里亚和西西里再次统一在一位统治者的治下。罗杰只有32岁，还需要走的台阶只剩下最后一级了。

23

加　冕

就这样，公爵以王家的礼仪被引入主教座堂，被施以涂油礼，并被授予公爵之衔，其荣耀之辉煌、服饰之华美，非言语所能传达，非想象所能体会。在观者眼中，仿佛世界上所有的财富和荣耀都集合到一起了。

——泰莱塞的亚历山大，第4章

教皇将以前属于罗贝尔·吉斯卡尔的领地授予罗杰，相当于承认了自己所受到的打击，然而并不是所有南意大利的贵族都准备这么轻易地投降。谁都看得出来，新任公爵很聪明，甚至比他的叔叔还要聪明。但在另一方面，他的军事才能仍相当可疑。即便在第一次介入大陆事务的时候，他也尽量避免进行真正的战斗。他接二连三的胜利是通过贿赂、外交、迅速的行进或缓慢的消耗等方式实现的，他仍然需要用实际行动来证明自己作为军人的能力。此外，即便是吉斯卡尔也无法保证领地内的长久和平，也无法有效管理西西里。加上了意大利本土的领地之后，罗杰的公爵领是如此宽阔（而且他明显无意迁都），他发现实行自己的权威更加困难了。在军事上，他的授职仪式没有多少意义。或许他在此之后可以得到教皇的支持，但是最近发生的事件已经表明，教皇的支持在实际权力上没有多大作用。虽然能共安乐的朋友在南意大利到处都是，他们会在罗杰身边点头哈腰，但是待到危机来临，怕是整个半岛上连一个忠诚的村镇都找不到。因此，贵族们和普利亚的城市再一次起来反抗他们的领主。在教皇霍诺留将罗杰的领地封给他的那个有历史意义的夜晚，他的新领地业已处于武装和公开反叛的状态。

罗杰开始习惯于这种事态。按照他的性格，他用管理者的眼光而不是军人的眼光来看待他的公爵领。他还知道，普利亚的领地很庞大，它的传统就是讨厌中央集权，管理它的话，会遇到比管理西西里更棘手的难题。他的工作就是完成他叔叔没做到的事，也就是在数个世纪以来第一次对整个南意大利实行强大而有效的统治，将统治牢固地建立在法律基础上。而这样的工作不可能在一朝一夕完成。但是罗杰也知道，已经制造了麻烦的独立精神同样会提供解决问题的可能性，因为它会保证他的敌人不会联合到一起。即使在教皇的领导下，他们也不能同心协力，现在他们连教皇的领导也没有了，便会更加无能。夏季的几个星期里，罗杰仍在巩固自己在北部的地位。随后冬天到来，他经由萨莱诺返回西西里。

他在1129年春返回，还带着3000名骑士和6000名步兵，其中包括弓箭手和他的撒拉逊军团。接下来的战役按照他的计划进行。布林迪西在他那能力卓著的堂弟孔韦尔萨诺的杰弗里[1]的领导

1　在泰莱塞的亚历山大的笔下，这位杰弗里被简单记为"亚历山大伯爵之子"，他有可能是克莱蒙家族而不是孔韦尔萨诺家族的人，但是后者的可能性更高。

下抵挡住了他的攻击，直到围城者因饥饿而撤退，但是能进行有效抵抗的城镇只是极少数。罗杰的军队沿海岸前进，一路横扫抵抗者。安条克的乔治率领 60 艘战舰封锁了巴里，巴里的那个自封的亲王格里莫尔德是叛军中最坚决、最强大的一个，却不得不在 8 月初投降。他投降之后，孔韦尔萨诺的亚历山大、坦克雷德和杰弗里也接连投降，反叛结束了。

可是还差一点点。仅剩最后一座重要的城市仍未放弃抵抗：特罗亚。不到两年之前，因为特罗亚居民的支持，教皇承认他们为一个公社（commune），他们现在不愿放弃刚刚获得的待遇。既然霍诺留背叛了他们，他们就绝望地寻找其他保护者。他们首先向卡普阿寻求帮助，但是和预想的一样，罗贝尔亲王不愿对抗新任普利亚公爵，这也可以理解，毕竟大部分别的贵族也站在同样的立场上。特罗亚人差不多要放弃寻找帮手的时候，突然有一人出现在特罗亚城外，他从不会拒绝获得采邑的机会，也不想此事会对他不利。这就是罗杰那位叛逆的姐夫——阿里菲伯爵雷努尔夫。雷努尔夫提出控制特罗亚，以换取他的保护，特罗亚人迅速答应了他，雷努尔夫一行便进了城。但是在几天之内，他的新臣民就发现自己太轻率了。罗杰已经在行军的路上，他没有直接前往特罗亚，因为没有必要。对周围的一座城堡发动攻击就够了，因为他知道这会让雷努尔夫匆匆向自己提出讲和的请求。他和雷努尔夫很快便达成了协议。按照协议，阿里菲伯爵可以继续控制特罗亚，前提条件是成为他妻弟的封臣。双方对这个安排都非常满意。只有特罗亚的市民发现他们需要效忠的领主从一个变成了两个，叫苦不迭。他们只能自己吞下苦果。如果他们多了解雷努尔夫一点，可能会猜到他不会抵抗公爵，也会知道他的想法只是为了提高自己的地位。但是现在太迟了。特罗亚遭到了两次背叛，抵抗了几天，就不可避免地投降了。

罗杰居然饶了公然背叛的雷努尔夫，这似乎很令人惊讶，更何况后者在过去两年里有过数次劣迹。其实，虽然阿里菲伯爵很狡猾，但是比起听劝说而接受罗杰统治的封臣，他的忠诚度不会更低，如果亲戚关系的纽带有些作用的话，甚至还要更高一些。罗杰的任务是获得他们的支持，而不是与之为敌。事实上，他对姐夫的态度是他打败叛乱者之后的典型处理方式。至少在表面上（因为没人知道他的内心想法）他对他们没有恨意。只有一两次——在布林迪西，或者次年在萨莱诺——他让西西里军队驻防在当地的堡垒中，以避免再次出现针对他权威的叛乱。但是在其他地区，他完全原谅了发动叛乱的领主，确认了他们原有的领地，甚至巴里的格里莫尔德也享有此待遇。

只有对自己军队中的背弃者，公爵才会表现出绝不放过的意思。数周之前，他的表兄弟格兰特梅斯尼尔的罗贝尔（Robert of Grantmesnil）[1] 率领手下撤出了对蒙塔尔托（Montalto）的围城行动。外在原因是他采邑太小，无力承担长期的战役。封臣抱怨对其领主的服役时长是很常见的事，而且这确实经常会带来困难。但是这也是封建体系的基石之一，无法改变。罗杰心怀同情，他甚至保证，只要叛乱结束，他就会扩大罗贝尔的领地。但是罗贝尔还是背叛了。罗杰与教皇讲和之后，就追击罗贝尔，直至罗贝尔在拉格佩索勒（Lagopesole）的城堡投降。在成群的骑士面前，

1　格兰特梅斯尼尔的威廉和吉斯卡尔之女马比拉（Mabilla）的儿子，不要把他和另一位同名者——罗杰一世的首任妻子朱迪丝的监护人相混淆。

罗贝尔被迫接受了公开的惩戒。随后罗贝尔提出让自己返回诺曼底，罗杰接受了，前提是声明放弃其在南意大利的所有封地。罗杰又花了一年，才通过另一场战役将这位制造麻烦的伯爵从意大利除掉，但是罗贝尔为他的同伴们树立了一个很好的例子。封臣一旦发誓效忠他的领主，他就负上了一定的义务。只要罗杰二世还是普利亚公爵，封臣就必须承担这些义务。

1129 年 9 月，罗杰公爵终于建立了牢固的权威，他召集所有的主教、修道院院长、普利亚和卡拉布里亚的伯爵们到梅尔菲的一个庄严的宫廷中，这是见证他统治的一系列宫廷中的第一个。这次集会的目的是为他未来在南意大利的统治奠定基础。根据要求，罗杰的每个封臣都要轮流当着其他封臣的面起誓，封臣不仅要确认自己的封建义务，还需发出进一步的誓言，以让他们保持安分。该誓言的具体内容已经失传，但它似乎由三部分组成。誓言的开头是通常的宣誓效忠和服从，先对公爵本人发誓，随后向他身边的两个最大的儿子宣誓，大儿子罗杰差不多 11 岁，坦克雷德则要小一两岁。随后是对一道特殊的公爵法令宣誓，该法令禁止私相开战——这是骑士阶层的成员最喜欢的事情，他们通常把大部分时间精力都消耗在这上面。最后封臣们发誓，遵守规定，维持正义，不会支持小偷、强盗等罪犯，无论公爵的宫廷在何处都要向其效忠，还保证保护封建制度下的弱者、教士和俗人，以及所有的朝圣者、旅行者和商人。

这是一个简要的誓言，其意义比乍看上去的更加深远。一般而言，宣誓效忠就够了。不过有一点很有趣，罗杰特意让两个儿子加入宣誓活动，因此加强了两人在日后继位时的主张，这或许还暗示，他有可能在将来任命儿子为他在意大利本土的副手。他还明确指出，他对封臣的要求不仅仅是让他们正式效忠而已。在接下来的几年里，我们发现他一次次让他人就这则誓言发誓，不仅让贵族和骑士发誓，还让臣服于他的所有自由阶层都发誓，好似为了一次次提起他们的责任。他一直这样坚持，是不是想向高贵的、半神秘化的、师法自拜占庭的王权——他那东方化的精神非常向往它，而且他在之后的几年里成功地将它实现了——转化呢？这是有可能的。可以确信，无论他是不是有意为之，他都"为 12 世纪扩大化的谋逆理论铺好了道路，它对西西里君主制来说相当独特"。[1]

但是梅尔菲之会的真正重要性不在封臣誓词的第一部分，而是在第二部分。在过去，南意大利的贵族偶尔会发誓——通常有严格的时间限定——要尊重非骑士阶层的权利和财产，但是他们一直拥有世仇的权利，这样他们便可以，而且确实能通过这种方式就核心问题而开战。只有教皇颁布了名为"上帝的停战"（Treuga Dei）的谕令后，他们才会暂时休战。在最近的几年里，至少有 3 位教皇——乌尔班、帕斯卡尔和加里斯都——试图通过这种方式阻止普利亚陷入无政府状态，却都没有取得显著的成功，因为要维持这一谕令，需要相关各方完全地、主动地遵守发下的誓言。这一次则有所不同，世仇的权利从誓词中一劳永逸地剔除了，这在不包括英格兰和诺曼底的欧洲是独一无二的。废除世仇权利之后的誓词是向罗杰个人发出的，这样就实现了"公爵的和

---

1 Evelyn Jamison , 'The Norman Admination of Apulia and Capua'.

平"（Duke's Peace），他自己也因此承担了最高责任，这包括维持和平的责任，也包括惩罚扰乱和平之人的责任。誓言的第三部分提到要把犯罪之人交给公爵的宫廷，这清楚地说明，罗杰直到现在也无意单独依靠臣属的荣誉感。这就是他最开始的处罚条款，他打算以后再强化它。

梅尔菲的第一次大集会召开于 1043 年，当时先行的那一辈诺曼贵族，以罗杰的叔叔铁臂威廉为首领，以萨莱诺的盖马尔为宗主，将他们征服的土地分为普利亚的 12 个伯爵领，这已是很久之前的事情了。不过，此时或许还有一些生活在山区小镇的老人依稀记得 70 年前的那个 8 月，当时风头正盛的罗贝尔·吉斯卡尔从教皇尼古拉二世那里得到了 3 个公爵领。这些特殊时刻标志着南意大利诺曼人统治史诗中的新篇章。而现在是第三次。这一次没有授职仪式，没有领地的分配，但是对每个在场的诺曼骑士和贵族来说，这都清晰地预示着一个时代过去了，另一个时代刚刚开始。不可能所有人都欢迎它。旧的道路，也就是罗杰·博尔萨和他的儿子留下的混乱遗产，对整个地区的繁荣和安全来说是灾难性的，但是对于特权阶级而言，这些已经足够有利、足以获益了。现在南意大利拥有了一位足以进行强力统治的统治者，这是 45 年里的头一次。未来会变得不一样。

对罗杰而言可称为奇迹之年（annus mirabilis）的 1129 年，即将以进一步的胜利而结束。自卡普阿亲王里夏尔二世在 1106 年去世后，卡普阿的地位就变得很模糊了。8 年前，彼时的里夏尔承认了普利亚公爵的宗主权，以报答他在复职上提供的帮助，但是里夏尔的继承者似乎没有遵循他的做法，无论是罗杰·博尔萨还是威廉公爵都没能维护自己的宗主权。因此，卡普阿通过背约再次成为独立的国家——罗杰通过贝内文托的授衔仪式而获得的统治权已经让他受到了尊重，但是这种尊重能够在事实上维持多长时间是值得怀疑的。卡普阿虽然比往日弱小许多，尚且不能构成足够的军事威胁，却还是一块心病，阻碍着罗杰急于完成的一统南意大利的事业。幸运的是，问题解决了。年轻的罗贝尔缺乏勇气，他现在发现自己失去了所有盟友，便决定趁时机还不晚，找他的邻居协商，并自愿承认公爵是他的合法宗主。

这次主动的服从，令卡普阿有效地同普利亚公爵领再次结合起来，使罗杰成为没有争议的诺曼南意大利的主人，这标志霍诺留二世为了保持力量平衡所做的一切努力都失败了，或许会在罗马引发愤怒，但是在罗贝尔亲王屈从的消息传到拉特兰宫之时，霍诺留已经病得奄奄一息。在接下来的几个月里，也就是普利亚公爵获得他在位时最大奖赏的几个月，罗马教廷忙于其他事务，无法抽身。

犹太人的居住区自庞培（Pompey）时代便已存在于罗马。他们最初定居在越台伯河区，后来到中世纪，该居住区跨过河流，此时已占据了岛屿对面的台伯河左岸——教皇保罗四世（Paul Ⅳ）后来在这里划出一片犹太区（ghetto），当地的犹太会堂至今还在。在我们今天，它正在慢慢地从二战的灾难中恢复，没多少证据可以显出繁荣的景象。但是在 12 世纪初，因为犹太人拥有大笔财富，所以罗马的犹太人在这里拥有很大的影响力和特权。在主要的犹太家族中，最杰出的是皮耶莱奥尼家族，他们和历任教皇的关系很亲密，在一个世纪以前已经接受了基督教信仰。自那时起，他们就一直受到教皇的喜爱，他们服饰华丽，身份显赫，其经济地位和社会地位均已提高到很高的程度，丝毫不亚于罗马的显赫家族。

不过他们还缺少一项最重要的荣誉：皮耶莱奥尼家族还没有出过教皇。在这种环境下，没出过教皇是可以理解的，但是他们想要加以弥补。因此在数年时间里，他们的眼睛一直眼巴巴地盯着子孙中最杰出的彼得·迪·皮耶莱奥尼（Peter di Pierleoni），彼得正迅速爬上高位。他的品质很出色，他的父亲曾是格里高利七世非常信任的副手，他本人在巴黎向伟大的阿伯拉尔学习之后，在克吕尼修道院成为一名修士。1120 年，他被召回罗马，在他父亲的请求下，他被帕斯卡尔二世任命为枢机主教，先在法国出任教皇特使，后来又到英格兰，并在亨利一世国王的宫廷中受到了非常隆重的接待。亨利似乎十分喜爱他，如果马姆斯伯里的威廉的说法可信的话，枢机主教带着一大批财富返回罗马，以致罗马教廷的众人都感到吃惊。事实上，没有证据证明皮耶莱奥尼比同时代的其他教会人物更腐败，相反，他的虔诚和无可挑剔的克吕尼背景让他成为改革在许多方面的坚定支持者。[1]他能力强，意志坚定，而且野心勃勃。和教皇之位的其他潜在候选人一样，他也有敌人。在这些敌人中，最危险的是希尔德布兰德派，他们或许可以被称为罗马教廷的左派，他们担心皮耶莱奥尼家族的教皇会带着教皇制度重走老路，让它再次成为罗马贵族阶层的工具，甚

---

1 还有更坚决的高级教士提出了更直白的谴责，比如曼托瓦的曼弗雷德（Manfred of Mantua）或者里锡耶的阿努尔夫（Arnulf of Lisieux，他实际上还创作了一部称作《詈言》[Invectives]的著作），其大意是说枢机主教引诱了修女，还和他的姐妹同床共枕，等等。这可以在某种程度上被看作分裂的时期里正常又健康的教会论战。

至玩物。皮耶莱奥尼家族最难缠的对手也是一个近来兴起的家族——弗兰吉帕尼家族。

1130 年 2 月初，教皇霍诺留明显快要走到生命的终点。枢机主教皮耶莱奥尼得到了枢机主教团中许多人的支持，还有大部分贵族和几乎所有下级教士的支持，他对待他们的谨慎和慷慨是众所周知的，他明显会成为下一任教皇。但是反对派谨慎行事，他们的领袖是教廷秘书长、枢机主教艾默里——我们上次碰到他时，他和琴丘斯·弗兰吉帕尼一起与罗杰二世在布拉达诺河畔谈判。反对派控制了即将去世的教皇，并将他带到圣安德鲁修道院（Monastery of St. Andrew）[1]，让他安全地待在弗兰吉帕尼家族的中心，在那里，他们可以在将来有利于他们的时机再发布教皇去世的消息。在接下来的 2 月 11 日，艾默里召集他信任的枢机主教到修道院里，开始为新的选举做准备。这样的程序不仅显得不诚实，还公然违反了教皇尼古拉在 1059 年颁布的敕令。这立刻引起了教廷中其他人员的反应，他们宣布要将"所有在霍诺留下葬之前进行选举的人"进行咒逐，他们从各派别中提名 8 位选举人组成了一个选举团，并宣布选举团在教皇被安然下葬后，于圣阿德里安教堂（Church of St. Adrian）——而不是圣安德鲁修道院——开会。

他们拒绝在圣安德鲁修道院进行选举，明显是由于枢机主教皮耶莱奥尼及其追随者不愿听从弗兰吉帕尼家族的摆布，但是当

1　该修道院由大格里高利（Gregory the Great）建立。它的遗址现在是圣大格里高利教堂（Church of S. Gregorio Magno）的一部分，在它左侧的柏树丛中依旧矗立着敬献给圣安德鲁的福音堂，这就是以前格里高利修道院的小礼拜堂的位置。在另一边，也就是大竞技场（Circus Maximus）的尽头，有一处废弃的塔楼，它标出了原来的弗兰吉帕尼堡垒的位置。

他们抵达圣阿德里安教堂时，他们发现那里的情况也很糟。艾默里的人已经完全控制了这里，并且做好了防卫工作，拒绝让他们进入。他们愤怒地离开了。几位没有特别支持皮耶莱奥尼却对秘书长的所作所为而愤怒的枢机主教和他们一起，聚集在老旧的圣马可教堂（Church of S. Marco），在那里等候事态发展。

2月13日，罗马城内流言纷纭，说教皇已去世，还说这则消息被故意压下了。愤怒的人群聚集在圣安德鲁修道院外。颤颤巍巍、容颜憔悴的霍诺留在阳台上现身之后，人群才散去。这是他最后一次出现在公众眼前。他受到了太大的压力，入夜之后就去世了。在理论上，他的遗体可以停放3天，但是在老教皇下葬之前，不得举行新的教皇选举，所以这样的细节也被抛弃了。霍诺留的尸骨差不多还没变冷，就被放入修道院中的临时墓穴里。次日清晨，秘书长以及和他持同样观点的人推选圣安吉洛（S. Angelo）的枢机执事格里高利为教皇。格里高利被急匆匆地带到拉特兰宫，即位为英诺森二世（Innocent Ⅱ）。随后他回到帕拉迪奥（Palladio）的圣母教堂，也就是现在的帕拉利亚（Pallaria）的圣塞巴斯提安诺教堂（Church of S. Sebastiano）。因为有弗兰吉帕尼，他得以免遭波及。

罗马的那座小巧的圣马可教堂建于9世纪，它遭受过各种灾难，并在其他教堂以浓重巴洛克风格重建时幸免于难，它壁龛中壮美的镶嵌画仍然如往日一样辉煌醒目，教堂本身在外面威尼斯广场（Piazza Venezia）的骚乱之后仍然提供了一块宁静祥和的去处。1130年圣瓦伦丁日早晨的气氛必定很不一样，霍诺留去世和英诺森即位的消息在此时被院中的人获悉。他们的数量一直在增加，现在教会所有的高级神职人员——除了艾默里那边的人——

都在其中，包括 20 多名枢机主教、大多数贵族，还有挤在门口的大量人群。枢机主教一致宣布圣安德鲁教堂和拉特兰宫的会议是非法的，并宣布枢机主教皮耶莱奥尼为合法的教皇。皮耶莱奥尼立即接受了推选，即位为阿纳克莱图斯二世（Anacletus Ⅱ）。是日黎明，罗马还没有教皇；到了中午，却有两个了。

不管是英诺森还是阿纳克莱图斯，很难说谁获得教皇之位更为合理。阿纳克莱图斯的支持者确实更多一些，无论是在枢机主教中还是在教会内部都是如此。然而，支持英诺森的人虽然在数量上占少数，却拥有枢机主教团设立的 8 人选举委员会中的多数票。他们调动支持者的方式没什么好说的，但是阿纳克莱图斯选出自己的方式很难说是正统的。不仅如此，他当选的时候，已经有一位教皇被选出并就任了。

有一件事是确定的。在罗马城内，因为连年贿赂的拉拢，民众压倒性地支持阿纳克莱图斯。2 月 15 日，他和他的人控制了拉特兰宫，并在 16 日控制了圣彼得教堂。一周后，他在圣彼得教堂中正式加冕。而英诺森的藏身之处已遭到阿纳克莱图斯一派的军事进攻，他只好以相似却更简朴的礼仪在新圣母教堂中加冕。阿纳克莱图斯日复一日地进行坚定的围困，他的代理人以更慷慨的方式散发钱财，最后他的金子——按照他敌人的说法，因为搜刮了罗马的主要教堂而得以补充——进入了弗兰吉帕尼城堡。英诺森被他最后的支持者放弃后，只能逃走。

4 月初，我们发现他从越台伯河区送信出去。一个月后，他秘密雇来两艘大船，忠于他的枢机主教只有一位没上船，其他的都跟着他从台伯河逃走了。

英诺森的出逃确实救了他自己。阿纳克莱图斯或许可以贿赂罗马，但是在意大利的其他地方，更流行的情绪是坚定支持英诺森。在比萨，英诺森受到了热烈的欢迎，在热那亚也一样。他的对手在拉特兰宫称主人的时候，他则自由地乘船前往最可能得到支持的地方——阿尔卑斯山的另一边。他从热那亚乘船前往法国，他进入普罗旺斯的圣吉勒港（St Gilles）的时候，往日的自信都恢复了。这是理所当然的，因为他在圣吉勒等待的时候，发现克吕尼修道院派来代表，带着 60 匹骡马，准备护送他去 200 多英里之外的修道院，这时他已经感觉他的战斗至少在法国胜利了。如果所有法国修道院中最有影响力的克吕尼修道院准备支持它的这个孩子，他就不再害怕其他的了。此时召集于上个夏季的埃唐普会议（Council of Etampes）也正式宣布支持他，只不过是确认一项原有的结论罢了。

此后法国支持他，但帝国是什么态度呢？英诺森最终能否成功就看帝国了。德意志国王萨克森的洛泰尔（Lothair the Saxon）不急于下决定，他的偏好和背景已经对他足够有利了。他一直支持德意志王公中的教会和教皇派，作为回报，受到了霍诺留二世和秘书长艾默里的支持。另一方面，他仍然在同霍恩施陶芬家族的康拉德为了权力而殊死抗争，后者在 3 年前就已经被推选为国王，是他的敌人，他必须仔细权衡自己的行为。此外，他还没有在罗马被加冕为皇帝。与实际控制罗马的教皇对抗是很危险的。

但是英诺森并没有过度地担心，因为他有一位支持者，这是他的支持者中最强大的一位，还在 12 世纪拥有极为强大的精神力量，那就是明谷的圣伯尔纳（St Bernard of Clairvaux）。在后面的故事里，我们必须仔细观察圣伯尔纳，在接下来的 20 多年里，他对欧洲事务有巨大的影响力，而且在很多方面是灾难性的。有把握地说，他现在已经调动了自己的所有精力，调动了所有的道德和政治特权，都投入到对英诺森有利的活动中去了。拥有这样的一位支持者，教皇就可以耐心地等待进一步发展了。

但是，阿纳克莱图斯的情况也是一样的。他也知道自己需要去寻求国际的承认，尤其是北方的承认。但是英诺森能够亲自去寻求支持，阿纳克莱图斯就只能依赖通信了，他到此时还没取得成功。为了获得洛泰尔国王的信任，他甚至将其对手康拉德处以绝罚，却没有打动国王，国王甚至没有礼貌地回复因此事而送来的信件。在法国也是一样，阿纳克莱图斯的使节受到了冷落。当一条条支持英诺森的消息传来的时候，他开始感到非常不安。对手的力量远超他的想象。更令人不安的是，不仅统治的王公倾向于支持他的对手，而且教会本身也是。在过去的 50 年里，很大程度上得益于克吕尼修道院的改革和希尔德布兰德的影响，教会动摇了罗马贵族和德意志王公势力强加给它的桎梏，突然发展成为一支强大而有力的国际力量。同时，宗教团体如雨后春笋般的发展给它以新的信心和动力。"可敬者"彼得（Peter the Venerable）管理的克吕尼修道院、马格德堡的诺伯特（Norbert of Magdeburg，正是他劝说洛泰尔不要回复阿纳克莱图斯的信）管理的普雷蒙特雷修会（Prémontré）和伯尔纳管理的西多修道院（Abbey of Cîteaux），这些都是非常重要、非常有影响力的机构。所有上述 3 位都支持英诺森，而他们把持着教会的主体。

因此，阿纳克莱图斯走上了唯一能走的路：和以前其他绝望的教皇一样，转而求助于诺曼人。1130 年 9 月，就在埃唐普会议决定支持英诺森的时候，阿纳克莱图斯离开罗马，经由贝内文托前往阿韦利诺（Avellino），罗杰正在这里等着接待他。协商没有花多少时间，他们可能提前做过详尽的准备，而主要的议题也很简单，讨论它用不了多久。普利亚公爵决定支持阿纳克莱图斯，他想要的报酬只有一样——王冠。

罗杰之所以会提出这项要求，是因为某些比个人的虚荣层次更深的东西。罗杰需要将所有诺曼人在南方的统治区域整合为一个国家。最后的结果至少要是一个王国，如果让3个公爵领的认同一直保持彼此独立，最后只会导致分崩离析。此外，如果他不是国王，他如何以同样的方式与欧洲和东方的统治者相处呢？对国内事务的考量也让他寻求国王之位。他必须拥有一个能让他高于他的高级封臣卡普阿亲王和巴里亲王的头衔，这样的话，比起区区公爵之衔，他就能让他的封地更忠诚地跟自己联系在一起。简单地说，他需要的不是王位本身，而是围绕在王位四周的神秘感。但是教皇依旧会是他的宗主，而且他知道，如果他获得的王冠缺少教皇的祝福，他的权力不仅不会提高，还会陷于特别危险的境地。

阿纳克莱图斯深表同情。现在看来，他唯一的盟友只剩下普利亚公爵，那么把他的地位在最大程度上进行强化也是顺理成章的事情了。而且罗杰的要求是无可争议的，也没有推迟的理由。阿纳克莱图斯回到贝内文托以后，于9月27日颁布了一份诏令，向罗杰及其继承人授予西西里、卡拉布里亚和普利亚的王冠，这包括普利亚公爵领中为教皇控制的地区、卡普阿亲王国，以及那不勒斯的"荣光"——这是故意措辞不清的一句话，因为那不勒斯在理论上仍旧是独立的，它还模糊地从属于拜占庭帝国，而这是教皇无法授予的——并宣布教皇治下的城市贝内文托在战时应予以帮助。王国的首都应设在西西里岛，加冕仪式应由西西里的大主教主持。作为回报，罗杰恭恭敬敬地向作为教皇的阿纳克莱图斯效忠，并答应每年提供 600 枚施法蒂（schifati）[1]金币——这笔钱相当于 160 盎司[2]黄金。

罗杰接下来只需要和自己的封臣进行相似的程序就可以了。他认为这样一来，从今以后，就没有人能以篡位为名来指控他了。因此，他回到萨莱诺以后召开了另一次集会，这次集会的规模比上一年梅尔菲会议的规模略小一点，所有最可靠的上层贵族和高级教士都出席了，可能还有主要城市和城镇的代表在场。他为他们提交了自己晋升的动议，他们一致同意了。这可能是一种仪式，但是相似的仪式在两个世纪的时间里都是英格兰[3]、法国以及德意志的国王加冕时的传统做法，它对罗杰也很重要。无论他个人对拜占庭的绝对统治有多少共鸣，有什么样的看法，他的做法已经向它靠拢了。他知道，只有在诺曼贵族的眼中成为西方理解下合法的、无可指摘的君主，才能赢得他们的支持。既然他在法律和道德上的地位在萨莱诺得到了确认，他已在最大限度内确保此事成功。他已经得到了政教关系（Church and State）、宗主和封臣的支持，现在可以放手去做了。

在场的泰莱塞的亚历山大写道："似乎整座城市都被加冕了。"街道上铺着地毯，阳台和露台上装点着五颜六色的装饰。巴勒莫城中聚集着国王的封臣，无论其爵位高低，无论来自普利亚还是卡拉布里亚，所有在这伟大的一天到首都来的人都得到了国王的

1　11 世纪时拜占庭帝国使用的碟形金币。——译者注

2　1 盎司合 28.35 克。——译者注

3　为君主而欢呼在 800 年之后依旧是英国国王的加冕仪式中不可或缺的部分。

召见，每个人都和别人比一比礼服的奢华，比一比随从的数量。富商看见大厅中充满了一生中再难遇见第二次的商机。匠人和艺人，市民和农民，从王国各地赶来，沉浸在好奇、激动又惊奇的心情里。意大利人、德意志人、诺曼人、希腊人、伦巴第人、西班牙人、撒拉逊人，都为这座全欧洲最有异国风情的、最国际化的大都市增添了喧闹与色彩。

西西里国王罗杰穿过人群，于1130年的圣诞节前去参加加冕仪式。巴勒莫大主教和他统治区域内所有各教阶的拉丁教士都在主教座堂内等着他，他曾经表示过支持的希腊教会的代表也在场。阿纳克莱图斯的教皇特使、圣萨比纳（S. Sabina）的枢机主教首先给他施涂油礼，随后他的直属封臣卡普阿亲王罗贝尔将王冠戴在他头上。最后，主教座堂的大门缓缓打开，西西里的人民在历史上第一次注视着他们的国王。

民众的欢呼声在冬日的清新空气里喧响，铃铛和金银器物碰撞出叮叮当当的声音，伴随着望不见头的队伍护送国王返回王宫，宾客们紧跟在国王身后。在宫中的大厅里，猩红色和紫色的帐幔映出红光，国王正在主持一场巴勒莫史上从未有过的盛大宴会。修道院长惊讶地记载道，无盘不盛肉，无杯不装酒，连"候在桌边的侍者"也穿着华贵的丝绸衣裳。现在罗杰终于当上国王了，他觉得以国王的身份生活，既顺心又有政治意义。

加冕一般不会标志着故事的结束，而是开始，而国王罗杰的加冕则两者兼具。他又统治了23年，在其间的大部分时间里，他的生活和以前一样地继续着：巩固自己和国家的地位；让继任的教皇和皇帝彼此相斗；如同他的父亲和叔叔在他之前所做的，他也进行着无休止的斗争，以适当地保持对封臣的控制。但是1130

年 12 月 25 日这一天代表的不仅是一个非常适合停止讲故事的时间点。在这一天，奥特维尔家族一直努力——也许是潜意识的，但是努力是货真价实的——要达到的目标得以实现了。从此以后，西西里生出新的自信，生出新的意识，意识到她在欧洲的地位，意识到她将要完成的任务。编年史的内容从此之后变得更加完整，更加丰富，人物恢复了血肉，诺曼西西里留给世界的主要遗产——文化的天资深入发展，直到全盛时期。达成目标的年代结束了，而伟大的年代开始了。

参考文献

关于主要史料的说明

卡西诺山的阿马图斯

阿马图斯是在 11 世纪下半叶居住于卡西诺山修道院的修士。他可能亲历了其编年史所记载的很多事件，因此，他的编年史是诺曼人意大利早期征服史的最有价值的史料。他的编年史覆盖自诺曼人到达意大利至 1080 年的这段时期。他的主要目标很明确，就是讲述罗贝尔·吉斯卡尔和卡普阿的里夏尔的荣耀，他记载的史实从总体上来看是准确的。

阿马图斯作品的原始拉丁文文本已经佚失，但是法国国家图书馆保存有两份 14 世纪初期翻译的有意大利语风格的古法语副本。据我所知，该文本至今还未被翻译成英语。

杰弗里·马拉泰拉

他是出身于诺曼人的本笃会修士。马拉泰拉似乎在年轻的时候来到普利亚，随后定居在罗贝尔·吉斯卡尔的圣欧费米娅隐修院里，最后他从那里搬到了它的子修会，也就是位于卡塔尼亚的圣阿加塔修道院。他在开篇就写明，他是应罗杰一世伯爵的命令而写作的，并且他的编年史的基础不是文献，而是口头传统说法和传闻。因此，第一部分模糊不清并不奇怪。但是对于 1060 年以后的部分，他的叙事就很紧凑了。除了有关罗贝尔·吉斯卡尔到拜占庭远征的长篇离题的记述，他在这一部分只关注西西里的罗杰，这些记述可能依靠的是罗杰的回忆。无论如何，在关于罗杰西西里战争的史料中，他的记载是最好的，而且确实也是唯一的。鉴于他半官方的立场，他很可能是值得信任的。他的编年史结束于 1099 年。该著作没有英语或法语的译本。

普利亚的威廉

威廉那史诗般的诗歌是在教皇乌尔班二世的激励下创作的，它被敬献给罗杰·博尔萨。其创作时间可以相当精确地追溯到 11 世纪的最后数年，可能是 1095—1099 年的某段时间。它从最开始讲起，讲到罗贝尔·吉斯卡尔于 1085 年去世，罗杰·博尔萨率军返回意大利。与该时期亲诺曼人的编年史家不同，威廉是意大利人，夏朗东认为他来自焦维纳佐，因为他对该地的描述超过了一般的偏好。由于威廉相当依赖普利亚当地的史料，因此他的记载对发生在普利亚的事件特别有价值。他关于西意大利和西西里的记载就略差一些。他的著作有两个主题：诺曼人幸运地继承了拜占庭帝国，奥特维尔家族的荣光。有一部由马奎利特·马修（Marguerite Matthieu）翻译的法语译本。

奥斯蒂亚的利奥

利奥·马希卡努斯（Leo Marsicanus）来自马尔西的一个贵族家庭，于 1061 年左右进入卡西诺山修道院。40 年后，帕斯卡尔二世任命他为奥斯蒂亚的枢机主教。利奥是修道院院长德西德里乌斯的私人朋友，在后者的请求下，他写作了该修道院的编年史，并将其敬献给德西德里乌斯。虽然这部编年史在1098年之后才开始编写，但是利奥的初稿并没有注意到阿马图斯，而是基于档案和口头传统。但是在后来，他似乎见到了阿马图斯的著作，并且把自己著作的大部分重写了，并补记了1075年以前的内容。该著作后来由执事保罗续写。虽然保罗后来成了修道院的图书馆管理员，并且在修道院的事务中起到了重要的作用，但是他是一位没有原则的、不值得信任的编年史家。夏朗东罕见地动怒了，谈到了保罗那"可恨的恶名"。虽然利奥的著作信息丰富，还具有重要价值，却没有英语或法语译本。

贝内文托的法尔科

法尔科出身于贝内文托的一个主要家族，曾担任宫廷的文书和缮写员，他撰写了一部讲述1102—1139年贝内文托和南意大利相关事件的回忆性史书。该著作的有趣之处不仅在于其质量——这是一部可靠而系统的著作，生动地记载了作者亲身经历的很多事件——也在于它反映了一位伦巴第爱国者的观点，对他而言，诺曼人不过是一群野蛮的强盗。下面会提到该著作的一份意大利语译本。

泰莱塞的亚历山大

亚历山大是泰莱塞附近圣救主修道院的院长，他应罗杰二世的姐妹玛蒂尔达伯爵夫人的要求修了一部编年史。该著作在表面上仅是罗杰的传记，第一部分写得非常概括。其中关于阿德莱德摄政的情况写得极少，只在 1127 年之后涉及建立西西里王国的部分，书中的记载才变得有趣起来。从 1127 年到 1136 年——也就是亚历山大停笔的年份——这份记载相当有价值，不过我们必须容忍他的无聊。对他而言，上帝让罗杰为早年的罪行付出了代价，之后又安排他为南意大利带来和平和秩序。教皇虽身穿法衣，亚历山大却不尊重教皇，他甚至指责霍诺留的"傲慢"。下面列出了该著作的一份意大利语译本。

原始史料

集中史料

（在参考文献和脚注中出现的缩略语用圆括号标注。）

AMARI, M. *Biblioteca Arabo-Sicula.* Versione Italiana, 2 vols. Turin and Rome, 1880–81. (*B.A.S.*)

ARCHIVIO STORICO SICILIANO. (*A.S.S.*)

BOUQUET, M. *et al. Recueil des Historiens des Gaules et de la France.* 23 vols. Paris, 1738–1876. New Series, Paris 1899– (in progress). (*R.H.F.*) *Corpus Scriptorum Historiae Byzantinae.* Bonn, 1828–97. (*C.S.H.B.*)

GUIZOT, F. *Collection des Mémoires Relatifs à l'Histoire de France.* 29 vols. Paris, 1823–27. (*G.M.H.F.*)

JAFFE, P. *Bibliotheca Rerum Germanicarum.* 6 vols. Berlin, 1864–73. (*J.B.R.G.*)

MIGNE, J. P. *Patrologia Latina.* 221 vols. Paris, 1844–55. (*M.P.L.*) *Monumenta Germaniae Historica,* ed. G. H. Pertz, T. Mommsen *et al.* Hanover, 1826– (in progress). (*M.G.H.*)

Monumenta Gregoriana, ed. Jaffé. *J.B.R.G.,* vol. II.

MURATORI, L. a. *Rerum Italicarum Scriptores.* 25 vols. Milan, 1723–51. (*R.I.S.*)

RE, G. DEL. *Cronisti e Scrittori Sincroni della Dominazione Normanna nel*

Regno di Puglia e Sicilia. 2 vols. Naples, 1845, 1868. (*R.C.S.S.*)

Recueil des Historiens des Croisades. Publ. Académie des Inscriptions et Belles Lettres, Paris, 1841-1906. *Historiens Occidentaux,* 5 vols (*R.H.C.Occ.*)

WATTERICH, J. M. *Pontificum Romanorum quifuerunt inde ab exeunte saeculo IX usque finem saeculi XIII vitae ab aequalibus conscriptae.* Leipzig, 1862. 2 vols. (*W.P.R.*)

零散史料

ALBERT OF AIX. *Liber Christianae Expeditionis pro Ereptione, Emundatione et Restitutione Sanctae Hierosolymitanae Ecclesiae.* In *R.H.C.Occ.,* vol. IV.

ALEXANDER OF TELESE. *Rogerii Regis Siciliae Rerum Gestarum Libri IV.* In *R.C.S.S.,* vol. II (with Italian translation).

AMATUS OF MONTE CASSINO. *Ystoire de li Normant,* ed. V. de Bartholomaeis, Fond per la Storia d'Italia, Scrittori, Rome, 1935.

ANNA COMNENA. *The Alexiad,* tr. E. Dawes, London 1928.

Annates Barenses. In *M.G.H. Scriptores,* vol. V.

ANNALES BENEVENTANI. In *M.G.H. Scriptores,* vol. III.

AN-NUWAYRI, ed. Amari, with Italian translation. *B.A.S.,* vol. II.

ANONYMUS VATICANUS. *Historia Sicula.* In *R.I.S.,* vol. VIII.

AT-TIGANI, ed. Amari, with Italian translation. *B.A.S.,* vol. II.

BERNARD OF CLAIRVAUX, ST. *Vita Prima.* In *M.P.L.,* vol. 185.

BRUNO. *Vita Sancti Leonis IX.* In *W.P.R.,* vol. II.

CEDRENUS, GEORGIUS. *Synopsis Historiarum,* ed. Bekker. In *C.S.H.B.* Bonn, 1839. 2 vols.

EADMER. *Historia Novarum in Anglia et de Vita Anselmi,* tr. R. W. Southern. London, 1962.

FALCO OF BENEVENTO. *Chronicon.* In *R.C.S.S.,* vol. II (with Italian translation).

GLABER, RADULF. *Historiarum Sui Temporis, Libri V.* In *R.H.F.,* vol. X.

IBN AL-ATHIR. *Kamel at Tawarikh,* ed. Amari, with Italian translation. *B.A.S.,* vol. I.

IBN HAMDIS OF SYRACUSE. Ed. Amari, with Italian translation. *B.A.S.,* vol. II.

IBN JUBAIR. *Account of a visit to Sicily.* French translation, with notes by M. Amari, *Journal Asiatique,* Series IV, vols 6 and 7, December. 1845, January/

March 1846; Italian translation in *B.A.S.*, vol. I.

JOHN OF SALISBURY. *Historia Pontificalis*, ed. with translation by M. Chibnall. London, 1956.

LEO OF OSTIA (MARSICANUS). *Chronicon Monasterii Casinensis.* In *M.G.H. Scriptores,* vol. VII, and *M.P.L.*, vol. 173.

MALATERRA, GEOFFREY. *Historia Sicula.* In *M.P.L.*, vol. 149 and *R.I.S.*, vol. V.

ORDERICUS VITALIS. *The Ecclesiastical History of England and Normandy,* tr. with notes by T. Forester. London 1854. 4 vols.

PSELLUS, MICHAEL. *Chronographia,* tr. *E. R. A.* Sewter. London, 1953.

ROMUALD OF SALERNO. *Chronicon.* In *R.C.S.S.*, vol. I with Italian translation; also in *M.G.H., Scriptores,* vol. XIX or *R.I.S.*, vol. VII.

SKYLITZES, JOHN. 'Επιτομή ιστοριῶν, ed. Bekker (Cedrenus's Copy of main section). In *C.S.H.B.*, vol. II.

WIBERT. *Vita Leonis IX.* In *W.P.R.*, Vol. I.

WILLIAM OF APULIA. *Gesta Roberti Wiscardi.* In *M.G.H., Scriptores,* vol. IX. For French translation see M. Mathieu, *Guillaume de Pouille: La Geste de Robert Guiscard.* (Istituto Siciliano di Studi Bizantini e Neoellenici. Palermo, 1961.)

WILLIAM OF MALMESBURY. *Gesta Regum Anglorum.* In *M.P.L.*, vol. 179 and *M.G.H., Scriptores,* vols X, XIII. English translation with notes by J. A. Giles, London, 1895.

WILLIAM OF TYRE. *Belli Sacri Historia and Historia Rerum in Partibus Transmarinis Gestarum. R.H.C.Occ,* Vol. I. Also with French translation in *G.M.H.F.*, vols. 16–18.

现代文献

AMARI, M. *Storia dei Musulmani di Sicilia.* 3 vols. Florence, 1854–72.

Atti del Convegno Internationale di Studi Ruggeriani (21–25 Aprile, 1945*).* Società Siciliana di Storia Patria, Palermo, 1954.

BARLOW, J. W. *A Short History of the Normans in South Europe.* London, 1886.

BIBICOU, H. 'Une page d'histoire diplomatique de Byzance au XIe. siècle: Michel VII Doukas, Robert Guiscard et la pension des dignitaires', *Byzantion,* 29–30, 1959/60.

Biblioteca Storica Principato, vol. XVI, *Il* Regno Normanno. Istituto Nazionale

Fascista di Cultura, 1930.

BLOCH, H. 'The Schism of Anacletus II and the Glanfeuil Forgeries of Peter the Deacon of Monte Cassino', *Traditio*, VIII, 1952 (Fordham University).

BORDENACHE, R. 'La SS. Trinità di Venosa, Scambi ed Influssi architettonici ai tempi dei primi Normanni in Italia', *Ephemeris Dacoromana, Annuario del la Scuola Romena di Roma*, VII, 1938.

BUCKLER, G. *Anna Comnena*. London, 1929.

BURY, J. B. *History of the Eater Roman Empire*. London, 1889. 2 vols.

—*History of the Eastern Roman Empire*. London, 1912.

—'The Roman Emperors from Basil II to Isaac Komnenos', *English Historical Review*, IV, 1889.

CAHEN, C. *Ee Régime Féodal de l'Italie Normande*. Paris, 1940.

— 'Notes sur l' histoire des croisades et de l 'orient latin', *Bulletin de la Faculte des Eettres de l'Université de Strasbourg*, XXIX, 1950-51.

Cambridge Medieval History. 8 vols. Cambridge, 1911-36.

CASPAR, E. *Roger II und die Gründung der normannisch-sicilischen Monarchie*. Innsbruck, 1904.

— *Die Eegatengewalt der normannisch-sicilischen Herrscher im 12. Jahrhundert*. Rome, 1904.

Catholic Encyclopaedia, The, ed. C. G. Herbermann. 15 vols. London and New York, 1907−12.

CHALANDON, F. *Essai sur le Règne d'Alexis I Comnène*. Paris, 1900.

— *Histoire de la Domination Normande en Italie et en Sicile*. Paris, 1907. 2 vols.

COHN, W. *Die Geschichte der normannisch-sicilischen Flotte unter der Regierung Rogers I und Rogers II, 1060−1134*. Breslau, 1910.

CRONIN, V. *The Golden Honeycomb*. London, 1954.

CURTIS, E. *Roger of Sicily*. New York, 1912.

DELARC, O. *Les Normands en Italie*. Paris, 1883.

Dictionary of National Biography.

Dictionnaire de Théologie Catholique, ed. Vacant and Mangenot. 9 vols in 15. Paris, 1926−50.

Dictionnaire d'Histoire et de Géographie Ecclesiastiques, ed. Baudrillart. Paris, (in progress).

DIEHL, C. *Etudes Byzantines*. Paris, 1905. 2 vols.

— *L'Art byzantin dans I'Italie Meridionale*. Paris, 1894.

DOUGLAS, N. *Old Calabria*. London, 1920.

Enciclopedia Italiana.

Encyclopaedia Britannica. 11th edn.

FASOLI, G. 'Problemi di Storia medievale siciliana', *Siculorum Gymnasium* N.S.4. 1951.

FOORD, E. *The Byzantine Empire.* London, 1911.

FREEMAN, E. A. *A History of Sicily.* 4 vols. London, 1891–94.

FUAINO, M. 'La Battaglia di Civitate (1053)' in *Archivio Storico Pugliese,* II, fasc. 1-2, 1949.

GAUTTIER DU LYS D'ARC. *Histoire des Conquêtes des Normands en Italie, en Sicile et en Grèce.* Paris, 1830.

GAY, J. *L'Italie Méridionale et l'Empire Byzantin.* Paris, 1904.

GIBBON, E. *The Decline and Fall of the Roman Empire,* ed. J. B. Bury. London, 1896. 7 vols. (See especially Chap. LVT.)

GREGOIRE, H., and DE KEYSER, R. 'Le Chanson de Roland et Byzance', *Byzantion ,*XIV, 1939.

GREGOROVIUS, F. *History of the City of Rome in the Middle Ages,* tr. A. Hamilton. 8 vols, in 13, London, 1894-1902.

HASKINS, C. H. *The Normans in European History.* London, 1916.

— 'England and Sicily in the twelfth century', *English Historical Review,* July and October, 1911.

— *Studies in the History of Mediaeval Science.* Cambridge, Mass., 1924.

JAMISON, E. 'The Sicilian Norman Kingdom in the Mind of Anglo-Norman Contemporaries', *Papers of the British Academy,* XXIV, 1938.

— 'The Norman Administration of Apulia and Capua, especially under Roger II and William I, 1127-66', *Papers of the British School at Rome,* VI, 1913.

JORANSON, E. 'The Inception of the Career of the Normans in Italy', *Speculum,* XXIII, July 1948.

JORDAN, E. 'La politique ecclésiastique de Roger I et les origines de la "Légation Sicilienne"', *Le Moyen Age,* 33/34, 1922–23.

LENORMANT, A. *La Grande Grece.* 3 vols. Paris,1881–84.

LA LUMIA, I. *Studi di storia siciliana.* Palermo, 1870. 2 vols.

MASSON, G. *The Companion Guide to Rome.* London, 1965.

MENAGER, L. R. 'L'Institution Monarchique dans les Etats Normands d'Italie', *Cahiers de Civilisation Medievale,* II, 1959.

— 'Les Fondations Monastiques de Robert Guiscard, Due de Pouille et de Calabre', *Quellen und Forschungen aus Italienischen Archiven und Biblio-*

theken, 33, 1959.

— 'La "Byzantinisation" réligieuse de l' Italie Méridionale (IXe–XIIe. siècles) et la politique monastique des Normands d'Italie', *Revue d'Histoire Ecclésiastique,* 53/4, 1958-59.

MOR, C. G. 'Roger II et les assemblées du royaume normand dans l'Italie méridionale', *Revue historique de droit franfçis et étranger,* Série IV, 36,1958.

OSBORNE, J. VAN WYCK. *The Greatest Norman Conquest.* New York, 1937.

OSTROGORSKY, G. *History of the Byzantine State,* tr. Joan Hussey. Oxford. 1956.

PACE, B. *I harbari e i bizantini in Sicilia.* In *A.S.S.,* vols 35, 36. Palermo, 1911.

PARDI, G. 'Storia demografica della città di Palermo', *Nuova Rivista Storica,* 3, 1919. (Corrected by J. Beloch, *Bevölkerungsgeschichte Italiens,* I, Berlin, 1937.)

PONTIERI, E. *Tra i Normanni nell'* Italia Meridionale. Naples, 1948.

ROUSSET, P. *Les Origines et les Caractères de la Première Croisade.* Neuchâtel, 1945.

RUNCIMAN, S. *History of the Crusades.* Cambridge, 1954. 3 vols.

— *The Eastern Schism.* Oxford, 1955.

SCHLUMBERGER, G. *L'Epopèe byzantine à la fin duXesiecle.* Paris, 1896–190 5. 3 vols.

STEFANO, G. DI. *Monumenti della Sicilia Normanna.*

STEINBERG, S. 'I Ritratti dei Re Normanni di Sicilia', *La Bibliofila,* XXXIX, 1937.

SYMONDS, J. A. *Sketches in Italy and Greece.* London, 1874.

WALEY, D. P. '"Combined Operations" in Sicily, 1060–78', *Papers of the British School at Rome,* XXLT, 1954.

WHITE, L. T. *Latin Monasticism in Norman Sicily.* Pub. 31 (Monograph 13), Medieval Academy of America. Cambridge, Mass., 1938.

WILL, C. *Die Anfänge der Restauration der Kirche im 12. Jahrhundert.* Marburg, 1859–61.

WILLIAMS, W. *St Bernard of Clairvaux.* Manchester, 1953.

出版后记

　　诺曼人可算作维京人的一支，他们先是从北欧向南迁徙，到诺曼底定居，后来又参与了一些政治活动，对欧洲的政局产生了不小的影响。其中，对英格兰的"诺曼征服"在国内更为知名，而在南意大利的另一次征服活动在名气上略逊一筹。11世纪初，伦巴第人为了对抗拜占庭帝国，将诺曼人引到南意大利。诺曼人以雇佣兵的身份待在意大利，并在各方互相斗争的过程中逐渐提升自身的势力。诺曼人的首领也有不少获得爵位，成为诸侯。最后，奥特维尔家族脱颖而出，成为南意大利最强大的诺曼家族，夺取了西西里岛，并试图出兵拜占庭帝国。无论如何，他们已经为未来的西西里王国打好了基础。

　　倘若南意大利的诺曼人还记得先祖维京人的传统做法，应该会为奥特维尔家族的几个兄弟作一篇"萨迦"；而本书作者诺威奇虽然是现代人，笔下的故事依然带有一种史诗感。书中有激烈的遭遇战，有残酷的围城战，有慷慨的宽赦，有无情的背叛。当然，最不缺少的就是政治角力。作为一部着重描述政治变迁的作品，本书在简明扼要又不失重点的情况下，介绍了教皇国、拜占庭帝国、德意志的政治状况，为南意大利的史诗画卷勾勒了令人印象深刻的背景。在壮丽的背景下，一个个性格鲜明却不刻板单调的人物活跃在故事中，时而合作，时而争斗，为故事带来了勃勃的生气。

本书编者水平有限，如有错误之处，敬请读者批评指正，在此谨表谢忱。

服务热线：133-6631-2326　188-1142-1266

服务信箱：reader@hinabook.com

2021 年 1 月

图书在版编目（ＣＩＰ）数据

征服，1016—1130 /（英）约翰·朱利叶斯·诺威奇
著；李强译 . -- 北京：中国友谊出版公司，2021.9（2024.1 重印）
书名原文：The Normans in the South, 1016–1130
ISBN 978-7-5057-5292-4

Ⅰ . ①征… Ⅱ . ①约… ②李… Ⅲ . ①意大利—历史
— 1016–1130 Ⅳ . ① K546.31

中国版本图书馆 CIP 数据核字 (2021) 第 153596 号

著作权合同登记号　图字：01–2021–4980

Copyright © John Julius Norwich, 1967
This edition arranged with Felicity Bryan Associates Ltd.
through Andrew Nurnberg Associates International Limited

本书简体中文版版权归属银杏树下（上海）图书有限责任公司
地图审图号：GS（2021）1402 号

书名	征服，1016—1130
作者	［英］约翰·朱利叶斯·诺威奇
译者	李　强
出版	中国友谊出版公司
发行	中国友谊出版公司
经销	新华书店
印刷	天津联城印刷有限公司
规格	889 毫米 × 1194 毫米　32 开
	12.25 印张　275 千字
版次	2021 年 9 月第 1 版
印次	2024 年 1 月第 3 次印刷
书号	ISBN 978-7-5057-5292-4
定价	78.00 元
地址	北京市朝阳区西坝河南里 17 号楼
邮编	100028
电话	（010）64678009